U0661437

「十三五」國家重點圖書出版規劃項目

【東亞筆談文獻研究叢書】第一輯

王勇 總主編

朱舜水筆談文獻研究

王勇
朱子昊 著

上海交通大學出版社
SHANGHAI JIAO TONG UNIVERSITY PRESS

内容提要

朱舜水(1600—1682),名之瑜,字魯璵,號舜水,浙江餘姚人。明清鼎革之際的儒學家、理學家、教育家,中日文化交流的先驅。其東渡日本後,在長崎、江户(今東京)授徒講學,傳播儒家思想,受到日本朝野人士推崇,對日本水户學的形成和完善産生了深刻的影響。本書選取《心喪集語》《西游手録》進行録文、標點、校注等整理工作,并在此基礎上開展初步解讀和研究,分析朱舜水筆談研究的現狀和意義、筆談的成書過程和版本流傳,旨在進一步完善朱舜水的相關文獻史料,厘清其學術思想傳播的機制。

圖書在版編目(CIP)數據

朱舜水筆談文獻研究/王勇,朱子昊著.—上海:
上海交通大學出版社,2018
ISBN 978-7-313-20754-8

I.①朱… II.①王… ②朱… III.①朱舜水
(1600—1682)—思想研究 IV.①B248.995

中國版本圖書館CIP數據核字(2018)第282535號

朱舜水筆談文獻研究

著　　者:王　勇　朱子昊
出版發行:上海交通大學出版社　　地　　址:上海市番禺路951號
郵政編碼:200030　　電　　話:021-64071208
出 版 人:談　毅
印　　製:當納利(上海)信息技術有限公司　　經　　銷:全國新華書店
開　　本:710mm×1000mm　1/16　　印　　張:25
字　　數:350千字
版　　次:2018年12月第1版　　印　　次:2018年12月第1次印刷
書　　號:ISBN 978-7-313-20754-8/B
定　　價:138.00圓

目　録

中編 校注編

下編 文獻編

凡　例

一、本叢書係國家社科基金重大招標項目"東亞筆談文獻整理與研究"階段性成果、"十三五"國家重點圖書出版規劃項目、2018年度國家出版基金項目,并得到浙江大學"雙一流"項目"經典文化傳承與引領——'東亞漢典'編纂與研究"支持。

二、叢書總名"東亞筆談文獻研究叢書",此爲第一輯,共有7册,分别爲《東亞筆談文獻經眼録》《名倉予何人筆談文獻研究》《〈朝鮮漂流日記〉研究》《朱舜水筆談文獻研究》《東亞醫學筆談文獻研究》《内藤湖南筆談文獻研究》《朝鮮通信使筆談文獻研究》,每册選定一種至數種筆談文獻爲研究對象。

三、除《東亞筆談文獻經眼録》之外,各册體例大抵統一,即首載總序、凡例,正文分成上中下三編,上編爲"論述編",中編爲"校注編",下編爲"文獻編",書末附參考文獻。

四、"論述編"係對該册所選筆談文獻的綜合介紹與個案研究,一般包括筆談文獻的形成經緯、作者生平、時代背景、作品特點等,宏觀鋪叙與微觀考據相結合,多維度發掘相關文獻的價值與意義。

五、"校注編"包括文獻的解題、録文、注釋。録文務求忠實於底本,并盡可能參照其他傳本校核,具體遵循以下原則:

(1) 新舊字形不一者,概改爲新字形;異體字、俗字、生造字徑改爲規範繁體字,有特殊意義的異體字予以照録,并在注釋中説明;手寫體中的如“扌”與“木”等偏旁混用一般徑據文意録定。

(2) 原文中錯、訛、漏、衍處照録，出注加以説明。

(3) 文字闕失或不能判讀者，以“□”標示。

(4) 原文中的重文符號，一律改成漢字。

(5) 原文中雙行夾注，録文時改爲單行，小一號字，楷體。

(6) 原文中的抬格、空格等不予保留，按文意直接接排。

(7) 録文基本按原文分段。原文無分段時，據文意分段，原則上以固定的時間、空間内，固定人物間的一次談話爲一段。

注釋依據以下原則：

(8) 采用頁下注形式，序號以①②③標示，每頁重新編序號。

(9) 注釋以文中出現的人名、地名、書名、地理、職官、生僻字詞爲主，與文中相關的歷史背景等在“研究篇”中加以介紹，不再出詳注。

(10) 注釋句子或詞彙時，先解釋整個句意或詞彙，再解釋單個字詞的意思；例證一般列舉最原始的出處，再舉後世書證。舉例僅限 1 至 2 例，避免煩瑣。

六、“文獻編”影印相關筆談文獻，遵循以下原則：一是影印文獻限於“校注編”涉及的筆談文獻；二是影印文獻獲得收藏者的授權；三是多版本的情況下影印録文所依據的底本。

總序　無聲的對話
——東亞筆談文獻的特徵與意義

從隋唐至明清的千餘年間,東亞各國之間保持着頻繁的人員往來、物資流通、文化交流關係。然而,我們似乎缺失了一段至爲關鍵的記憶——在翻譯知識與制度極不完善、區域通用語言尚未普及的前近代,跨越國界的東亞各國人士之間是以何種方式傳遞命令、互通信息、授受知識、交流情感的呢?

東亞各國不僅語言殊異,而且各地方言林立,極大地阻礙了通常意義上的口語交際。假設一個琉球國使節團從福建登岸,由於琉球多福建移民,隨行的翻譯或許還能與當地人口語交談;但當使節團北上行進到浙江境内,一路上福建方言恐怕難以溝通——即使今天杭州人與福建人也完全無法用方言交流;退一步講,即便使節團配備有浙江各地方言的譯者(浙江境内的温州話、義烏話、江山話與福建話一樣難懂),抵達北京後也無濟於事,因爲没有幾個京官能操福建話。再假設倘若他們在北京遇到越南、朝鮮使節團,那不僅僅是方言的問題了,唯一可能的交流方式便是"筆談"。因爲不管講何種方言的中國官員、操何種語言的外國使節,他們一般均具有中國文化的基本素養——寫漢字、懂漢文、作漢詩。漢文筆談不僅可以跨越語言障礙,而且話題涉及四書五經、唐詩宋詞,他們之間有許多話可以聊。

“筆談”是以漢字爲媒介，通過視覺而非聽覺傳遞知識、溝通信息，是東亞地區特有的跨語言、跨民族、跨文化的交際方式，這種由多國人士參與、話題隨意、現場揮毫形成的文本，無法歸爲任何一種傳統的文獻體裁，其特點可歸納爲：① 新的交際方式；② 新的文獻體裁；③ 新的研究資料。

縱觀東亞各國悠久的交往歷史，作爲跨語言交際之筆談，并非是偶發的、臨時的、應急的現象，而是官方的、持續的、主流的交流形式；同時，作爲常態化的、權威性的、高品位的溝通方式，貫穿了東亞官民交流的千餘年歷史。現存約萬件筆談文獻，藴涵着豐富的歷史、文學、思想、民俗等資料，是一座亟須發掘的文獻寶庫。

一、“筆談”的稱謂與英譯

2012 年第一學期，我在北京大學爲研究生開設“東亞漢文筆談研究”課程，按照學校規定提交課程的英文譯名時，感覺無法確切翻譯“筆談”一詞。

翻閲多種英漢、漢英詞典，“筆談”多譯作 Conversation by writing，如《新世紀漢英大詞典》[①]列出如下三個義項：

（1）exchange ideas by way of writing instead of conversation

（2）comment in writing

（3）[often used of book titles] sketches; notes

按照第一個義項 Conversation by writing，即以書寫代替口談（Writing instead of conversation），我們可以設想在什麽狀況下，當事人纔會采取這種特殊的交際方式。

① 惠宇主編：《新世紀漢英大詞典》，外語教學與研究出版社，2003 年。

第一種情况是聾啞人，因爲口不能言、耳不能聞，不得不采用書寫方式與他人溝通。徐珂所編的《清稗類鈔》講到"汪穰卿好客"時，說他"好客之名既著，故四方人士無不求與一面。日本人之能作華語者，亦與相周旋，某且舉其家藏之寶刀以爲贈"；接着筆鋒一轉，說"穰卿有弟曰仲閣者，則反是，以耳聾，須與人筆談，人恒厭之故也"①。這段話是說汪康年因爲善談而高朋滿座，其弟因耳聾只能筆談，故交際很少。現代國内外的聾啞人學校，多開設"筆談"課程，畢竟社會上懂得手語之人寥寥無幾，於是隨身携帶筆與記事本進行"筆談"，成爲他們與外界交際的重要方式。

第二種情况是爲了保密而采取的措施，語言交談難防"隔墻有耳"，於是不得已書寫文字傳遞信息。《古代漢語大詞典》對"筆談"的釋義是"以文字交換意見或發表意見"，并舉《兒女英雄傳》第十六回爲例："如今我們拿分紙墨筆硯來，大家作個筆談。"②

這就奇了，小說裏的人物個個五官健全、能說會道，爲何還會出現此種狀况呢？清人文康創作的小說《兒女英雄傳》共四十回，第十六回的標題爲《莽撞人低首求籌畫　連環計深心作筆談》。兹引録相應段落如下：

> 鄧九公道："老弟，我說句外話，你莫要鎊張了罷？"
>
> 老爺道："不然。這其中有個原故，等我把原故說明白，大家自然見信了。但是這事不是三句五句話了事的，再也定法不是法，我們今日須得先排演一番。但是這事却要作得機密：雖說你這裏没外人，萬一這些小孩子們出去，不知輕重，露個一半句，那姑娘又神通，倘被他預先知覺了，於事大爲無益。如今我們拿分紙墨筆硯來，大家作個筆談。——只不知姑奶奶可識字不識？"
>
> 褚一官道："他認得字，字兒比我深，還寫得上來呢。"
>
> 老爺道："這尤其巧了。"

---

① 徐珂：《清稗類鈔》第八册《師友類》十，中華書局，2010年。

② 徐復等主編：《古代漢語大詞典》，上海辭書出版社，2000年。

說着，褚一官便起身去取紙筆。

原來衆人爲了“這事却要作得機密”，故以“筆談”密議，提防隔墻有耳，孩子們“不知輕重，露個一半句”。中國人之間的這種“筆談”，無非是偶然之舉、應急之措，并非常態性交際方式。

無獨有偶，2011 年 10 月 28 日臺灣《聯合報》刊發獨家報道《張學良口述歷史首次曝光》。郭冠英問：“談談您四弟張學思，他是不是在溪口書房中與您筆談？”張學良答：

是這樣的，那時我四面都有人（監視），我們也没談什麽正經事。他寫説他是共産黨，我看書，他説你不要看那些書，那不是正經書（意思是要看馬列）。那時候他很厲害的，他説他在軍校就是共産黨，國民黨怎能不敗呢？内部好多人都投了共産黨。他本來畢業的時候我推薦他去胡宗南那邊，他没去，就跑到東北軍去了，在東北軍中鼓動得很厲害。東北軍後來投去共産黨那邊很多，最厲害的就是吕正操。

顯然這只是一種臨時的規避措施，交談不會長時間持續；又因爲事屬機密，當事人一般不保留筆談原稿。

這類“筆談”雖然有其價值，但存世文獻少之又少，且多爲零星的片段記録，尚不足以進行專題研究。

第三種情況是語言不同，無法溝通，遂借用書寫漢字來進行跨語言交際。1543 年，一艘從暹羅起航赴華的葡萄牙商船，在寧波附近海域遇風漂至日本種子島。當島民面對這批手持鳥銃（日語稱“鐵炮”）、“其形不類、其語不通”的不速之客高度警戒，就在雙方可能因溝通不暢而發生武力衝突之際，同船的“大明儒生”五峰（王直）出面居中調停。島主因與中國人語言不通，“以杖書於沙上”。他問：“船中之客，不知何國人也？何其形之異哉!”五峰即刻也在沙灘上寫字回答:“此是西南蠻種之賈胡也。”[①]

這次筆談在日本歷史上具有劃時代意義,史稱“種子島鐵炮事件”,通過明人五峰居中斡旋,日本人不僅如願重金購得鳥銃,還從葡萄牙人處習得槍械使用要領與彈丸製造方法;隨後日本人開始大量仿製并運用於實戰,因此加快了戰國時期日本全國統一的進程。

以上我們介紹了現實中使用筆談的三種情況,第一種情況僅限於聾啞人等身體殘障者,這裏無須多説;第二種情況乃因環境所限或事態緊急,爲防他人偷聽而權宜爲之,屬於應急措施、偶發之舉,也不在本文討論之列。前述我在北京大學開設的“東亞漢文筆談研究”課程,所要講授的是第三種情況的“筆談”——漢字文化圈特有的跨語言、跨民族、跨文化的視覺交際方式,而西方語境中的 Conversation by writing 基本不包含這層意蘊。

2014 年我申請的“東亞筆談文獻整理與研究”課題獲得國家社科基金重大招標項目立項,於是開始系統蒐集、整理、研究這類尚未被學術界普遍認同的新文獻體裁,意欲建構一個時間上綿延千有餘年、空間上涵蓋整個東亞,且發源於中國文言并殘留古人口語的“漢字視覺話語體系”。因此,厘清此概念的源流成爲當務之急。

首先看東亞,傳統的文化人最講究“斯文”,無論賦詩還是屬文,字字推敲、句句修辭,唐代詩人杜甫在一首“聊短述”“漫興”詩作中,首聯即云“爲人性僻耽佳句,語不驚人死不休”[②],因此他們把臨場發揮、即興揮毫、未經推敲、不講修辭的筆談視爲“急就章”,稱之爲“談草”“談片”“文草”等,一般隨書隨棄不予保留,因此幸存的筆談文獻大多湮没無聞。

筆談文獻收入個人文集始自朱舜水,因爲朱舜水到日本後只能靠筆

① 日本禪僧南浦文之(1555—1620)於 1606 年撰寫的《鐵炮記》(收入《南浦文集》),詳細記録了此次筆談内容。

② 杜甫《江上值水如海勢聊短述》,爲錦江觀景時即興所作的七言律詩,全詩如下:“爲人性僻耽佳句,語不驚人死不休。老去詩篇渾漫興,春來花鳥莫深愁。新添水檻供垂釣,故著浮槎替入舟。焉得思如陶謝手,令渠述作與同游。”

談傳授學問、日常交際，他去世後，其日本門人編輯《舜水先生文集》，首次在“(雜著)”類下設“筆語”小項，以此名目收入這些珍貴的資料。

隨着朝鮮赴日通信使配備專事筆談的“製述官”(1624)，日朝之間的筆談唱和具有了某些“官方”色彩，當事人編輯了大量筆談唱和集，僅目前存世的就有約二百種①。除了“筆談”之外，還使用筆譚、問答、筆語、筆話、答響、對話、問槎、閑譚、摭筆、餘話、醫談等各種名稱；又因爲日朝官民在筆談中喜愛以詩歌唱和的形式展示才華、交流情感、增進友誼，所以就有了唱和、唱酬、對詩、贈答、互咏、同調、雙鳴等稱呼，甚至以塤篪、雅契、文會、傾蓋、璀粲等雅稱美之。

當然，語音相隔、文化迥異的兩個或多個民族的人士坐在一起筆談，不可能總是心意相契、一團和氣。從筆談文獻中時常可以看到，或因措辭不當引起對方不快，或因比拼才華意氣用事，或因話題敏感裝聾作啞，或因話不投機拂袖而走，出現冷場、形成僵局的實例不在少數。日本寶曆十四年(1764)來訪的朝鮮通信使，沿途與日本官民筆談不輟，存世的筆談唱和集超過 20 種，其中由松本興長編輯的書名叫《兩東鬥語》。“兩東”指相對於中國地處東方的日本與朝鮮。“鬥語”這詞不太常見，從好的方面考量指比拼才華、良性競争；從壞的方面着想，或許就有意見相左、惡語相加的意味。

以“鬥語”指稱筆談雖然稀見，但并非獨此一家。日本近代著名漢學家、以卷帙浩繁的《大漢和辭典》名垂青史的諸橋轍次博士，民國初年多次來華，與章太炎、胡適、葉德輝、陳寶琛、曾廣鈞等名流筆談，大概由於政治理念、學術觀點、志向情趣等不盡相同，諸橋轍次回國後將筆談遺稿編輯成册，題名爲《筆戰餘塵》②。此外，對於不速之客“漂流民”的筆談詢問記

① 高橋昌彦：《朝鮮通信使唱和集目録稿(一)》，載《福岡大學研究部論集 A，人文科學編》第 6 卷第 8 號，2007 年 3 月；高橋昌彦：《朝鮮通信使唱和集目録稿(二)》，載《福岡大學研究部論集 A，人文科學編》第 9 卷第 1 號，2009 年 5 月。

② 諸橋轍次與中國名流的筆談可參見李慶編：《東瀛遺墨——近代中日文化交流稀見史料輯注》，上海人民出版社，1999 年，第 118、153—170 頁。

録,有個單獨的名號叫“問情”。

如上所述,無論“鬪語”“筆戰”,還是“塤篪”“傾蓋”,筆談别稱異名之多,説明筆談文獻歷史悠久、影響廣泛、形式多樣、内涵豐富。今天我們以“筆談”概括之,實不應忽略各時期、各地區、各階層、各領域的筆談所具有各自的特色。

接下來我們將目光轉向西方,印歐語系散布範圍廣闊,使用人口大抵與東亞的漢字文化圈相近(約 15 億),其主要特徵是屬於標音文字系統,文字本身不具有表意功能,字母組合隨語音的變化而變化,這與漢字包容各種不同的語音(方言、外語)而保持視覺意藴不變的特徵判然有别。比如説,中、日、韓三國人湊在一起,中國説“Gan Xie(感謝)”,日本人説“Kan Sya(かんしゃ)”,韓國人説“Gam Sa(감사)”,相互之間完全不明白對方在説什麽;倘若用漢字標記,便一目瞭然,因爲都寫作“感謝”,只是各國語言發音不同而已。

據我個人與歐美學者接觸獲得的認知,習慣於依靠語音聽覺交際的西方人,很難理解撇開語音、單憑視覺進行筆談的交際方式,因此幾乎檢索不到相關的研究成果。然而,具有漢語、日語背景的學者是個例外,美國加州大學(現任職於加拿大約克大學)傅佛果(Joshua A. Fogel)教授就是其中一個。

1996 年,傅佛果出版了一部别開生面的研究著作《從游記文學看日本人對中國的再發現: 1862—1945》,晚清至民國時期來到中國的日本政治家、商人、學者、游客大多精通漢文而不會説漢語,他們與中國人的交流主要通過書寫形式,因此書中涉及大量中日筆談交際的内容。

傅佛果是極少數關注筆談文獻的西方學者,他認識到這是西方知識體系中罕見的文體,是中日乃至朝日之間獨特的語言交際方式。他指出:“漢語書面語作爲交流媒介的重要性,再怎麽强調也不過分。……對於其後赴華的外交使節來説,漢語文言文的使用意味着通過書寫的形式交流——在中國稱之爲‘筆談’。擁有同一語言媒介促成了有意義的交流,即使很少或從不進行口語溝通,因此書寫媒介在中日(而且有趣的是朝日之間也如此)關係中顯得特别重要。"①

爲了避開容易引起西方人誤解的譯詞 Conversation by writing,傅佛果創造性地使用了 Brush conversation 一詞,以 Brush 來限定書寫工具爲東方特有的"毛筆",同時給出通行筆談的三個主要國家的音譯詞,即中國的 Bitan、日本的 Hitsudan、韓國的 P′iltam②。

回過頭來再説"筆談"的英譯。筆談作爲東亞地區特有的文化現象,要在西方文化中表述,不外乎三種方式:一是直接音譯,作爲新概念引入,如用 Bitan;二是用原有概念替代,如用 Conversation by writing;還有第三種意譯的方法,用本國語言加以描述。2014 年 11 月,我在復旦大學做了一次演講,題目是《無聲的對話——東亞視域中的筆談》,這裏"無聲的對話"即是意譯法,翻成英文大概是 The Silent dialogues。

二、東亞千年筆談史

縱觀東亞各國悠久的交往歷史,作爲跨語言交際之筆談,并非是偶發的、臨時的、應急的、輔助的現象,而是官方的、持續的、高品位的、主流的交流形式。此外值得注意的是,在現代科技成果之一的録音機發明之前,不要説幾年之前,就是數天之前的口談内容,其聲音也隨風飄逝、無一留存;然而,筆談記録的視覺特徵,却能够使其保留數百年前,甚至千餘年前的交談記録,這不能不説是一個奇迹!

東亞的跨語言筆談究竟始於何時?雖然我們已經無法確定具體的年份、完全復原當時的情景,但可以依據以下條件框定一個大致的時間段。

① Joshua A. Fogel: *The Literature of Travel in the Japanese Rediscovery of China, 1862－1945*, Standford: Standford University Press, 1996. p. 20.

② 如同前述"感謝"的例子,中國的 Bitan、日本的 Hisudan、韓國的 P′iltam,用漢字標記都是"筆談"。

第一個條件是漢字的傳播與使用,這意味着漢字從中國傳播到周邊地區,而且周邊民族已能熟練使用漢字;第二個條件是東亞朝貢體系的形成,這意味着各國之間使節往來的常態化,跨語言交際勢在必行;第三個條件是漢文化的普及,俗話説"話不投機半句多",語言有别、民族相異的人士能够順暢地筆談交流,是因爲有相同的漢文化素養,是因爲有異域知音。

閲讀東亞各國人士的筆談文獻,中外人士筆談内容自然以中國爲主題,有趣的是朝鮮人、日本人、琉球人、越南人之間的筆談,或探討儒學佛教,或鑒賞唐詩宋詞,或憧憬中國名勝,或品評明清碩學,周邊各國的歷史文化難成主流話題,因爲這些知識不是東亞文化人必備的素養。舉例説,日本江户時代儒者人見竹洞(1637—1696,名節,字宜卿,通稱友元,别號鶴山)與朝鮮通信使邂逅,雙方以筆代舌交談,人見竹洞將話題轉到"天下勝地"的西湖,并想象與朝鮮使者同游中國,"鼓琴於西湖之上":

> 中國之僧心越者,投化本邦,能琴,太妙。謂是西湖之僧也。又西湖是天下勝地,願一聞其形勝而恨無路矣。……西湖景勝,不可枚舉。或以筆語,或以譯語,稍得聞其地勝。如游中國,恨不與足下携心越,鼓琴於西湖之上。①

2013 年 9 月,筆者主持召開"東亞筆談與西湖意象"學術研討會,復旦大學文史研究院葛兆光教授做基調演講《不在場的在場者——朝鮮通信使文獻對中國的意義》,他把日、朝文人圍繞中國主題展開交流的現象,比喻爲"不在場的在場者",非常貼切,妙不可言。

回到主題。雖然秦漢之際東亞的跨國交往已經開始,但那時擔任外交事務的幾乎都是中國移民。六朝時期,中國大陸與朝鮮半島、日本列島的使節往來依然繼續,但漢字尚未在周邊地區普及到足堪筆談,推測由中

① 澤井啓一編:《人見竹洞詩文集》,汲古書店,1991 年。該書係影印日本國立國會圖書館藏本。

國移民及其後裔充當語言溝通的翻譯。隋唐時期,中國結束南北分裂局面而一統天下,對周邊地區的文化輻射力超越此前的任何朝代,朝鮮半島與日本列島也出現了强有力的王朝,紛紛派出使節到中國朝貢,加快了學習中國文化、模仿中國制度的步伐,筆談作爲跨語言交際方式應該誕生於這一時期。

目前我們能够追溯的東亞最早的筆談,發生在日本向中國派出遣隋使的時候。6 世紀末執掌日本朝政的聖德太子,在東亞世界初露端倪的背景下,進行了一系列内政外交的改革,其中最重要的舉措是公元 607 年派出以小野妹子爲首的遣隋使①。

由於此前中日之間的使節往來中斷了百年以上,其間中國從南北分治到全國統一,國際局勢發生了翻天覆地的變化,對第一批遣隋使來説,他們踏上的是一片陌生的土地。據日本史籍《扶桑略記》等記載,小野妹子一行的船隻漂流至中國南方某地,然後輾轉抵達中國五岳之一的南岳衡山(今湖南省衡陽市境内),此時出現了筆談交際的一幕。

小野妹子在衡山的寺院前遇到一位老僧,也許他没有翻譯隨同,或者隨同的翻譯聽不懂湖南方言,因"言語不通"而"書地而語",説明自己的身份及此行來意;老僧得知他們來自日本,想起衡山名僧慧思圓寂後轉世日本爲王的傳聞,便"書地"詢問慧思在日本的情况,此後兩人繼續以筆談形式交换信息②。

這次倉促的邂逅、因地取材的筆談,不僅開啓了隋唐時期中日交往鼎盛局面的端緒,而且也掀開了東亞文化交流史上的重要一頁。這使我們聯想起日本與西方世界在種子島的最初接觸,也是在没有預先準備筆、墨、紙的情况下,以杖代筆、以沙爲紙完成的。兩次事件雖然相隔約千年,但筆談促成了中國與日本、日本與西方的交流,并由此引發日本的唐化與

① 按照《隋書·倭國傳》記載,倭國於 600 年派出第一批遣隋使;日本史籍《日本書紀》則記載,首批遣隋使 607 年抵達中國。

② 皇圓編,黑板勝美校訂:《扶桑略記》,經濟雜志社,1897 年。

西化,實在令人深思。

讓我們穿越一千多年的時間隧道,將視綫從日本的早期遣隋使投向中國的首批駐日使節。光緒三年(1877),在負責外交事務的李鴻章極力推薦之下,時任翰林院編修的廣東人何如璋(1838—1891)出任中國首届駐日公使(正式官銜是"出使日本國正使欽差大臣"),由此揭開中日近代外交的新篇章。

中日與對方互派常駐外交使節,依據的是 1871 年雙方簽訂的《中日修好條規》。值得關注的是,該條規第六款規定:

> 嗣後兩國往來公文,中國用漢文,日本國用日本文,須副以譯漢文,或只用漢文,亦從其便。

意思是以後凡兩國往來文書,中國方面當然是用漢文,日本方面也應該使用漢文,如果使用日文則必須附上漢文譯本。也就是説,中國駐日外交官在履行公務時,不需要接觸日文。

1877 年 11 月 26 日(光緒三年十月二十二日),何如璋率領四十餘人的使節團,乘坐"海安號"兵船從上海出發前往日本,同年 12 月 28 日向日本明治天皇遞交國書,隨後於翌年 1 月 23 日選定東京芝山的月界僧院(今增上寺境内)爲駐日公使館址。大概在上述《中日修好條規》第六款誤導下,以何如璋領銜的首届駐日使團堅信中日是"同文"之國,彼此溝通無須中介翻譯。然而,事實證明這是一個巨大的事務性失誤,同時也是一個歷史上的僥倖。

1893 年 6 月 17 日(光緒十九年五月初四日),黄慶澄(1863—1904)從上海出發,經長崎、神户、横濱,6 月 30 日抵達東京,7 月 6 日參觀駐日公使館附設的"東文學堂"。爲何要在公使館内設立教授日語(東文)的培訓機構呢?對此黄慶澄有一段叙述:

往觀東文學堂。學堂在使署西偏。初,中國與日本立約時,以中、東本同文之國,使署中無須另立譯官。嗣以彼此文字往來仍多隔閡,因設東文學堂,旋廢之。前李伯行星使來,開復興焉。内有監督官一人,中、東教習各一人,學徒五六人。①

中國朝廷相信中日是"同文之國",因此認爲"使署中無須另立譯官",然一旦到了日本發現"彼此文字往來仍多隔閡",於是采取一系列應急措施。一是何如璋於光緒四年(1878)十一月十五日上奏朝廷,要求臨時在當地雇傭懂日語的通事,即東京 2 名,横濱、神户、長崎各 1 名,總共 5 名②;二是籌劃在公使館内創辦培養日語翻譯人才的學校,此案經由黄遵憲、何如璋倡議并籌辦,終於在第二屆公使黎庶昌任上的 1882 年開花結果③。

然而,歷史總是辯證的,任何事情均具有正反兩面。"同文"的魔咒一方面造成中日雙方事務性交往的困局,另一方面却成就了中日文化交流的諸多佳話,留下一筆彌足珍貴的東亞文化遺産。

話説公使館開張伊始,吸引了大批日本官民前來拜會,如前所述因缺少堪爲雙方語言溝通的翻譯,賓主之間主要依靠筆談交流。當時有位名叫石川鴻齋(1833—1918)的漢學家,恰好在增上寺的净土宗學校任漢學教師,所謂"近水樓臺先得月",他與何如璋等公使館員"筆談終日不知倦,紙迭作丘,奇論成篇",後結集爲《芝山一笑》,1878 年由東京文升堂刊印出版。

另一位漢學修養頗高的貴族大河内輝聲(1848—1882)也頻繁與公使

① 黄慶澄:《東游日記》,收入鍾叔河主編《走向世界叢書》,嶽麓書社,1985 年,第 345 頁。

② 何如璋:《使日何如璋等奏分設日本各埠理事摺》,收入王彦威、王亮輯《清季外交史料》卷十四,文海出版社,1963 年,第 34 頁。

③ 有關"東文學堂"創辦始末,王寶平《近代中國日語翻譯之濫觴——東文學堂考》(載《日語學習與研究》,2014 年第 2 期)述之甚詳,可資參考。此外,從國内大背景看,同治元年(1862)創設京師同文館,起初只有英文館、法文館、俄文館,經歷"甲午戰争"至光緒二十三年(1897)始增設東文館,這種明顯的滯後也與"同文"的魔咒有關。

館員筆談交際，他每次把筆談的原稿收集起來，排序整理、裝訂成册後保存，原本有約 95 卷，現存 76 册 78 卷，可謂卷帙浩大，是約六百次中日朝筆談的原始記録，史料價值極其珍貴。

現存的 78 卷《大河内文書》，包括大河内輝聲與何如璋、黎庶昌、黄遵憲、羅雪谷、王治本、張滋昉以及朝鮮人的筆談内容①，按筆談時間及對象分爲以下 8 種：

(1)《羅源帖》：存 16 卷，缺卷一、卷十五，筆談時間爲 1875—1876 年。

(2)《丁丑筆話》：共 7 卷，存 1 卷，卷一至六缺損，筆談時間爲 1877 年。

(3)《戊寅筆話》：存 25 卷，缺卷二十四，筆談時間爲 1878 年。

(4)《己卯筆話》：原有 16 卷，現存卷十五至十六，筆談時間爲 1879 年。

(5)《庚辰筆話》：10 卷全存，筆談時間爲 1880 年。

(6)《桼園筆話》：17 卷俱存，筆談時間爲 1880—1881 年。

(7)《韓人筆話》：1 卷，筆談時間爲 1880 年。

(8)《書畫筆話》：1 卷。

早稻田大學教授實藤惠秀於 1943 年在琦玉縣平林寺最先發現這批珍貴的資料，將其抄録，并據此撰寫了《大河内文書——明治日中文化人之交游》②一書；此後實藤惠秀於 1968 年與新加坡漢學大師鄭子瑜合作，整理出版了《黄遵憲與日本友人筆談遺稿》③。此書整理的内容後來被陸續收入《近代中國史料叢刊續編》及各類黄遵憲的文集。

---

① 據王寶平統計，1875—1881 年的 6 年時間，中日朝共有 132 人參與筆談，其中中國 58 人、日本 69 人、朝鮮 5 人。參見王寶平《日本藏晚清中日朝筆談資料——大河内文書》，浙江古籍出版社，2016 年，第 14 頁。《大河内文書》現存卷次與起訖時間，亦請一并參考該書的概述序言。

② 實藤惠秀：《大河内文書——明治日中文化人の交遊一》，平凡社，1964 年。

③ 實藤惠秀、鄭子瑜：《黄遵憲與日本友人筆談遺稿》，早稻田大學東洋文學研究會，1968 年。

實藤惠秀、鄭子瑜的開拓性工作意義重大，但主要集中於黄遵憲的筆談，未能反映《大河内文書》的全貌。2010 年，南開大學劉雨珍教授出版了上下兩卷《清代首屆駐日公使館員筆談資料彙編》[①]，筆談原稿雜亂無章，字迹往往漫漶不清，作者將其録文爲上下兩卷，雖僅涉及《大河内文書》之部分，然工作之艱辛可以想見。最近作爲國家社科基金重大項目"東亞筆談文獻整理與研究"系列成果《東亞筆談文獻資料叢刊》第一輯，浙江工商大學王寶平教授影印出版了《日本藏晚清中日朝筆談資料——大河内文書》[②]8 册 76 卷，這是目前最爲完備的筆談資料集。

從 607 年到 1877 年的千餘年間，筆談作爲常態的、權威性的、高品位的溝通方式，貫穿了東亞官民交流的歷史主綫。隨着東亞傳統格局的解體與近代新型國際關係的建立，東亞各國加强了外國語言的學習與翻譯機構的建設，"筆談"這種依賴漢字的視覺交際方式逐漸退出歷史舞臺中心。然而，筆談作爲東亞世界輔助的交際手段，民國時期依然存有餘響，甚至到了現代仍有用武之地。

2003 年，日本市面上出現一本的暢銷書，題爲《和中國人怎麽筆談》[③]。這本書專爲赴華旅游的日本人編寫，告訴這些游客不懂漢語不打緊，只要利用日本人掌握的漢字就能與中國人無障礙地交流。2017 年又出現一本同類型的書，題爲《通過筆談學習中文》[④]，宣稱"如果跳過發音難關，中國語是世界上最容易學習的語言"，認爲"筆談"是日本人的特技，其他國家人無法模仿，并臚列以下幾條理由：

> (1) 日本人使用筆談，可以擺脱漢語發音困難的束縛，準確有效地傳達自己的意圖；

---

① 劉雨珍：《清代首屆駐日公使館員筆談資料彙編》，天津人民出版社，2010 年。

② 王寶平：《日本藏晚清中日朝筆談資料——大河内文書》，浙江古籍出版社，2016 年。

③ 造事務所：《中國人と筆談する本》，大泉書店，2003 年。

④ 陳冰雅：《筆談で覚える中國語》，サンマーク出版，2017 年。

（2）日本人對中文複雜的音韻體系望而却步，但使用漢字却得心應手，因此容易記憶掌握；

（3）中文與日語的漢字百分之七十相通，只要記憶剩下的百分之三十的單詞即可，記憶量大幅度減少；

（4）中文語法“動詞在前，賓語在後”，除此之外與日語無異。

如上所述，日本方面出現激活“筆談”語言交際功能的動向，而同屬漢字文化圈的韓國則動作更大。高麗大學李振政教授發文倡導“修復韓中漢字筆談交流通路”，文章基於“中國與朝鮮半島是一衣帶水的鄰邦，同爲漢字文化圈所屬的中韓兩國直到一百年前還可以利用漢字筆談”這一歷史事實，建議“啓用漢字，研發一種新的現代韓中漢字筆談交流的溝通方法，從而修復半個多世紀以來被阻斷的傳統漢字筆談交流”①。

筆談作爲發源於中國的漢字話語權，主導東亞跨語言交際千有餘年，漢字文化圈的形成和發展與此休戚相關，周邊各國以此爲媒介攝取中國文化，大大加快了本國的文明進程，可謂獲益甚多。在全球化日新月異發展的今天，如何激活傳統文化因子，如何發揮筆談跨語言交際的優勢，周邊國家已經表達了强烈的意願，發出了復興優秀文化傳統的呼聲，中國作爲漢字的原創國、筆談的主要當事方，如何繼承燦爛的中華文明、如何擘畫東亞未來的願景，值得我們這代人深入思考、全面籌劃。

三、筆談文獻的特點

陳寅恪先生云：“一時代之學術，必有其新材料與新問題。取用此材

① 李振政：《關於修復韓中漢字筆談交流通路的提案》，載《佳木斯教育學院學報》2012年第8期。

料，以研求問題，則爲此時代學術之新潮流。”[①]大意是説，學術研究的根本動力來自“新材料”的發現，由新的研究素材誘發出“新問題”，使用新方法解決這些問題，便形成該時代的學術“新潮流”。

敦煌文獻之爲“新”，是因埋没沙丘而長久不爲人所知；甲骨文之爲“新”，是因被誤作可以治病的中藥“龍骨”；筆談文獻之爲“新”，是因其文體迄今尚未被歸類定性。作爲“新材料”的筆談文獻，主要體現在以下三點：① 新的交際方式；② 新的文獻體裁；③ 新的研究資料。下面順次略述之。

（一）新的交際方式

明萬曆年間來華的西儒利瑪竇（Matteo Ricc，1552—1610），注意到東亞特殊的語言交際方式，他説中國人、日本人、朝鮮人、交趾人、琉球人雖然“口語差别很大，以致誰也聽不懂别人的話”，但“他們都能看懂同樣意義的書面語”[②]。當東亞各國人士聚集一堂時，即使不懂對方的語言，也能通過書寫漢字進行交流。利瑪竇甚至觀察到中國人之間在語言不通的情况下，也經常采用筆談溝通，“如果手邊没有紙筆，他們就沾水把符號寫在什麽東西上，或者用手指在空中劃，或甚至寫在對方的手上”[③]。見面而不語、默然而書字——這一情景對習慣於語音交際的利瑪竇來説，是多麽陌生與新奇啊！

我們可以設想，當西方人遭遇語言不通的窘境，他們大概只能用極爲原始的“Body language（肢體語言）”來表述意圖，不僅效力低下，而且僅限於少數幾個慣用的動作；然而東亞的情况就大不一樣了，東亞人之間一旦語言無法溝通，如果具備一定的漢學修養，便能“以筆代舌”，書寫漢字進

① 陳寅恪：《陳垣敦煌劫餘録序》，收入《陳寅恪集》之《金明館叢編二編》，三聯書店，2001年，第266頁。
② 利瑪竇著，何高濟等譯：《利瑪竇中國札記》，中華書局，1983年，第30頁。
③ 利瑪竇著，何高濟等譯：《利瑪竇中國札記》，中華書局，1983年，第28頁。

行交際。

享有“現代語言學之父”之稱的索緒爾(Ferdinand de saussure,1857—1913)説:“語言和文字是兩種不同的符號系統,後者唯一的存在理由是在於表現前者。”[①]索緒爾説的是西方語言交際的情況,印歐語系“語音”至上,文字被視作輔助符號而已;但我們可以説,在東亞語境中,有時文字比音韻、視覺比聽覺更爲重要,因爲在筆談過程中,傳遞信息的是漢字,這些視覺文字符號不能負載語音,否則筆談交流就無法達成。

2013 年 1 月 17 日,日本前首相鳩山由紀夫訪問南京大屠殺遇難同胞紀念館,人性良知受到强烈衝擊的他,百感交集地揮毫寫下“友愛和平”條幅,然後署名“鳩山友紀夫”。這裏的關鍵是姓名的標記,“由紀夫”與“友紀夫”在聽覺上毫無差異(中文讀作 Youjifu,日語讀作 Yukio),區别就在視覺上(“由”與“友”不同),這個“友”字可以説濃縮了千言萬語,相信没有一個東亞人認爲這是個錯别字,無疑是鳩山由紀夫的有意之舉,這裏有當事人對軍國主義犯下罪行的愧疚心理,也有面向未來兩國友好的和平祈求。筆談正是這種摒除音障、超越語言的視覺交流。

(二) 新的文獻體裁

近年有學生在編我的著作集,他們遇到的問題是,學者對談、媒體訪談的文章該如何處理? 我曾經與日本人、美國人三方鼎談,在公開發表的談話記録中,我只貢獻了三分之一。如果收録全文,似有掠人之美的嫌疑;如果僅截取我的談話,便失去了整個談話的脈絡,變成毫無意義的獨白。媒體訪談的情況也同樣,記者與我一問一答,智慧財産權不應歸我一人所有。對談、鼎談、訪談都屬於新文體,按照傳統的文體分類或個人文集的編撰慣例,難以收入其中。

我們來看筆談的情況。筆談至少兩人以上,也有 5 至 6 人會聚一堂

① 索緒爾著,高名凱譯:《普通語言學教程》,商務印書館,1980 年,第 47 頁。

的事例，這就涉及歸屬權；而且筆談多爲跨國交際，還牽涉國籍問題，所以自古以來個人文集不予收録。明清之際東渡日本的朱舜水（1600—1682），留下大量與日本人士的筆談資料，德川光圀領銜編撰《舜水先生文集》①，把筆談歸入“雜著”類，在“雜著”目下再加“筆語”小目；後來北京大學朱謙之教授整理成《朱舜水集》②時，將“雜著”改爲“策問”與“問答”，其中在“問答”之三、之四後注“筆語”，内容幾乎與《舜水先生文集》雷同；直到近年出版黄遵憲、楊守敬的全集時，編者纔把“筆談”另列一類。

朱舜水没有留下大部頭著作，德川光圀顯然知道朱舜水的學術思想精華凝聚在筆談中，但却無法歸入傳統的某類文體，於是别立“雜著”收納之，有點“名不正言不順”的味道。朱謙之把筆談歸爲“問答”類，比之“雜著”名稱要好些，但朱舜水的筆談也非全然是問答，其中包括討論、述懷等，所以他在“問答”後加括弧注上“筆語”，依然没有給筆談正名。

此外，筆談多爲臨場應對、隨意發揮，文字未經推敲，所以當事人也認爲不登大雅之堂，不願傳世。乾隆三十年（1765）洪大容隨朝鮮燕行使抵達燕京，次年二月與赴京趕考的“古杭三士”——嚴誠（1732—1767）、潘庭筠（1742—?）、陸飛（1720—1786）邂逅。中朝文士可謂一見如故，從二月四日至二十三日共進行 7 次筆談，賓主敞懷放意，竟日方休。五月六日洪大容回到故鄉，六月十五日即將筆談記録與往來尺牘彙編爲三册，名之曰《乾净衕會友録》，此後整理成《乾净衕筆談》（一作《乾净筆譚》）③。洪大容對筆談情景有如下描述：

與鐵橋秋庫會者七。與篠飲會者再。會必竟日而罷。其談也，

---

① 德川光圀輯，德川綱條校：《舜水先生文集》，小河屋太左衛門刻本，日本正德五年（1715）。該書共 29 卷（末卷爲附録），其中卷二十至二十三爲“雜著”，卷二十二、二十三爲“雜著筆語”。

② 朱謙之整理：《朱舜水集》，中華書局，1981 年。

③ 關於《乾净筆談》的成書經緯，參見夫馬進《朝鮮奇書——關於洪大容〈乾净衕會友録〉〈乾净筆譚〉之若干問題》（載《中國文哲研究通訊》第 23 卷第 2 期，2013 年 3 月）、蘇揚劍《〈乾净筆談〉的異樣關注》（收入王勇主編《東亞的筆談研究》，浙江工商大學出版社，2015 年）。

各操紙筆疾書，彼此殆無停手，一日之間，不啻萬言。但其談草多爲秋庫所藏，是以録出者，惟以見存之草，其無草而記得者，十之一二。其廿六日歸時，秋庫應客在外，故收來者頗多，猶逸其三之一焉。且彼此惟以通話爲急，故書之多雜亂無次，是以雖於其見存者，有問而無答者有之，有答而無問者有之，一語而没頭没尾者亦有之。是則其不可追記者棄之，其猶可記者，於三人之語，亦各以數字添補之。惟無奈其話法，頓失本色，且多間現迭出，或斷或續，此則日久追記，徒憑話草，其勢不得不爾。吾輩之語，則平仲常患煩，故多删之；余常患簡，故多添之。要以斡璇語勢，不失其本意而已，其無所妨焉。則務存其本文，亦可見其任真推誠，不暇文其辭也。①

值得關注的是，此處把筆談稱作"談草""話草"或"草"，原因大概是"通話爲急……雜亂無次"。《乾净衕會友録》編成後，致書"談草多爲秋庫所藏"的潘庭筠，請求"尊藏原草，如或見留，幸就其中擇其可記者，并録其彼此酬酢以示之"：

前告《會友録》三本，每乘閑披考，怳然若乾净對討之時，足慰萬里懷想之苦。但伊時談草，多爲吾兄所藏，無由追記。此中編次者，只憑見在之紙，是以可記者既多漏落，語脉亦或没頭没尾。臆料追補，頓失本色，殊可歎也。尊藏原草，如或見留，幸就其中擇其可記者，并録其彼此酬酢以示之。此中三本書，吾兄亦有意見之，當即附便示之也。②

---

① 洪大容：《乾净録後語》，《湛軒書・外集》卷三，收入《韓國文集叢刊》第 248 册，民族文化推進會，2000 年，第 174 頁。

② 洪大容：《與秋庫書》，《湛軒書・外集》卷一，收入《韓國文集叢刊》第 248 册，民族文化推進會，2000 年，第 113 頁。

潘庭筠則回信説:“前者客寓筆談,一時酬酢諧談雜出。足下乃從古紙輯録之,雖是不忘舊踪,然語無倫次,恐遺誚大雅,幸芟去其支蔓誕放者。”①不僅没有寄回談草,反而要求洪大容“芟去其支蔓誕放者”,原因不外乎内容“諧談雜出”、文辭“語無倫次”而不登大雅之堂。

總之,筆談文獻雖然簡單、散亂、粗糙、通俗,但具有臨場感、原生態、真實性的特點,因此被當事人視爲“談草”“話草”的筆談記録,介乎文言與口談之間,可以看作是一種新的文獻體裁。

(三)新的研究資料

筆談文獻作爲研究資料,首先是具有重要的文學價值。黄遵憲與宫島誠一郎筆談時賦詩:“舌難傳言筆能通,筆舌瀾翻意未窮。不作佉盧蟹行字,一堂酬唱喜同風。”東亞文人雅會,習慣以酬唱表達心聲,這些當場吟咏、一蹴而就的作品數以萬計,是亟待發掘的明清詩歌寶庫。

其次是筆談文獻流露出當事人私下的真實心態。如一般認爲朱舜水追求經世致用,重經史而輕文學,如在《答古市務本書》中稱“詩不可爲也”“今之詩益無用矣”,但在筆談中却論詩、作詩、改詩。朱舜水具有很高的文學造詣毋庸置疑,但他置身於明清交替的特殊歷史時期,基於亡命異鄉而不忘復明的個人抱負與際遇,對他而言訴求經世致用的政治理念是當務之急,詩賦等文學衝動必須壓抑在内心。然而,當他與友人、門弟私下筆談時,鬆弛的精神狀態使他釋放出積聚已久的文學能量。

再則就是筆談文獻蘊藏豐富的歷史、地理、宗教、民俗的信息。以漂流民爲例,明清時期東亞各國基本閉門鎖國,對不期而至的漂流民嚴加盤問,如朝鮮、日本對中國漂流民的筆談問訊(稱之爲“問情”),包括漂流民居住地的官員姓名、城市規模、名勝古迹、文化名人、當地特産等,可以爲

① 潘庭筠:《湛軒・養虚僉尊兄案下》,收入《燕杭詩牘》,哈佛燕京圖書館望漢廬鈔校本。原文未見,據夫馬進《朝鮮奇書——關於洪大容〈乾净衕會友録〉〈乾净筆譚〉之若干問題》(載《中國文哲研究通訊》第23卷第1期,2013年3月)轉引。

編撰地方志提供彌足珍貴的原始資料。

筆談文獻如果以一次筆談(時間、地點、人員相對固定)爲一件計,總數大約超過一萬件,且大多以抄本形式存世,相信這些文獻經整理公之於世,將會爲多個學科帶來新材料、引發新問題、形成新潮流。

四、“此時無聲勝有聲”

回到本文的主題,爲什麽標題用的“無聲的對話”呢?也許有人會質疑:“無聲焉能對話?對話怎會無聲?”這個問題還是讓筆談當事人來回答。

先看前文提及的日本江户時代著名儒學家人見竹洞。他與朱舜水交誼甚厚,兩人不僅尺素往來不斷,而且頻繁進行筆談,目前存世的筆談集有《舜水墨談》與《舜水問答》兩種。《舜水墨談》推測由人見竹洞的家人或弟子多人抄綴而成,共收録約十次筆談,其中第三次筆談的話題圍繞藏書樓展開,交談不長,全文録之:

> 乙巳歲,余新築柳塘之下,開小園,蒔花竹,構書齋,起書樓。一日招翁,酒饌各效中華之制。桌椅相對,静話終日,翁欣然,筆語作堆(此筆語亦罹癸丑火)。食了,與翁上書樓,翁觀架上之群書而喜。
>
> 節問曰:先生在貴鄉,造樓藏萬卷之書乎?
>
> 翁曰:然矣。父祖以來,家多藏書,標帙清緻。我父天性嚴肅,不好以朱墨污書,故家藏之書與他人之所藏太别。家遭亂離,不知今何如,可勝嘆也。
>
> 問曰:近歲江府頻有火災,家家藏貲庫壁厚塗,藏書之樓亦然。不知貴國亦如此乎?
>
> 翁曰:或有成避火之備,然凡第宅,與貴國之制太異。宅多餘地,回禄亦稀。藏書太厭濕氣,故架高樓而載之。有一難事,爲龍所害,

每人苦之。

節曰：何言乎？

翁曰：蟄龍有時興雲致雨，一飛過而觸樓，悉爲烏有，如掃地，唯有礎存耳。

節愕然曰：我國無斯害，幸矣。

又問曰：藏書皆挾芸香草，不知何物？

翁曰：貴國未見之。其葉如銀杏稍大，青葱茂生，處處有之，能避蠹耳。①

這次筆談時間是1665年（乙巳），可惜大部分毀於1675年（癸丑）的祝融之災，不過這點劫後餘灰也足够珍貴。人見竹洞在整理筆談時加了一段按語，描述筆談情景："桌椅相對，静話終日，翁欣然，筆語作堆。"兩人在桌子前相對而坐，朱舜水（翁）興致頗高，筆談的紙張一枚一枚叠加成堆，然而一整天無人出聲，所以人見竹洞稱之爲"静話"。雖然是"静話"，但當事人却"欣然"；既然"筆語作堆"，説明交流無甚阻礙。

再看前面提到過的漢學家石川鴻齋，他是最早與何如璋等駐日公使員筆談的日本人之一，他賦詩吟咏雙方筆談的過程："默對禮終嗤啞然，寒暄無語共俱憐。"（《芝山一笑》）雙方見面首先是行禮，但其間只有動作而無言語，至多是"啞然"一笑，所以是"默對"；接着應該互道寒暄，但依然是"無語"應酬，直到開始筆談，大家纔一吐爲快。

還有1844年曾游歷中國一年、寫下《觀光紀游》一書的岡千仞（1833—1914），特爲《芝山一笑》作跋，其中披露一段軼事，説有一天在家設酒招待中國使館人員，他的家人看到賓主只是飲酒而始終"不接一語"，戲稱他們是"啞飲"。在旁觀者看來筆談者整天啞口無聲，但當事人却不以爲然，岡千仞接着寫道："凡舌所欲言，出以筆墨，縱横自在，不窮其説則

① 人見竹洞編：《舜水墨談》，日本佐賀縣祐德稻荷神社中川文庫抄本，函號6-3-2-239。2005年2月，日本國文學研究資料館製成縮微膠卷，索書號ユ1-285-6。

不止。”只要有想説的話，馬上拿出筆墨書於紙上，盡情表達所思所想，没有任何語言上的障礙。

此外，《大河内文書》研究的拓荒者實藤惠秀，在《大河内文書——明治日中文化人之交游》中介紹一則趣聞：1884 年春天，江户幕府第十二代大學頭林學齋（1833—1906）偕僧高岡宴請清朝公使館員黄吟梅，家人見賓主默不作聲，或用手指劃，或低頭寫字，戲稱客人爲“天聾”與“地啞”①。中國民間信仰中，“天聾”與“地啞”是文昌君的左右侍童，一個掌管文人録運簿册，一個手持文昌大印，意思是“能知者不能言，能言者不能知”②。

最後介紹一部筆談書籍，日本慶應義塾大學附屬研究所斯道文庫藏有一册松崎復編的《接鮮瘖語》稿本，内容是文化八年（1811）朝鮮通信使與日本儒士的筆談實録，前後參與筆談者十數人，談話内容非常豐富，但書名却用了“瘖語”一詞。

“瘖”這個字不太常用，意思同“啞”，指失音而不能言語。《淮南子·泰族訓》云：“瘖者不言，聾者不聞，既瘖且聾，人道不通。”雖然不能言語，但依然可以交談，這就是筆談的特殊功能及魅力所在。

如上所述，“静話”“默對”“無語”“瘖語”等，這些字面意思均表示静默無言的詞彙，英語大概無法完全傳譯，然而東方人却能心領神會。因爲我們知道，“静”“默”“無”“瘖”是對聽覺與口語的否定，“話”“對”“語”則是對視覺與文字的肯定，兩者合二爲一便成了“無聲的對話”。

那麽，從語言交際學的角度來看，不假語音而僅憑文字的“筆談”，其實用的功效是否低於依賴語音的“口談”呢？事實并非如此，下面舉幾個實例。

第一例。1771 年，日本負責外交事務的新井白石（1657—1725）拜會朝鮮通信使趙泰億，雖然雙方有翻譯陪侍，但趙泰億“取紙筆書示”曰：“筆

① 實藤惠秀：《大河内文書—明治日中文化人の交遊—》，平凡社，1964 年，第 11 頁。
② 民間流行黄曆通書都配有《地母經》，經文云：“地母本是無忌土，包養先天與後天。夫君本是玄童子，他聾我啞配成雙。”這一信仰早就隨民間道教傳入日本。

端自有舌，可以通辭，何必借譯。”[①]通過翻譯的官方交談，拘泥於禮節而不能暢所欲言，所以趙泰億説“何必借譯”，讓各自筆端的口舌説話，不僅便捷而且更能達意。此次筆談由於話題涉及所謂的“徐福逸書”，朝鮮方面大使以下諸人興致極高。兹録開首一段：

南岡曰：貴邦先秦書籍獨全之説，曾於六一《鏽刀之歌》見之矣，至今猶或有一二流傳耶？

白石曰：本邦出雲州有大神廟，俗謂之大社。嘗聞神庫所藏竹簡漆書，蓋古文《尚書》云。

青坪曰：其書想必以科斗書之，能有解之者，亦有謄傳之本耶？

白石曰：本邦之俗，深秘典籍，蓋尊尚之也。况似有神物呵護之者，亦可以恨耳！

平泉曰：或人傳熊野山徐福廟有科斗之書。古文厄於火而不傳云，此言信否？

白石曰：此俗人誣説。

青坪曰：有書不傳，與無同。果有此書則當與天下共之。深藏神廟，意甚無謂。何不建白謄傳一本耶？

白石又曰：尾張州熱田宫，諸君所經歷也。此宫中亦有竹簡漆書二三策云，蓋科斗文字。

南岡曰：歸時可能得見否？

白石曰：神府之秘，不可獲觀矣。

平泉曰：蔡中郎之秘《論衡》，本不是美事，崇信鬼神，又近於楚越之俗。有書不見，與無有何異？

白石曰：周外史所掌三皇五帝之書，孔子乃斷自唐虞以下，訖於

① 孫文：《新井白石與朝鮮通信使的筆談二則》，收入王勇主編《東亞的筆談研究》，浙江工商大學出版社，2015 年，第 225 頁。

周，凡百篇。秦火之後，漢人始傳今文於伏生之書。嗣後亦得古文，并得五十九篇，而先儒以謂古文至東晋間方出。其書皆文從字順，非若伏生之書，有不可讀者，其亦難言矣。且若始得壁中書云，科斗書廢，時人無能知者。况今去漢已遠，世果有能知其書者哉？後之要見二帝三王之道，何必求於先秦科斗之書？善讀今文，亦既足矣。且夫二帝三王之道，與民同其好惡而已。我先神藏之，後民奉之，而至於今。今且褻神明，拂民情，或索而得之，乃謂我能得二帝三王之書，無乃非二帝三王之心乎？愚所以不敢也。[①]

這次筆談中的朝鮮通信使"三使官"——即大使趙泰億（平泉）、副使（青坪）、從事官（南岡）從一開始就參與其中，大概新井白石宣揚國威的願望太過强烈，自始至終把話説得很大，既然説了日本藏有蝌蚪之文、古文《尚書》，又無法出示實物一償賓主之願，在朝鮮諸人緊逼追問下，左支右絀頗顯狼狽。此次筆談以一對三，筆鋒之犀利、氣氛之熱烈，無異於"筆戰"或"鬥語"，依靠舌人傳譯恐怕達不到這個效果。

第二例。1803 年夏，琉球文人楊文鳳隨使節團往江户謁見將軍，逗留薩摩藩鹿兒島的琉球館時，與慕名而來的日人石塚崔高筆談。石塚崔高問清朝册封使到琉球是否語言暢通，楊文鳳回答説清朝使節帶有翻譯，但溝通"不甚明暢"；當雙方换成筆談後，"其通快利便不可言也"，此後中琉之間"筆語以爲常"：

石問：見天使言語通否？

楊曰：鳳不知華音，有天使帶來通事通話，然以其不甚明暢。一日，换之以筆，寫字爲問，文鳳亦寫字爲對。天使笑曰："悔不早請管城子傳言，其通快利便，不可言也。"自是以後，筆語以爲常。當筆語

① 孫文：《新井白石與朝鮮通信使的筆談二則》，收入王勇主編《東亞的筆談研究》，浙江工商大學出版社，2015 年，第 225—226 頁。

時，天使等下筆，千萬言即成，字字句句，明明白白。鳳爲對，語澀筆遲，或至舉筆，沉吟半晌，汗出浹背。[1]

中國的書面語與口頭語差距甚大，口語很難體現話者的文采；加之中國各地方言互不相通，居中翻譯而“不甚明暢”也屬常事。筆談一方面能跨越方言障礙，另一方面能充分顯示當事人的文學修養、書法功底，所以有時比口談更爲“通快利便”。

楊文鳳還講了一則軼事，數年前他在出使中國時遇風漂流至臺灣，當地官員態度傲慢，“叩頭禮拜而不肯爲答理”，等到他寫字筆談、吟詩相贈，官員們態度丕變，“皆下座答拜”：

石曰：聞舊年貴舟欲往福州，因風不順，漂到臺灣，有之乎？願聞其詳。

楊曰：正是，如命。……鳳等船漂至臺灣地方，船即破矣，所載公私貨物，悉爲烏有。通船八十名，遇土人出來救命，方得上岸。寫字通意，始知其爲臺灣也。……先是地方官待鳳等甚是輕賤，鳳等叩頭禮拜而不肯爲答禮。及見其地方官或秀才等，以詩與鳳相爲贈答，皆下坐答拜，前倨者後皆恭也。鳳竊謂同舟者：“誰道文章不值錢，今日方見文字值錢的。”衆人皆笑。

這則記事説明，寫漢字、作漢詩是東亞人身份認同的標志、野蠻人與文明人之間的界限，一般而言口語重事務性而無此功能。

第三例。1905 年，越南革命家潘佩珠(1867—1940)自本土出發，假道香港、上海赴日本，越南“東游運動”從此揭開序幕。潘佩珠東游的目的是尋求日本給予武器與軍隊支援，以驅趕法國殖民者、争取民族獨立。

[1] 石塚崔高編：《琉館筆譚》，夏威夷大學阪卷・寶玲文庫所藏抄本，索書號 HWS44。

潘佩珠自云“予在國内，曾得讀《戊戌政變記》《中國魂》及《新民叢報》兩三篇皆爲梁啓超所著者，極羡慕其人”①，并聽聞梁啓超在日本政界頗有人脉，遂決定抵日後先謁梁啓超②。凑巧的是，從香港赴上海船中遇到留美學生周椿君，“爲予道梁先生住所，則爲日本横濱山下町梁館”③。

四月下旬，潘佩珠抵達日本横濱，帶着自薦信赴山下町梁啓超寓所拜訪，信中有“落地一聲哭，即已相知；讀書十年眼，遂成通家云云”，梁啓超閲後感動，將其延入室内。初次見面“酬應語多曾公④譯之，心事之談多用筆話”⑤。兩人意猶未盡，次日約定到一家小酒樓，筆談三四小時，因係“心事之談”而不置譯者。潘佩珠累數法國殖民者的暴行與越南人民的苦狀，梁啓超獻計曰：

> 一、貴國不患無獨立之日，而但患其無獨立之民；二、謀光復之計劃有三要件：一爲貴國之實力，二爲兩廣之援助，三爲日本之聲援。但貴國苟内無實力，則二、三兩條均非貴國之福。⑥

幾天後，梁啓超再次把潘佩珠請到寓所，此次筆談更爲深入，梁啓超向潘佩珠保證：“我國與貴國地理歷史之關係，二千餘年密切，甚於兄弟，豈有兄坐視弟之死，而不救之乎？”告誡潘佩珠“卧薪嘗膽，蓄憤待時”⑦。

如上所述，筆談雖然不如口談快捷、簡便、高效，但涉及思想性、學術性、文學性等内容，便具有得天獨厚的視覺優勢。唐代著名詩人白居易

---

① 章收：《潘佩珠年表》，收入《潘佩珠全集》第6卷，順化出版社，2000年，第411頁。
② 潘佩珠在《獄中書》中言：“予聞梁久客日，頗熟日事，擬先謁梁，求介紹於日人。”《潘佩珠全集》第6卷，順化出版社，2000年，第333頁。
③ 章收：《潘佩珠年表》，收入《潘佩珠全集》第6卷，順化出版社，2000年，第411頁。
④ 曾公：即與潘佩珠偕行東渡的越南維新會領袖、精通漢語的曾撥虎。
⑤ 章收：《潘佩珠年表》，收入《潘佩珠全集》第6卷，順化出版社，2000年，第414頁。
⑥ 潘佩珠：《潘佩珠自判》，轉引自楊天石《潘佩珠與中國——讀越南〈潘佩珠自判〉》，載《百年潮》2001年第10期。
⑦ 潘佩珠：《潘佩珠自判》，轉引自楊天石《潘佩珠與中國——讀越南〈潘佩珠自判〉》，載《百年潮》2001年第10期。

《琵琶行》中膾炙人口的名句“别有幽愁暗恨生，此時無聲勝有聲”，意思是默默無聲却比有聲更感人，東亞特有的筆談何嘗不是如此呢？

五、“談草”與“斯文”

朱舜水與小宅生順筆談時説：“言者，心之聲也；文者，言之英也。非言，則聖人之心亦不宣；非文，則聖人之言亦不傳。然文須通於天下、達於古今，方謂之文。若止一方之人，自知之而已，則是方言調侃，非謂之文也。”①

朱舜水爲何在筆談當中突發此言呢？猜想是筆談的特殊環境使他有感而發。他在這裏闡述了“言”與“文”的關係：“言”即“語言”，是心聲的自然發露，時間上是瞬間消失的，傳播面“止一方之人”而“自知之而已”，内容則多低俗的“調侃”；與此相對，“文”在時間上能“達於古今”，空間上則“通於天下”，内容應傳播“聖人之言”。

筆談兼具“言”與“文”的元素，翻看王韜的《扶桑游記》，既有低俗的話題（如狎妓），也有高雅的内容（如唱和）；猶如日本漂流民與朝鮮官民筆談録《朝鮮漂流日記》，一方面雜有日朝兩國的俚語俗字，另一方面也有援引《詩經》《孟子》等典故，也是雅俗并存。朱舜水的上述議論，似乎告誡域外學子棄“言”重“文”，即使筆談也要講究書法工整、修辭典雅、内容純正，這樣纔有助於相互溝通。

這大概就是東亞傳統文人重視的“斯文”。此語出自《論語・子罕》：“天之將喪斯文也，後死者不得與於斯文也。”後來“斯文”的意思逐漸敷衍擴大，被詮釋爲文人、文化、漢文、禮樂制度等，即東亞共有的文化精粹，而不限於一時、拘囿於一地。

無怪乎木下順庵（1621—1699）與朝鮮通信使筆談時，賦詩感慨道：“相

① 小宅生順編：《西游手録》，收入彰考館編《朱舜水記事纂録・附録》，吉川弘文館，1914年，日本國會圖書館索書號344—433。

逢何恨方言異，四海斯文自一家。”[①]前述朝鮮燕行使洪大容在琉璃廠邂逅的“古杭三士”之一嚴誠（號“鐵橋”），臨終前一日賦詩遥寄海東摯友（洪大容）：

京國傳芳訊，遥遥大海東。
斯文吾輩在，異域此心同。
情已如兄弟，交真善始終。
相思不相見，慟哭向秋風。[②]

中國文人一方面藏匿、銷毀“談草”“話草”，不願其傳世；另一方面走到生命之路盡頭時，依然念念不忘“斯文”之長存。

清人陳澧説：“蓋天下事物之象，人目見之，則心有意；意欲達之，則口有聲。意者，象乎事物而構之者也；聲者，象乎意而宣之者也。聲不能傳於異地，留於異時，於是乎書之爲文字。文字者，所以爲意與聲之迹。”[③]

“聲”發自於“意”而訴之於“口”，但不能“傳於異地，留於異時”；“文字”則凝聚於心而形之於目，是爲“意與聲之迹”而能“傳於異地，留於異時”。我們討論的“筆談”，乃是殘留“聲音”的文字，或者説是化爲“文字”的聲音，在録音機發明之前，最真實地反映出對話現場的氛圍、對話雙方的心聲、對話過程的情景。

王　勇

2018 年 1 月

於浙江大學古籍研究所

① 木下順庵：《卒賦一律呈成學士》“卓犖高標舉彩霞，英才況又玉無瑕。登科蚤折三秋桂，隨使遥浮八月槎。筆下談論通地脈，胸中妙思吐天葩。相逢何恨方言異，四海斯文自一家。”《錦里文集》卷十二，收入《詩集　日本漢詩》第十三卷，汲古書院，1988 年，第 255 頁。

② 洪大容：《與秋庳書》，《湛軒書・外集》卷一，收入《韓國文集叢刊》第 248 册，民族文化推進會，2000 年，第 116 頁。

③ 陳澧著，楊志剛編校：《東塾讀書記・小學》，中西書社，2012 年，第 228 頁。

上编　論述編

朱舜水姓名字號考

在漢字文化圈内,姓、名、字、號皆具有獨特的文化内涵。姓標識家族血統,名寄托父母祝願,具有隱私性與神聖性,不能隨便改易。《水滸傳》中武松一聲斷喝:“我行不更名,坐不改姓,都頭武松的便是!”正氣浩蕩,盡顯英雄本色。

《禮記·檀弓》説:“幼名,冠字。”意思是男子成年以後,直呼“名諱”爲不敬,故表字以行世。這就是名與字的區别。

至於“號”(别號、雅號、齋號、室號等),更能彰顯個人的志趣,在社會交際過程中,雅號的敬意較之表字更深一層,所以長輩對後輩或同輩之間以字相稱,但後輩對長輩、學生對師長爲表敬意則稱以號。

總的來説,姓與名是與生俱來的,是由家族的血脉所決定的;字與號是由個人意願所決定的,代表本人的志向與情趣。四者既有關聯,又各具特點,歸納起來就是四句話:姓以傳家,名以正體,字以表德,號以明志。

一、“姓朱氏,諱之瑜”

關於朱舜水的姓名,諸家多作“姓朱氏,諱之瑜”,學術界應該不會有任何異議。“朱”列入《百家姓》,宋朝時是個大姓。寬文五年(1665)朱舜水應邀東赴江户講學,德川光圀曾請教其家世譜系,《答源光圀雜問》回答如下：

僕系出於邾，後更爲鄒。秦、楚之際，去“邑”言朱。漢興，流轉魯、魏之間。始祖爲朱暈，漢丞相也。後有朱輔、朱穆，亦爲三公。穆之直聲震於朝廷，而吏治稱之。入國初，先祖於皇帝族屬爲兄，雅不欲以天潢爲累。物色累徵，堅卧不赴，遂更姓爲諸。故生則爲諸，及祔主入廟，題姓爲朱。僕生之年，始復今姓①。

“朱”姓從“邾”→“鄒”→“朱”→“諸”→“朱”的流變歷程，活脱中國千年姓氏文化的一個縮影。從歷史上看，“朱”姓可謂名人輩出，尤其是“朱熹”之名遠播海外。《心喪集語》所載安東守約與朱舜水的初次筆談，便涉及“朱姓”這個問題：

問：老師姓朱，文公先生之裔否？

答：寒族多爲此言。丙子、丁丑年間得家譜，言文公子爲敝邑令，家於餘姚，惟一世不清楚，像、贊、誥、敕、國璽，班班可考也。闔族俱欲附會，獨不佞云：“只此一世便不足憑。且近不能惇睦九族，何用妄認遠祖？狄青武人，尚不認狄梁公，何用如此？文公新安人，不佞餘姚人。若能自樹立，何必不自我作祖；若棄其先德，則四凶非賢聖之裔乎？實墮其家聲，更不聞欒、郤之胄降爲皂隸乎？”②

第一次見面筆談交流，安東守約就問：老師姓朱，是否朱熹後裔？朱舜水回答：族人都想附會名人，但族譜中有一世不清，所以不予認

① 朱之瑜編：《朱舜水全集》卷十三《問答一》，中國書店，1991年，第168頁。
② 《答源光圀雜問》載有類似内容：“僕族人謂寒宗爲晦庵先生之系，其子爲餘姚令，故留居於此。持其誥敕、畫像、家譜來證，中間惟有一世不明白。舉宗盡欲從之，惟僕一人不許，謂‘一世不明，其不足據便在於此。且子孫若能自立，何必文公；如其不肖，雖以堯、舜爲父，衹得丹朱、商均耳！’寒宗入國朝來，登鄉、會榜者七十九，如以僕徵聘敕召冠之，則八十矣。”

可。一句“若能自樹立，何必不自我作祖”，盡顯朱舜水的豪氣與自信。

父母給朱舜水起名“之瑜”，清人張廷枚的《姚江詩存》所載稍有不同，編者在朱舜水詩《泊舟稿》後附識語云：“朱之璵，字楚嶼。……徐閶公曰：‘……比見楚嶼詩。’”[①]梁啓超早就指出“之璵”係“之瑜”的誤書[②]。

那麽，“之瑜”含有什麽深意呢？《説文》：“之，出也。象艸過屮，枝莖益大有所之，一者，地也。”至於“瑜”，多與“瑾”連用，均表示玉器。《説文》：“瑾、瑜，美玉也。”我們只能猜測，“之瑜”大概寄托了父母“家中出美玉”的期許吧。雖然只是揣測，但與表字“魯璵”聯繫起來看，還是有這種可能的。

二、“楚璵”與“魯璵”

如同前述，學界對朱舜水的“姓”與“名”没有太多分歧，然而有關朱舜水的“字”，各家却有各家的説法，信息比較紊亂。

通觀日本文獻，基本清一色作“字魯璵”，幾乎没有例外，包括現代的學者也多因循此説。然而，在中國情況有所不同，如趙傳仁等主編的《中國書名釋義大辭典》中解釋《朱舜水集》時説：“明朱之瑜(1600—1680)撰。詩文集，二十二卷。之瑜字楚璵，晚號舜水。”[③]認爲朱舜水的字是“楚璵”。當今朱舜水研究的頂級專家[④]、日本研究的權威著作[⑤]等也持類似觀點。

---

① 稻葉君山編：《朱舜水全集·凡例》，轉引自朱謙之《朱舜水集》，中華書局，1981年，第791頁。

② 梁啓超：《朱舜水先生年譜》(《飲冰室專集》之九十七)，中華書局，1936年，第1頁。

③ 趙傳仁、鮑延毅、葛增福主編：《中國書名釋義大辭典》，山東友誼出版社，2007年，第408頁。

④ 徐興慶編注：《新訂朱舜水集補遺》，臺灣大學出版中心，2004年，第295頁。

⑤ 吴廷璆主編《日本史》云：“朱舜水(1600—1682)，明末清初愛國進步思想家，浙江餘姚人，字楚嶼。”南開大學出版社，1994年，第344頁。

這種説法應該有所本，可以追溯到清代，如邵廷采[①]撰《明遺民所知録·朱之瑜傳》載："餘姚朱子瑜，字楚璵。"光緒二十五年修《餘姚縣志》卷二十三《朱之瑜》云："朱子瑜，字楚璵。"前引張廷枚《姚江詩存》識語也作"朱之璵，字楚嶼"。

日本文獻説朱舜水"字魯璵"，中國文獻多説朱舜水"字楚璵"，究竟孰是孰非呢？這個問題似乎没有人去深究，國内學者接觸到日本資料後，大多采取兩説并記的方法。張岱年主編的《中國哲學大辭典》中"朱之瑜"條就采用折中方案："字楚嶼，又字魯嶼，晚號舜水。"[②]權威辭書《辭海》也同樣作"字楚嶼，又字魯嶼，號舜水"[③]。

兩個表字的排序是有講究的，一般"楚璵"在前，"魯璵"在後，根據是朱舜水先字"楚璵"，後又字"魯璵"。如張彬主編《浙江教育史》説："朱之瑜……字楚嶼，後改魯嶼，又號舜水，浙江餘姚人。"[④]徐興慶則提出一種新觀點："舜水諱之瑜，字楚璵，自受魯王恩詔特徵後，復字魯璵。"[⑤]據今井弘濟、安積覺《舜水先生行實》，朱舜水接到魯王敕書是明永曆十一年（丁酉，1657）正月流落交趾之時：

> 監國九年丙申三月，魯王特敕徵（敕書在文集），敕書降自舟山，而先生東漂西落，莫能速達。至明年丁酉正月，始達交趾。先生特製處士衣巾，設香案開讀，叩頭謝恩，歔欷慷慨。[⑥]

復字"魯璵"緣於魯王敕書之説，雖然令人耳目一新，但找不到任何文

① 邵廷采（1648—1711）：字念魯，又字允斯，浙江餘姚人，嘗從黄宗羲問逸事於明末遺老，作《宋遺民所知録》《明遺民所知録》。

② 張岱年主編：《中國哲學大辭典》，上海辭書出版社，2010 年，第 564 頁。

③ 夏征農、陳至立：《辭海》（第 6 版），上海辭書出版社，2009 年，第 3018 頁。

④ 張彬主編：《浙江教育史》，浙江教育出版社，2006 年，第 267 頁。

⑤ 徐興慶編注：《新訂朱舜水集補遺》，臺灣大學出版中心，2004 年，第 295 頁。

⑥ 德川光圀輯，德川綱條校：《舜水先生文集·附録》，正德五年（1715）刊本，題作"行實"。

獻支撑。除此之外,更多學者推測朱舜水到日本後纔改字爲“魯璵”。遠的如清翁洲老民《海東逸史·朱之瑜别傳》:“朱之瑜,字楚嶼,至海外,復字魯嶼,又號舜水,餘姚人。”[①]近的如王競成主編的《中國歷代名人家書》中説:“朱舜水……名之瑜,字楚璵,到國外後,字魯璵,晚年居江户(今日本東京)後,又號舜水。”[②]

《禮記·曲禮》云:“男子二十冠而字。”男子二十歲行冠禮時,按儒家禮法便取“字”。朱舜水屬於讀書人階層,按徐興慶的説法,既然朱舜水於永曆十一年(1657)復字“魯璵”,那麽萬曆四十七年(1619)年滿二十歲時最初的表字應該是“楚璵”。

然而,朱舜水的日本弟子却給出不同説法。今井弘濟、安積覺同撰的《舜水先生行實》云:“文恭先生,諱之瑜,字魯璵,姓朱氏,號舜水。”撰者在“魯璵”下注云:“‘魯’作‘楚’,非也。印章訛刻‘楚璵’,不復改刻,故人或稱楚璵。”意思是朱舜水曾經誤刻印章爲“楚璵”,因此以訛傳訛,世間也有人稱其“楚璵”。

這件事聽起來有點玄乎,今井弘濟、安積覺的信息來自何處,是否可靠呢?稻葉君山《朱舜水全集·凡例》對此説法不予認同,指出張廷枚《姚江詩存》與翁洲老民《海東逸史》均作“楚嶼”,“嶼”蓋“璵”之誤,由此斷言“‘楚璵’之字未必訛刻”[③]。

這兩種完全對立的觀點,究竟孰是孰非呢?本次我們在校注《西游手録》過程中,發現一條非常重要的綫索,即寬文四年(康熙三年,1664)小宅生順奉德川光圀之命,赴長崎招聘學識超群的中國學者,其間與朱舜水筆談交際約兩個月。某天兩人之間有如下一段對話:

---

① 據朱謙之考證:“慈谿楊氏經畬塾光緒十年(1884)刊刻……目録朱之瑜下有‘原闕今補’四字,此傳乃校刊者慈谿楊泰亨補入。”見朱謙之編《朱舜水集》(中華書局,1981年,第637頁)。按:“朱之瑜别傳”列在《海東逸史》卷十八《遺民》最後,傳末云“謹據朱衍緒《家傳》補”。所謂的“朱衍緒《家傳》”,當指同治十一年(1872)朱衍緒所撰《明遺民族祖楚嶼先生家傳》稿本。

② 王競成主編:《中國歷代名人家書》,國際文化出版公司,2009年,第387頁。

③ 稻葉君山編:《朱舜水全集·凡例》,轉引自朱謙之《朱舜水集》,中華書局,1981年,第791頁。

宅曰：未知尊翁雅號及玉字。

朱曰：賤字魯璵。初來貴國，船主寫册，誤書“楚璵”，因誤而不爲厘定。號則未嘗稱也。

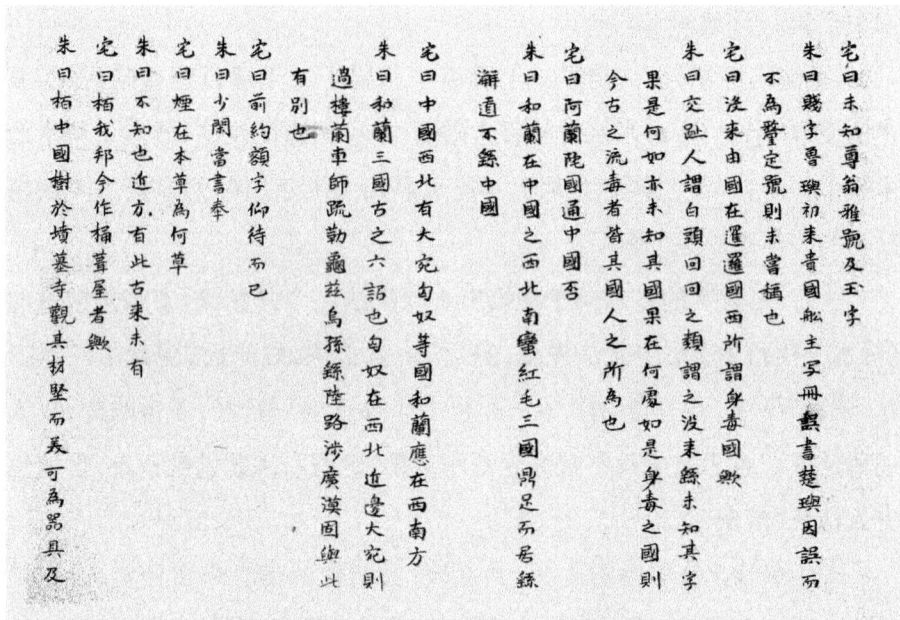

宅曰未知尊翁雅號及玉字
朱曰賤字魯璵初來貴國舩主寫冊誤書楚璵因誤而
不爲釐定號則未嘗稱也
宅曰汝來由國在暹邏國西所謂身毒國歟
朱曰交趾人謂白頭回回之類謂之汝來錄未知其字
果是何如亦未知其國果在何處如是身毒之國則
今古之流毒者皆其國人之所爲也
宅曰阿蘭陀國通中國否
朱曰和蘭在中國之西北南蠻紅毛三國鼎足而居絲
瀰適不係中國
宅曰中國西北有大宛匈奴等國和蘭應在西南方
朱曰和蘭三國古之六詔也匈奴在西北近邊大宛則
過樓蘭車師疏勒龜茲烏孫絲陸路涉廣漢固與此
有別也
宅曰前約額字仰待而已
朱曰少閑當書奉
宅曰煙在本草爲何草
朱曰不知也近方有此古來未有
宅曰栢我邦今作桶葺屋者歟
朱曰栢中國樹於墳墓寺觀其材堅而美可爲器具及

圖 1　彰考館本《西游手録》局部

這段對話出現在小宅生順與朱舜水的筆談集《西游手録》中，德川光圀輯《舜水先生文集》、朱謙之編《朱舜水集》等各類朱舜水文集、全集，摘録了《西游手録》部分内容，但均漏收了這段至爲重要的對話，當事人的自我澄清未能傳遞到學界，所以有關“楚璵”與“魯璵”的問題一直無法厘清。

從上面這段對話看，小宅生順問朱舜水的“雅號”與“玉字”，朱舜水回答的要點有三：① 謙稱“賤字魯璵”；② 釋明“楚璵”係初次赴日時船主寫册誤書；③ 尚未有“舜水”之號。朱舜水特意説明“楚璵”之誤由來，這個“字”確實存在過，并且在一定範圍内傳播，因此纔需要“厘定”。

日本江户時代實行鎖國政策，中國商船抵達日本港口後，需要提交乘

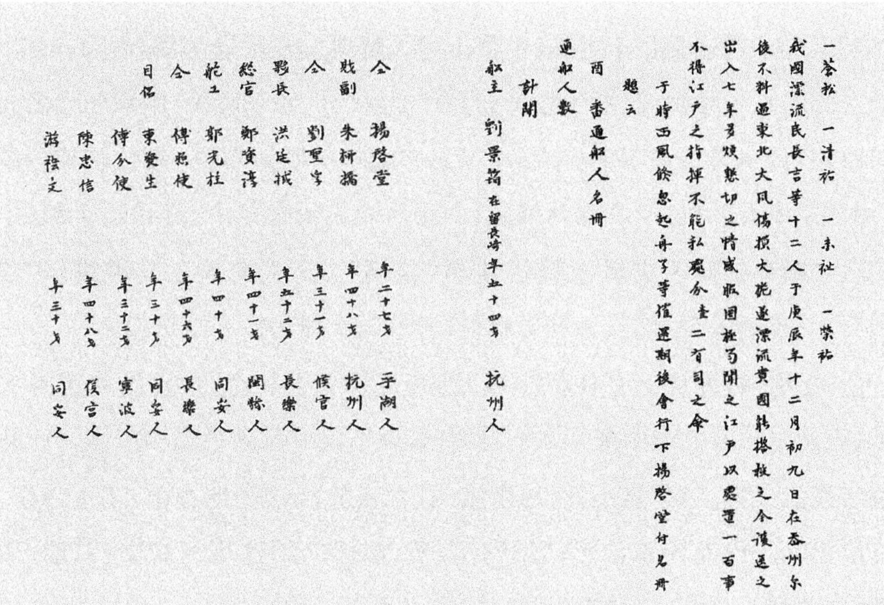

一荅松　一清祐　一永祉　一榮祐
我國漂流民長吉等十二人于庚辰年十二月初九日在奥州尓
後不料遇東北大風傷損大船遂漂流貴國敝搭救之今護送之
出入七年多煩懇切之情感戴罔極聞之江戸以處置一百事
不得江戸之指揮不能私處分查二有司之命
于時西風餘息起舟了等催還期後會行下楊啓堂付名冊
題云
酉　番通船人名冊
通船人數
計開
船主　劉景篩 在留長崎 年五十四歲　杭州人
仝　楊啓堂　年二十七歲　平湖人
財副　朱柿孺　年四十八歲　杭州人
仝　劉聖字　年三十一歲　候官人
夥長　洪廷掞　年五十二歲　長樂人
總官　鄭資濤　年四十一歲　閩縣人
舵工　鄭光柱　年四十歲　同安人
仝　傅懋使　年四十六歲　長樂人
目侶　東發生　年三十歲　同安人
傅分使　年三十二歲　寧波人
陳忠信　年四十八歲　侯官人
游稽文　年三十歲　同安人

圖 2　《唐船漂流民護送往復文書》中的乘員名冊

員名册及貨物清單,乘員名册注明姓名、年歲、籍貫,識字人則多以"字"登册。這種名册往往是走過場的應景之作,故船主誤書而朱舜水未予糾正,甚至將錯就錯,在對日交往中使用這個"字"。

根據筆談文獻中朱舜水的自述,我們可以確定他本人認可并使用的"字"只有"魯璵"。作爲讀書人,這個"字"20 歲時(1619)就應該有了,因此"到國外後,字魯璵"的説法不可取;"受魯王恩詔特徵後,復字魯璵"的推測也不可信。

此外,朱舜水首次赴日在南明弘光元年(乙酉,1645),筆談所云"初來貴國,船主寫册,誤書'楚璵'"之事,雖則就發生在這一年。既然朱舜水將錯就錯"不爲厘定",意味着以後多次赴長崎也用"楚璵"登册(不然日本邊防官員會起疑),搭載朱舜水的船主把這一信息傳回家鄉,以致《姚江詩存》《海東逸史》等誤記爲"楚璵"。《舜水先生行實》所説"故人或稱楚璵",大概反映了這種情況。

細心的讀者大概已經注意到,"魯璵"的"璵"字,國内文獻多寫作"嶼"。除了前述張岱年主編《中華思想大辭典》、夏征農等編《辭海》(第6版彩圖本)、張彬主編《浙江教育史》作"魯嶼"外,王德毅編《中國歷代名人年譜總目》[①]、陳國慶等著《中國學術思想編年·明清卷》[②]、錢仲聯等主編《中國文學大辭典》[③]、吴海林等編《中國歷史人物辭典》[④]、汪玢玲主編《中華古文獻大辭典·文學卷》[⑤]等均作"魯嶼"。至於有些工具書寫作"魯與"[⑥],則錯得有點離譜;徐興慶標作"魯瑜",大概出於一時疏忽[⑦]。

"魯嶼"的説法没有任何根據,應該是學者未加考證、以訛傳訛導致的,理由是現有文獻中朱舜水均自稱"魯璵",没有發現用過"嶼"字。此外從字義上分析,"嶼"是小島,南宋戴侗《六書故》云"平地小山,在水爲島,在陸爲嶼",没有特殊含意;"璵"是美玉,多與"璠"連用,《説文》:"璠,璵璠,魯之寶玉也。"所謂"魯璵"意爲"魯之寶玉"。

一般情況下,"字"與"名"關係密切,用"字"擴展、具化"名"的意藴。"之瑜"意含"家出寶玉",與"魯璵"意爲"魯之寶玉",既有承繼又有延展,充分體現了儒家傳統文化的精粹。

三、"舜水"與"溶霜"

確定了朱舜水的字即是"魯璵",接下來我們再探討他的"號"。從《西游手録》所載小宅生順與朱舜水的筆談來看,寬文四年(1664)朱舜水自云

① 王德毅編:《中國歷代名人年譜總目》,華世出版社,1979年,第139頁。

② 陳國慶、劉瑩著:《中國學術思想編年·明清卷》,陝西師範大學出版社,2006年,第234頁。

③ 錢仲聯、傅璇琮、王運熙等主編:《中國文學大辭典》,上海辭書出版社,1997年,第1096頁。

④ 吴海林、李延沛編:《中國歷史人物辭典》,黑龍江人民出版社,1983年,第536頁。

⑤ 汪玢玲主編;《中華古文獻大辭典·文學卷》,吉林文史出版社,1994年,第235頁。

⑥ 如莊漢新、郭居園編《中國古今名人大辭典》云;"朱之渝(1600—1682),明末清初餘姚(今浙江省餘姚縣)人。字魯與,號舜水。"(警官教育出版社,1991年,第183頁)

⑦ 徐興慶爲彰考館本《西游手録》撰寫解題,兩處誤書"朱魯瑜",參見德川真木監修、徐興慶主編《日本德川博物館藏品録Ⅰ　朱舜水文獻釋讀》,上海古籍出版社、日本德川博物館,2013年,第7頁。

"號則未嘗稱也",那麼"舜水"這個"號"是何時、何地、如何來的呢?

朱舜水自萬治二年(己亥,1659)冬天第七次赴日,此後一直寄住在長崎,5年後(1664)小宅生順到長崎邀請其東行講學傳教。朱舜水幾經推辭,最終決定接受邀請,翌年七月十一日進入江户,十八日德川光圀即召見。此時出現一個禮節上的問題,按照中國傳統禮儀,直呼人名爲不敬(故云"名諱"),同輩以表字相呼,但德川光圀對朱舜水執弟子禮,按禮數當以"號"稱呼,這就迫使朱舜水不得不給自己取號。關於這個過程,朱舜水在給安東守約的書信中叙述如下:

> 不佞於七月十一日到東武,因冒暑致疾。十八日見水户上公,禮貌甚優,上下俱已申飭,肅然可觀。次日早,即令儒生小宅兄到寓致謝,云:"昨日有勞,誠恐受熱,相公心不自安,特令某來致意。"此禮甚好。又云不佞老人有道,朱魯璵乃字也,不敢稱,欲得一庵齋之號稱之。不佞答言:"無有。"三次致言,今已將"舜水"爲號。舜水者,敝邑之水名,古來大名公多有此等,如瞿昆湖、馮巨區、王陽明,皆本鄉山水也。

這封書信説得很清楚,寬文五年(1665)七月十九日早晨,德川光圀遣小宅生順到朱舜水下榻處致謝,并轉達不敢對老師直呼"魯璵"之字,請教"庵齋之號"以稱呼;朱舜水依然回答"無有",經再三請求,朱舜水終於取號"舜水",并以"瞿昆湖、馮巨區、王陽明"爲例,説明取自家鄉的水名。

我們在前面説過"號以明志",那麼"舜水"之號表明了什麼志向呢?從小的方面講,飄零異鄉,歸路遥遥,取"舜水"爲號以寄托思鄉之情;從大的方面講,雖然山河破碎,乞師不利,但堅守體統、爲明守節之志未嘗泯滅,取"舜水"爲號也是爲了寄托愛國之情。

"舜水"之號不似突發奇想的應景之作,永曆十五年(辛丑,1661)十一月朱舜水撰《送林道榮之東武序》(一作《送玄庵序》),落款爲"時歲次辛丑十一月長至後二日，明舜水朱之瑜書於長崎之溶霜書屋”(柳川本《心喪集語》)。這裏的“舜水”表示鄉貫族望，但也爲日後取號“舜水”奠定了基礎。朱之瑜自取號“舜水”，便以“號”行世，人稱“舜水先生”，其表字“魯璵”反倒不傳，以致出現“楚璵”與“魯璵”混淆、“璵”與“嶼”訛傳的現象。

我們再回頭看朱舜水致安東守約的書信，德川光圀請教的是“庵齋之號”，這相當於“齋號”。古代文人往往在雅號之外，又取别號、齋號等，以寄托彼時彼地之情懷。那麼朱舜水是否還有其他的“號”呢？

李靈年等主編的《清人别集總目》中對“朱之瑜”的解釋是：“字魯嶼，又字楚嶼，號舜水，别號黄蘖禪師，餘姚人。”①短短 19 字，出現好幾處错誤，兩處“璵”字皆誤作“嶼”之外，“别號黄蘖禪師”更是聞所未聞②。

日本江户時代佛教盛行，勢頭甚至蓋過儒學，朱舜水對此現象深痛惡絶。寬文四年他在長崎與小宅生順筆談(《西游手録》)，有如下一段情緒激昂的言説：

> 孔子歷聘七十二君，求一日王道之行而不可得。以僕之荒陋而得行其志，豈非人生之大願？誠恐貴國惑於邪教，未見有真能爲聖人之學者。此事必君相極力主持之，豈一二儒生與下任微官所能挽回氣運也？僕故不敢承命。如有其機，而故爲退托，得罪於孔子多多矣。况僕之視貴國，同爲一體，未嘗有少異於中國也。貴國惑於邪教，深入骨髓，豈能一旦豁然？

朱舜水視佛教爲“邪教”，認爲日本“惑於邪教，深入骨髓”，阻礙了“聖人之學”的興起，因此謝絶小宅生順禮聘其赴江户傳授儒學的請求。對一

---

① 李靈年、楊忠主編：《清人别集總目》(上卷)，安徽教育出版社，2000 年，第 417 頁。

② 最近翻閲傅璇琮總主編《中國古代詩文名著提要・明清卷》，發現“《朱舜水集》二十二卷(清)朱之瑜撰”條下云：“朱之瑜(1600—1682)，字魯嶼，又字楚嶼，號舜水，别號黄蘖禪師，浙江餘姚人。”(河北教育出版社，2009 年，第 200 頁)以傅先生的學問底蘊與治學態度，不會出現這樣的錯誤，推測是受到前述《清人别集總目》的影響。

位如此執着於踐行儒學之人，不可能取“黄蘗禪師”這種佛氣老老的别號。

不過朱舜水除了“舜水”，還是有齋號的。前面提到朱舜水所撰《送林道榮之東武序》，落款爲“時歲次辛丑十一月長至後二日，明舜水朱之瑜書於長崎之溶霜書屋”，這裏的“溶霜書屋”是否就是齋號呢？

朱舜水在羈留長崎、未赴江户期間，曾與林春信（1643—1666，字孟著，林羅山之孫、林鵝峰之子）筆談[①]，涉及“溶霜”二字：

> 問：公以“溶霜”爲齋號。“溶霜”二字，其義如何？
>
> 答：僕幼時，於書窗之下得一夢，有“夜暖溶霜月，風輕薄露冰”之句，因以爲齋名。亦未知其兆、其應何如耳！

這段筆談對話印證辛丑年（1661）十一月冬至日所撰《送林道榮之東武序》落款“溶霜書屋”即齋號無疑，不過朱舜水説“亦未知其兆、其應何如耳”，此齋號的含意還是不清楚。再看安積覺《澹泊詩集》載：“先生幼時，夢一聯曰‘夜暖溶霜月，風輕薄露冰’，不曉其意。及至崎港，風土氣候恍然如其夢，因以‘溶霜’爲齋號。”今井弘濟、安積覺同撰的《舜水先生行實》也提到更多細節：

> 辛丑歲（寬文元年），守約問明室致亂之由及恢復兵勢，先生乃撰書一卷答之，名曰《中原陽九述略》。先生幼時，嘗夢“夜暖溶霜月，風輕薄露冰”二句，因以“溶霜”名齋，而未知其兆。及在日本，習其風土，恍然自悟曰：“吾漂零海外，命也夫！”

朱舜水與林春信筆談時，尚嘆息“亦未知其兆、其應何如耳”，但在安積覺《澹泊詩集》及今井弘濟、安積覺的《舜水先生行實》中已經有了答案，

① 《答林春信問七條》，見朱謙之編《朱舜水集》卷十一《問答三（筆語）》，中華書局，1981 年，第 384 頁。

即在安東守約等人奔走下,幕府終於破禁接納他留居長崎,多年來漂泊流離的生活稍趨穩定,這時長崎冬天的景色勾起他兒時夢幻中的詩歌意象,一聲感嘆"吾漂零海外,命也夫",帶着訣别與憧憬開始了在異國他鄉的新生活。

朱舜水的終焉之地

近百年來,有關朱舜水的研究發源自日本、興盛於中國、擴散至世界,逐漸成爲學術界經久不衰的熱點之一,相關的研究成果積澱深厚。

據旅美學者吕玉新統計,截至 2004 年底,有關朱舜水的各類書籍(包括原始文獻)達 286 種,其中日語書籍 236 種,漢語書籍 38 種,英語書籍 12 種;相關論文有 122 篇,包括日語論文 66 篇,漢語論文 46 篇,英語論文 10 篇[①]。

吕玉新僅憑一己之力,編撰這份文獻目録,堪稱迄今爲止最爲完備,其功甚偉,造福學界,令人敬佩。然而個人的力量畢竟有限,遺漏必然難免,即使是最爲基礎的原始文獻,也有待後來人拾遺補闕。比如,安積覺述《明舜水先生話說》、安東省庵編《心喪集語》等均以抄本傳世,惜前述文獻目録失收。

本書聚焦於朱舜水與日本學人的筆談文獻——安東省庵所編《心喪集語》與小宅生順所集《西游手録》,着眼於筆談文獻的原始性、臨場感、真實度等稀有價值與鮮明特點,希冀對朱舜水研究提供些許新資料、新視角、新觀點。

朱舜水(1600—1682)生逢明清交替之亂世,既未在明朝獲得功名而

① 吕玉新:《有關朱舜水研究文獻目録》,《漢學研究通訊》2004 年 11 月,第 23 卷第 4 期。

踏上仕途，又因踐行反清復明而終老異國，在中國史籍中幾乎没有留下多少痕迹，學者的研究主要依賴日本保存的資料。

《明人傳記資料索引》"朱之瑜"條所列五種傳記資料，除梁啓超《朱舜水先生年譜》之外，均來自德川光圀所輯《舜水先生文集》[①]。出自中國史家之手的朱舜水傳記，管見所及，以趙爾巽的《清史稿》較爲系統。《朱之瑜傳》列在《清史稿》列傳二百八十七《遺逸》中，其文如下：

> 朱之瑜，字魯璵，號舜水，餘姚人，寄籍松江。少有志概，九歲喪父，哀毁逾禮。及長，精研六經，特通《毛詩》。崇禎末，以諸生兩奉徵辟，不就。福王建號江南，召授江西按察司副使，兼兵部職方司郎中，監方國安軍，之瑜力辭。臺省劾偃蹇不奉詔，將逮捕，乃走避舟山，與經略王翊相締結，密謀恢復。渡海至日本，思乞師。魯王監國，累徵辟，皆不就。又赴安南，見國王，强令拜，不爲屈，轉敬禮之。
>
> 復至日本，時舟山既失，之瑜師友擁兵者，如朱永祐、吴鍾巒等皆已死節，乃決蹈海全節之志，遂留寓長崎。日人安東守約等師事之，束脩敬養，始終不衰。日本水户侯源光國厚禮延聘，待以賓師，之瑜慨然赴焉。每引見談論，依經守義，曲盡忠告善道之意。教授學者，循循不倦。
>
> 日人重之瑜，禮養備至，特於壽日設養老之禮，奉几杖以祝。又爲製明室衣冠使服之，并欲爲起居第，之瑜再辭曰："吾藉上公眷顧，孤蹤海外，得養志守節，而保明室衣冠，感莫大焉！吾祖宗墳墓，久爲發掘，每念及此，五内慘烈。若豐屋而安居，豈我志乎?"乃止。
>
> 之瑜爲日人作《學宫圖説》，商榷古今，剖微索隱，使梓人依其圖而以木模焉，棟梁枅椽，莫不悉備。而殿堂結構之法，梓人所不能通曉者，親指授之。度量分寸，凑離機巧，教喻縝密，經歲而畢。文廟、

① 昌彼得、喬衍琯、宋常廉：《明人傳記資料索引》，中華書局，1987年，第123頁。

啓聖宫、明倫堂、尊經閣、學舍、進賢樓,廊廡射圃,門户墻垣,皆極精巧。又造古祭器,先作古升、古尺,揣其稱勝,作簋、簠、籩、豆、登、鉶之屬。如周廟欹器,唐、宋以來,圖雖存而制莫傳,乃依圖考古,研覈其法,巧思默契,指畫精到。授之工師,或未洞達。復爲揣輕重,定尺寸,關機運動,教之經年,不厭煩數,卒成之。於是率儒學生,習釋奠禮,改定儀注,詳明禮節,學者皆通其梗概。日人文教,爲之彬彬焉。之瑜居日本二十餘年,年八十三卒,葬於日本長崎瑞龍山麓。日人謚曰文恭先生,立祠祀之,并護其墓,至今不衰。

之瑜嚴毅剛直,動必以禮。平居不苟言笑,唯言及國難,常切齒流涕。魯王敕書,奉持隨身,未嘗示人,殁後始出,人皆服其深密謹厚云。

著有《文集》二十五卷,《釋奠儀注》一卷,《陽九述略》一卷,《安南供役紀事》一卷。

這篇傳記洋洋灑灑八百餘字,但錯訛、遺漏之處不少,如云"之瑜居日本二十餘年,年八十三卒,葬於日本長崎瑞龍山麓",説朱舜水在長崎居住"二十餘年"與事實不符,朱舜水埋骨之處的"瑞龍山"也不在長崎。

事實上,朱舜水從1659年開始客居長崎,無緣再回日思夜想的故土;1665年應水户藩主德川光圀禮聘入江户,此後也再未履足長崎。《清史稿·朱之瑜傳》的"埋骨長崎説"不知出自何處,雖然與事實嚴重不符,但還是有學者信以爲真而傳播之,如陳國代著《朱子學關涉人物裒輯》云:"朱之瑜……字魯嶼,號舜水,紹興府餘姚人……於1659年東渡日本,定居日本,在長崎地區講學二十三年……"[①]甚至連張撝之等主編的《中國歷代人名大辭典》"朱之瑜"條也這樣説:

① 陳國代著:《朱子學關涉人物裒輯》,大衆文藝出版社,2008年,第832頁。

> 明末清初浙江餘姚人,字魯璵,號舜水。……在日本講學二十餘年,卒葬長崎,日本學者私謚文恭先生。①

有關朱舜水的去世時間、終焉之地、埋骨之所,其門人安積覺撰有《明故徵君文恭先生碑陰》,已經説得很清楚了:

> 天和二年四月十七日,卒於江户駒籠之第,享年八十有三。葬於常陸久慈郡大田鄉瑞龍山下。

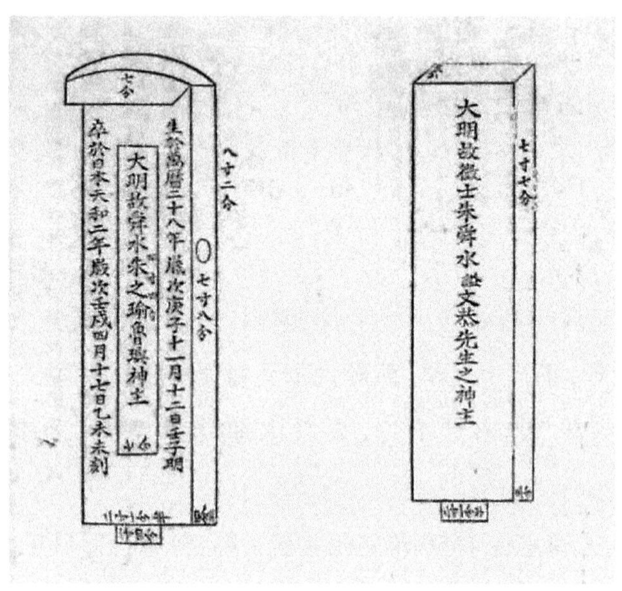

生於萬曆二十八年歲次庚子十一月十二日壬子時
大明故舜水朱之瑜魯璵神主
卒於日本天和二年歲次壬戌四月十七日乙未未刻
八寸二分
七寸八分
大明故徵士朱舜水謚文恭先生之神主
七寸七分

圖 3 《朱舜水記事纂録》所載"朱舜水神主"圖

據此可知,朱舜水去世的確切時間是天和二年(康熙二十一年,1682)四月十七日,終焉之地是"江户駒籠②之第",埋骨之所在"常陸久慈郡大田鄉瑞龍山下"。也就是説,朱舜水在江户的寓所去世,而埋葬的地點是

---

① 張撝之等主編:《中國歷代人名大辭典》,上海古籍出版社,1999 年,第 554 頁。

② 駒籠:地名,讀若"komagome",相當於今東京都豊島區東部及文京區北部一帶。"籠"與"込"讀音相同,現在一般寫作"駒込"。

在水户。

"江户駒籠之第"是德川光圀在江户的府邸,德川幕府爲削弱并監控諸藩勢力,實行"參覲交代"政策,各藩大名隔年在江户與屬藩輪换居住,水户藩主德川光圀作爲"御三家"之一,享有"定府制"特權,長居江户并行使副將軍職權。德川光圀的府邸規模宏大,被稱作"水户藩駒籠邸",以編撰《大日本史》聞名的彰考館、朱舜水的别莊均在其内。

朱舜水去世之後,德川光圀在其駒籠别莊内設祠堂以安神主(靈牌),正中題"大明故舜水朱之瑜魯璵神主",右書"生於萬曆二十八年歲次庚子十一月十二日壬子明",左書"卒於日本天和二年歲次壬戌四月十七日乙未刻"。"每年忌日,公自臨祭之"①。後因江户火災殃及水户藩邸,正德三年(1713)祠堂遷往水户八幡小路。《祠堂舊記》云:

先生祠堂舊在駒邸,元禄癸未冬罹災。正德三年營祠堂於水户,以安神主。②

圖 4 "朱舜水先生終焉之地"的紀念碑

"江户駒籠之第"中的朱舜水的别莊,地點在今東京大學本鄉校區一帶,現東京大學農學部正門東南一側立有"朱舜水先生終焉之地"的紀念碑,每年有許多游客到此憑吊這位傳奇人物。

"朱舜水先生終焉之地"紀念碑始立於明治四十五年(1912)六月,郭垣《朱舜水遺迹》述其經緯曰:

---

① 彰考館員纂輯:《朱舜水記事纂録》卷之二,吉川弘文館,1914 年,第 23 頁。
② 彰考館員纂輯:《朱舜水記事纂録》卷之二,吉川弘文館,1914 年,第 23 頁。

先生舊宅，即今日本東京第一高等學校地址。明治四十五年六月，安東守男（或係安東守約之裔）及侯爵德川賴倫、伯爵德川達孝等，於帝國教育會，爲先生開二百五十年紀念會，并於第一高等學校院内，樹一石碑，書“朱舜水先生終焉之地”九字於碑上。旁植櫻花，示先生所愛也。①

安東守男（1873—1963）係安東守約第九代孫，字魯庵；德川賴倫（1872—1925）、德川達孝（1865—1941）均爲德川家後裔，他們發起的“朱舜水先生二百五十年祭大典”，據李大釗《朱舜水之海天鴻爪》記載，時間是 1912 年 6 月 2 日，祭典上展出的舜水先生遺物中，《白交趾將相諸大臣節文》《與安東省庵書》《張名振與朱舜水書》《省庵遺愛七弦琴》係安東守男家藏之物②。紀念碑所立之“第一高等學校”，俗稱“一高”，即東京大學前身。

“常陸久慈郡大田鄉瑞龍山”是歷代水户藩主家墓的所在地，其地點在今茨城縣常陸太田市瑞龍山。一位背井離鄉的異國老人能够入葬水户藩主的家族墓地，在日本歷史上是非常罕見的事例。誠如郭垣《朱舜水遺迹》所言：“此處爲德川氏墓地，風景極幽，平民不得葬此。獨先生以師賓之位埋骨於斯。”墓碑上“明徵君”等字由德川光圀親題，碑陰刻有弟子安積覺撰寫的碑文，兹録如下：

徵君姓朱氏，諱之瑜，字魯璵，號舜水，明浙江紹興府餘姚縣人。曾祖詔，誥贈榮禄大夫。祖孔孟，誥贈光禄大夫。考正，總督漕軍門，誥贈光禄大夫、上柱國。妣金氏，前封安人，誥贈一品夫人。有三子焉，徵君其季也。生於萬曆二十八年，穎悟夙成。九歲喪父，哀毁

① 郭垣：《朱舜水遺迹》，收入朱謙之《朱舜水集》，中華書局，1981 年，第 730 頁。
② 李大釗：《朱舜水之海天鴻爪》，《言治》月刊第 1 年第 1 期，文末署“一九一三年四月一日李釗”。

逾禮。

及長，受業吏部左侍郎朱永祐，精研《六經》，特通《毛詩》。少抱經濟之志，有識期以公輔。擢自南京松江府儒學學生，舉恩貢生，考官吴鍾巒貢札稱爲“開國來第一”。天啓以降，政理廢弛，國是日非，故絶志於仕進，而有高蹈之風。崇禎末，蒙徵辟不就。弘光元年又徵，即授重職。其薦出於荆國公方國安，而大學士馬士英當國，徵君不欲累於奸黨，故辭不受。臺省交章，劾其偃蹇，不奉朝命。徵君星夜逃於舟山。時清兵渡江，天下靡然，薙髮變服，徵君惡之。乃浮於海，直來我邦，轉抵交趾，復還舟山。監國魯王駐蹕舟山，文武諸臣交薦之。豫料其敗，上疏固辭。凡蒙徵辟，始自崇禎，前後十二，皆力辭焉。

監國九年，魯王特敕徵之。徵君適在交趾，奉敕歔欷，欲往赴之。會安南國王檄取流寓識字之人，官差應以徵君。國王召見，逼而使拜，徵君長揖不拜。君臣大怒，將殺之。徵君毫無沮喪，辨折彌厲。久而感其義烈，反相敬重。既而欲還舟山，謝恩陳情。聞其已陷，進退失據。於是熟察時勢已去，不可復振，决意税駕①。因往長崎，實我萬治之二年也。流落海外幾十五年，數至我邦，漂泊交趾、暹羅之間，艱苦萬狀。往而復返，蓋志有爲而事竟無成也。

其在長崎，貧不能支，門人安東守約折俸之半而養之。寬文五年，我水户侯梅里公聞其學植德望，厚禮而聘，徵君慨然赴焉。待以賓師禮，遇甚隆。每引見談論，依經守義，啓沃備至。教授學者，亹亹不倦。雖老而疾，手不釋卷。

大和二年四月十七日，卒於江户駒籠之第，享年八十有三，葬於常陸久慈郡大田鄉瑞龍山下。梅里公謚曰“文恭先生”，彰其德也。親題其墓曰“明徵君”，成其志也。其在鄉里，子男二人：大成、大咸，

① 税駕：猶“解駕”，下車停留之義。税，通“捝”“脱”。《史記・李斯列傳》：“物極則衰，吾未知所税駕也。”司馬貞索隱：“税駕，猶解駕，言休息也。”此處指遁世、歸隱。

妻葉氏所出。女高,繼室陳氏所出。皆先歿。

徵君嚴毅剛直,動必以禮。學務適用,博而能約。爲文典雅莊重,筆翰如流。平居不妄言笑,惟以邦讎未復爲憾,切齒流涕,至老不衰。明室衣冠,始終如一。魯王敕書,奉持隨身,未嘗示人。歿後始出,今猶見在。凡古今禮儀大典,皆能講究,致其精詳。至於宫室器用之制、農圃播殖之業,靡不通曉。如其遺文,則有《集》①存焉。

這篇出自嫡傳弟子之手的碑文,比之《清史稿・朱之瑜傳》,内容更加豐贍,事實更加確切,可爲研究朱舜水的基礎史料之一。

① 《集》: 指德川光圀所輯之《舜水先生文集》。

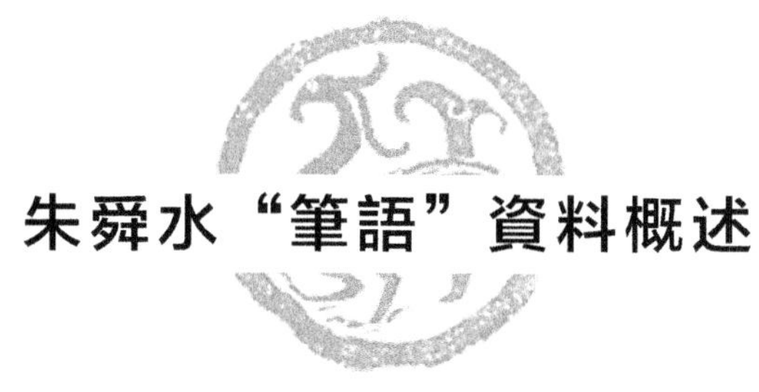

朱舜水"筆語"資料概述

朱舜水留居日本期間(1659—1683),因自己不擅日語而日本文人多不通華語,所以"以筆代舌"成爲主要,甚至是唯一的交際方式,除了書信往來之外,當面交談稱作"筆談"或"筆語""筆話"。這種東亞特有的交際方式對朱舜水而言,顯得駕輕就熟、得心應手,安東守約在《心喪集語》中描述筆談現場情景:

> 及相見,從容筆語,俄頃數紙颯颯而成。後之所録,除書柬及家禮圖批、棺圖,皆面時之筆語也。文思敏速,雖中國亦不多。東坡曰:"吾文如萬斛泉源,不擇地皆可出。在平地滔滔汩汩,雖一日千里無難及。"某於先生亦云。

顯而易見,"筆語"資料是朱舜水留給後世重要的精神遺産,可惜長期以來學術界對此重視不够。究其原因,是這種介乎文言與白話之間、現場揮筆而未經推敲的文字資料,無法歸入任何一種傳統文體,因而多以抄本形式傳世,散佚情況極爲嚴重。

一、《舜水先生文集》中的"筆語"

朱舜水卒後33年,德川光圀手輯、其子西山綱條校訂的《舜水先生文

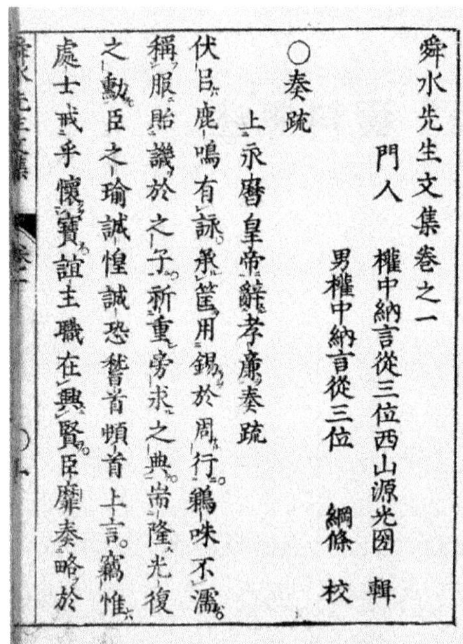
舜水先生文集卷之一
門人　權中納言從三位西山源光圀　輯
男權中納言從三位　綱條　校
○奏䟽
上永曆皇帝辭孝廉奏疏
伏以鹿鳴有詠承筐用錫於周行鵜味不濡
稱服貽譏於之子祈重旁求之典常隆光復
之勳臣之瑜誠惶誠恐稽首頓首上言竊惟
處士戒乎懷寶誼主職在興賢臣靡奏略於

圖 5　水户本《舜水先生文集》卷首

集》28 卷(外加附録 1 卷),由京都書肆柳枝軒茨城方道於正德五年(1715)正月刊刻。該書每卷題下署“門人權中納言從三位源光圀輯,男權中納言從三位綱條校”。因出自水户藩主之手,世稱“水户本”。

全書 28 卷又附録 1 卷,各卷内容如下:卷之一(奏疏、賦、書一),卷之二(書二),卷之三(書三),卷之四(書四),卷之五(書五),卷之六(書六),卷之七(書七),卷之八(書八),卷之九(啓、揭),卷之十(尺牘一),卷之十一(尺牘二),卷之十二(尺牘三),卷之十三(策問、論、説),卷之十四(議、辯),卷之十五(對),卷之十六(序、記、志、規、箴),卷之十七(贊),卷之十八(銘、碑銘),卷之十九(祭文),卷之二十(雜著一),卷之二十一(雜著二),卷之二十二(雜著三),卷之二十三(雜著四),卷之二十四(批評一),卷之二十五(批評二),卷之二十六(釋奠儀注),卷之二十七(陽九述略),卷之二十八(安南供役紀事),附録(行實、略譜、祭文)。

卷之二十内題“雜著一”,卷之二十一内題“雜著二”,卷之二十二内題“雜著三　筆語”,卷之二十三内題“雜著四　筆語”。其中“雜著三　筆語”輯録朱舜水與加藤明友、林春信、林春常、野節、木下貞幹、安東守約、中村玄貞的筆語,卷之二十三“雜著四　筆語”輯録朱舜水與小宅生順、吉弘元常、辻達、藤井德昭、或人[①]的筆語。

① 或人:日語指某人、有人,此處指闕名之人與朱舜水的筆語。

《舜水先生文集》打破傳統文體歸類的桎梏，開創了“筆語”收入個人文集之先例，但把“筆語”歸入“雜著”又顯得不倫不類。馬浮曾評價水户本“類次陵躐，頗乏體要”[①]，因此在新編《朱舜水全集》時對篇章做了結構性調整，即全書29卷，包括《文集》25卷，《改定釋奠議注》《陽九述略》《安南供役紀事》《附録》各1卷。《文集》25卷内容爲：卷一（詩）、卷二（賦）、卷三（疏、揭、策問）、卷四至卷十一（書）、卷十二（啓、雜帖）、卷十三至卷十五（答問）、卷十六（議）、卷十七（序）、卷十八（記、跋）、卷十九（論、辯、雜説）、卷二十（贊、箴、銘）、卷二十一（碑銘）、卷二十二（祭文）、卷二十三（雜著一　字説）、卷二十四（雜著二　札記、雜評）、卷二十五（雜著三　雜説、雜題識）。

在《朱舜水全集》“雜著”類中已經不見“筆語”蹤影，取而代之的是以三卷篇幅新增的“答問”類，《舜水先生文集》中的“筆語”被打亂次序分散在三卷之中，具體對應情況見表1：

表1　朱舜水“筆語”在《文集》《全集》中的收録情況

	《文集》卷二十二筆語	《文集》卷二十三筆語	《全集》卷十三答問	《全集》卷十四答問	《全集》卷十五答問
加藤明友	○				○
林春信	○				○
林春常	○				○
野節	○				○
木下貞干	○				○
安東守約	○			○	
中村玄貞	○				○
小宅生順		○			○
吉弘元常		○	○		

① 朱之瑜著：《朱舜水全集》，中國書店，1991年，第1頁。這段話出自“總目”下的按語，落款是“癸丑（1913）八月”。此書卷首載湯壽潛民國二年（1913）八月序。流行本有世界書局1962年本、中國書店1991年本。本文引録以中國書店本爲準。

(續表)

	《文集》卷二十二筆語	《文集》卷二十三筆語	《全集》卷十三答問	《全集》卷十四答問	《全集》卷十五答問
辻達		○			○
藤井德昭		○			○
或人		○			○

注:《舜水先生文集》簡稱《文集》,《朱舜水全集》簡稱《全集》。

《全集》不僅把《文集》單獨歸類的"筆語",雜糅在釋義不清、界定模糊的"答問"門類内,而且對"筆語"的内容也做了明顯的增損,如吉弘元常、或人的"筆語"只有一半;林春信、安東守約的"筆語"并未全收;小宅生順的"筆語"漏收 24 條,增加 13 條。

整體上看,《全集》取消了"筆語"類别,試圖以"答問"門類涵蓋之,從文獻學的角度説,抹殺了"筆語"作爲獨特文體的個性,較之《文集》是一個顯而易見的倒退。

二、"書簡"與"問答"

1981 年 8 月,朱謙之整理的《朱舜水集》作爲"理學叢書"之一種,由中華書局刊行問世。據該書"凡例",校勘時使用了以下諸傳本: ① 水户本(1715 年德川光圀輯《舜水先生文集》);② 加賀本(1684 年五十川剛伯編《明朱徵君集》);③ 享保本(1720 年茨城多左衛門刊《舜水先生文集》);④ 稻葉本(1912 年稻葉君山編《朱舜水全集》);⑤ 馬浮本(1923 年馬浮據稻葉本删定《舜水遺書》);⑥ 談綺本(1708 年安積覺《舜水朱氏談綺》)。

該書是目前内容最完備、體裁最規範、中國學者使用頻率最高的基本史料集(下面亦稱"中華書局本")。全書分上下册,上册 11 卷,即卷一(《中原陽九述略》)、卷二(《安南供役紀事》)、卷三(疏、揭)、卷四(書簡一

31)、卷五(書簡二 77)、卷六(書簡三 79)、卷七(書簡四 56)、卷八(書簡五 210)、卷九(書簡六 154)、卷十(策問、問答一、問答二)、卷十一(問答三筆語、問答四筆語);下册 11 卷,即卷十二(詩、賦)、卷十三(論、辯、説)、卷十四(議)、卷十五(序)、卷十六(記、志)、卷十七(雜著)、卷十八(批評)、卷十九(贊)、卷二十(箴、規、銘)、卷二十一(祭文、祝文、告文、碑銘)、卷二十二[《改定釋奠儀注》《學宫圖説》(存目)];此外還有附録(傳記、年譜、祭文、有關信札、序跋、友人弟子傳記資料)。

經過朱謙之的結構調整,"筆語"集中在卷十一"問答"類下。"問答"之名稱較之《全集》的"答問"稍稍貼切,雖然卷十的"問答"多有"答"無"問",稱之"答問"尚可;然卷十一的"問答(筆語)"均有"問"有"答",按照漢語習慣當稱"問答"。此外,"筆語"單獨歸爲一類,放在"問答"的大類下,較之《文集》歸入"雜著"更加合理。在討論"問答"與"筆語"異同之前,我們先來梳理"書簡"與"問答"的關係。

(一) 書簡

朱舜水留存下來的文字資料,最爲豐富的是"書簡",《朱舜水集》共計收入 607 通(卷四 31 通、卷五 77 通、卷六 79 通、卷七 56 通、卷八 210 通、卷九 154 通),這些書簡具有以下特點:

(1) 多作"致某某書""與某某書""答某某書",幾乎全部是回信或單方面致書(僅附載一封來信《張定西侯來書》);

(2) 多用書信套語,開首如"遠惠書問,足紉厚誼"(《答魏九使書》)、"别後匆匆,無時寧息"(《答完翁書》)、"捧讀翰札,知福履增慶,欣慰欣慰"(《答趙文伯書》)等;結語如"弟之銜感,與趙同之矣!不盡不盡"(《與劉宣義書》)、"冗甚病甚,不能一一"(《與王民則書》)、"先此奉復,尚容面頌"(《答趙文伯書》)等。

(3) 内容多涉及私人細事,僅僅是多次往來信札中的某個片段,除了當事人之外,很難從這些書簡中把握事情的整個脉絡。

(4) 這些私人書簡幾乎不具有系統完整的學術内容,雖然反映出朱舜水的生活足迹，但對於研究他的思想而言，價值不是很大。

（二）問答

與體量巨大、内容龐雜的私人書簡相比，《朱舜水集》卷十收録的“問答”學術含量凸顯出來了。其中“問答一”收録“答某某問”26 通，“問答二”收録 12 通，其特點如下：

（1）這些“問答”皆存“答”而闕“問”，這也很好理解，日本人的“問”函在朱舜水手裏，而朱舜水的“答”書由收信人保存起來，“問”與“答”不在一張紙上，故編輯文集時只有“答”而無“問”；

（2）朱舜水的“答”書没有寒暄語、客套話，單刀直入，直奔主題，這是與“書簡”最大的文體差異。這是在特殊環境下，因散居各地、無法謀面等原因，日本人以書面形式向朱舜水請益而形成的另一類文獻體裁。

（3）“答”書的内容具有高度的學術含量，因爲書信往來的時間差，相較於臨場揮筆、即席問答的“筆語”，多了幾分深思與稽考的從容，所以不乏大篇引經據典的長文，比較系統地體現出朱舜水的學術思想，因此研究價值高於“書簡”。

（4）每一通“答”書均對應於特定的“問”函，有頭有尾有脉絡，一問一答在内容上具有完整性和獨立性。

“問答”實質上是一種“隔空對話”，雖然對話雙方不是在同一時間、同一空間面對面交流，但是利用了“文字”在時間中滯留、在空間裏傳送的特質，完成超越時空的問答對話，在現代電信技術發明之前，這不得不説是一個奇迹。

三、“問答”與“筆語”

《朱舜水集》卷十一收録的“筆語”，雖然朱謙之將之編入“問答”大類之下，但兩者無論形式還是内容均具有顯著的差異。兹將“筆語”篇目引録如下：

《朱舜水集》卷十一"問答三(筆語)"

(1) 答加藤明友問八條

(2) 答林春信問七條

(3) 林春常問

(4) 答野節問三十一條

(5) 答野節問二條

(6) 答木下貞幹問

(7) 答安東守約雜問三十四條

(8) 答中村玄貞問三條

《朱舜水集》卷十一"問答四(筆語)"

(9) 答小宅生順問六十一條

(10) 答吉弘元常問八條

(11) 答辻達問

(12) 答藤井德昭問

(13) 答或問八條

《朱舜水集》幾乎全盤接受《舜水先生文集》中的"筆語"資料,不同之處有三:一是每篇前添加"答某某問"標題;二是標明每篇"筆語"的條數;三是新增《答野節問二條》一篇。現在看來,《朱舜水集》的這三點創新均屬敗筆。

首先,所謂"筆語",指雙方面對面地"以筆代舌"書面交談,雖然以朱舜水答疑爲主,但也包括朱舜水的反問和雙方各抒己見、討論某個主題、争論某些問題,從《西游手録》來看,雙方多作"曰"而不是"問"或"答",所以定題爲"答某某問"有欠妥當。

其次,朱謙之是以"一問一答"爲一條計算條數,如《答加藤明友問八條》意味着加藤明友問了八個問題、朱舜水做了八次回應，然而如前所述，筆語并非都是問答，有時候某人會連續多次發問，有時候朱舜水回答後也拋出問題，對方或予以説明或予以確認等。總之整個談話過程呈綫性連貫，不能生硬地切割爲一問一答。因此我們的做法是，以每個人的一次發話爲一條計算。

最後，《朱舜水集》新增的《答野節問二條》，其一爲："一、正心誠意之説，膚淺杜撰，恐無當大方，言之諄諄，益致忸怩。漢書携來，尚未開箱，足見學業之荒也。台臺既持一册來，願請讀一二傳。"其二爲："一、白玉之玷，尚不可磨。玷者，缺也，玉之體尚在也。至於造爲妖妄之言，希圖污衊正人，其主心欲變亂黑白矣，不止詩人所謂斯言無心之過也。"從行文及内容判斷，似均出自朱舜水手筆，應該是"問答"中的"答"文，所以不宜歸入"筆語"中。

近些年，在朱舜水研究中大放異彩的成果，當推徐興慶編注的《新訂朱舜水集補遺》。然而該書的體例頗有些淩亂，卷一爲"書簡"84 通，但又包含"相關人物書簡"35 通；卷二"筆語"66 條；卷三"問答"23 條；卷四"跋、詩、題、贊、祭文"13 篇；卷五"《朱舜水集》書簡、問答"20 則，但又包含"《舜水問答》"8 條。

我們來關注 66 條"筆語"，標題多作"朱舜水寄某某筆語"等，既然有"寄"字，應該不是筆語。如第一通全文如下（編注者補字照録而不出注）：

"正月十五日見新王，坐定打一恭，未有言"，新王云："聞大名久矣。今日方得相見。"不佞云："托處貴國就同百姓一般，所以不敢造次進見。"新王云："大明遺韃靼，離家來日本，甚是難爲。今在此，每事不足爲慮，有我在此，凡有甚事，勤勤進來。"説後，陳通事云："□□□。"不佞出來，新王送至外門，一揖而别。回與玄庵等言，真是大儒氣象，與他人迥别，禮度雍容可敬，□□有不好言語，而入德造作如許。[1]

這似乎是一篇記事之文，其他的也大抵如此，均爲朱舜水的發話，而無筆語中必不可缺的互動内容。粗粗讀來，其中不乏書簡、問答之類，大概編注者與我們對"筆語"的理解不同，凡書面記事訴説均歸爲"筆語"。

然而，卷三"問答"23 條，全部取自《舜水墨談》，理當歸入"筆語"纔對。如第三條如下：

> 問：先正曰學而習，習而察，伏想加察字添一層工夫如何？
>
> 答：極是。[2]

《舜水墨談》是人見竹洞(野節)與朱舜水的筆談集，書中人見竹洞有段按語最能説明問題：

> 乙巳歲，余新築柳塘之下，開小園，蒔花竹，構書齋，起書樓。一日招翁，酒饌各效中華之制。桌椅相對，静話終日，翁欣然，筆語作堆。

這裏把筆語稱作"静話"可謂妙極，雖然現場終日沉默無聲，但朱舜水感到"欣然"，而且"筆語作堆"。

綜上所述，書簡、問答、筆語均屬於書面交流，但場景和流程則完全不同，歸納起來説："書簡"是當事人雙方的長途信件，主要内容爲具體事務，留存下來的多爲朱舜水發出的信函；"問答"是當事人雙方的書面交流，主要内容爲學術問題探討，留存下來的多爲朱舜水的答文；"筆語"是當事人雙方面對面的書面交流，内容涉及面極廣，留存下來的多爲雙方交談的實録。

① 徐興慶編注：《新訂朱舜水集補遺》，臺灣大學出版中心，2004 年，第 180 頁。
② 徐興慶編注：《新訂朱舜水集補遺》，臺灣大學出版中心，2004 年，第 223 頁。

四、傳世的“筆語集”

前面説過，書簡、問答大多各執一端，朱舜水去世後，門人在編撰文集時，只能收集到他們手中的一端——朱舜水發出的書簡、朱舜水解惑的答文。然而，筆語的情况大不相同，我們從孫中山與宫崎滔天、大河内輝聲與清朝駐日公使館員、内藤湖南與中國文人的筆談原稿中可以看到，很多情况下筆談雙方是在同一張紙上書寫對話的；即使各人在各人的紙上寫字，有心人往往會在談話結束後收攏彼此的紙張，或裝訂成册，或整理清抄(《朝鮮漂流日記》的情况就是如此)。

日本人與朱舜水的交流主要依賴筆談，或請益學術問題，或詢問中國制度，或瞭解國外風俗，或確認字詞含義，朱舜水現場揮筆回應的紙張是他們必須獲取的，而且視如家珍，有些還編成集子。本書中的《西游手録》，便是小宅生順與朱舜水在長崎的筆談實録；安東守約輯《心喪集語》則收録了與朱舜水相關的書簡、問答、筆語。除此之外，尚有《舜水墨談》及《舜水問答》也屬於筆談集，擬作爲後續的研究課題。

自德川光圀輯《舜水先生文集》以來，朱舜水的相關“筆語”終於得以“登堂”，但先是歸類於“雜著”，《朱舜水先生全集》移之於“答問”，《朱舜水集》再遷之於“問答”，始終未能“入室”安居。編者采録的加藤明友、林春信、林春常、野節、木下貞幹、安東守約、中村玄貞、小宅生順、吉弘元常、辻達、藤井德昭、或人的筆語，并非是原本的全部。比如説，《西游手録》共有筆語 135 條，《舜水先生文集》僅采其中的 53 條，小宅生順在約三個月内與朱舜水舉行 9 次筆談，但在《舜水先生文集》中被掐頭去尾、多處砍削，原有的文脉、場景、氣氛遭到嚴重破壞，幾乎已經看不到兩人促膝對談的原貌。因此，希望本書在復原還真方面有所貢獻。

《西游手録》成書經緯

日本寬文四年(1664),水户藩儒臣小宅生順(1638—1674)奉藩主德川光圀之命,赴長崎招聘德才兼備的華人宗師,因與朱舜水筆語交談約三個月,同年十一月十七日編成《西游手録》一書,此是目前所知成書最早的朱舜水相關筆談集。

正德五年(1715)德川光圀輯《舜水先生文集》,收録小宅生順與朱舜水筆語 87 條(按當事人發話一次爲一條),其中 53 條與《西游手録》重叠,尚不及原書(共 135 條)的一半,致使渾然一體的筆談脉絡支離破碎;朱謙之編《朱舜水集》時,雖從《舜水先生文集》移録全部 53 條,但多處隨意改易文字,遂離原貌愈行愈遠。

一、小宅生順其人其事

小宅生順生於寬永十五年(1638),係水户藩臣小宅重長之子。名順,字安之,一字坤德,號處齋,童名傳吉,通稱生順。此外,他與朱舜水筆談時,自我介紹"小生東海道常陸州水户府後生,姓宅名順者也"。當時日本漢學家改雙姓爲單姓成一時風尚,"宅順"亦可視作小宅生順的"唐名"。

青山延于在《文苑遺談》中云:"生順幼聰悟,威公度其有成,給俸賜書,俾就野壹學。業日進,以博洽稱,文辭富贍。義公器之,日備顧問,賜廪禄二百石。"他師從的野壹,江户時代著名漢學家,姓人見,字道生,號卜幽軒、林塘,因祖先出自野参議,故亦以"野"爲氏姓。野壹對他期望甚高,《文苑遺談》引《小宅氏存笥稿》記載一則軼聞:

初,重長晚歲侍威公,公見其年老,謂左右曰:"噫!渠衰老至此乎!聞渠兒有好學者,信然乎否?"野壹侍側,對曰:"然。志向大異常兒。"其後,公謂重長曰:"汝兒勤學不懈,吾能給資,使卒業也。"

小宅生順得名師指授,學業精進,承應元年(1653)始爲儒官,旋又參與彰考館史局編纂,以博學多才聞名,尤精經學與史籍。寬文元年(1661),受命記録初代水户藩主德川賴房(威公)葬儀行事,成《慎終日録》。《文苑遺談》記其事云:

義公之爲世子,奇愛生順,召侍左右。威公之薨,喪祭之禮,一依儒道。生順與其師野壹,受命贊禮……生順記以成書,曰《慎終日録》,今見存。

圖 6 《古今類聚常陸國志》

小宅生順參與《大日本史》編修之餘,奉命編《常陸國志》,《國史館日録》云:"相公嘗命生順修《常陸國志》,其體裁仿《一統志》,唯不載佛寺。"體例筆法取範《大明一統志》而不載佛寺,這在當時的日本實屬異數。書成後朱舜水撰《批常陸國志》予以評判。小宅生順去世後不久(1677)經人改訂,今以《古今類聚常陸國志》傳世。

誠如《文苑遺談》所言,德川光圀(義

公)"奇愛生順,召侍左右",繼任藩主常住江户時,亦把小宅生順召之身邊"日備顧問",一些重要而棘手之事交他去辦。其中寬文四年(1664)赴長崎禮聘朱舜水,使小宅生順聲名鵲起;據與朱舜水筆語編成的《西游手録》,爲後人所珍。

二、聘請朱舜水始末

水户藩儒臣小宅生順與背井離鄉的明遺民朱舜水在日本長崎相遇,是德川光圀深謀遠慮的刻意佈局,還是諸種巧合促成的一次邂逅?徐興慶指出:

> 關於水户藩招聘朱舜水之過程,就相關先行研究以及相關史料對朱舜水的記載,大多以"邂逅説"爲定論。[①]

"邂逅説"之爲"定論",其根據來自何處呢?徐興慶列舉石川清秋編《水户紀年》"寬文四年"條記事"今年遣小宅生順至長崎求碩儒耆德,始知有朱之瑜其人",提到日本學者如野口武彦"甚至指出小宅生順遇朱舜水係屬偶然"[②]。彰考館所編的《義公年譜》應該具有權威性,"寬文四年甲辰公三十七歲"也有類似記載:"是歲,遣小宅生順於長崎,采訪碩儒耆德,初知有朱之瑜。"[③]更令人費解的是《西游手録》的跋文:

> 予今年承君命,西游紫陽長崎,棲遲三月。公務之暇,泛交蕃客,以欲得異聞。往往拈筆代譯,所交雖及數十輩,而有學者獨有朱魯璵而已。於是采録與朱魯璵應酬者以爲册子,名曰《西游手録》。雖不

① 徐興慶編注:《新訂朱舜水集補遺》,臺灣大學出版中心,2004年,第22頁。
② 徐興慶編注:《新訂朱舜水集補遺》,臺灣大學出版中心,2004年,第22—23頁。
③ 彰考館編:《朱舜水記事纂録》卷三,吉川弘文館,1914年,第18頁。

足慰眼下，而備他日之證云。

據此，小宅生順是“承君命”至長崎，在“公務之暇”纔交際“番客”，從中發現朱舜水最有學問。彰考館編《先生略年譜》云：“先生與生順筆語問答，生順乃作《西游手録》，復命義公。”[①]這似乎印證了小宅生順以《西游手録》復命，德川光圀“初知有朱之瑜”。

然而也有其他史料證明，小宅生順赴長崎的“公務”本身就是從華人中招聘“文學之士”。《水府系纂》“寬文四年”條云：“甲辰閏五月，爲到長崎從歸化唐人當中招文學之士，遣吟味役小林善左衛門勝澄、步行目附大石彦衛門先勝，同伴到長崎爲差，事畢歸。”[②]徐興慶進一步指出，“小宅生順前往長崎尋訪碩學耆儒之前，德川光圀已經對朱舜水的學問、思想、人品作過審慎評估，且對他在長崎居留的動向也已瞭若指掌”[③]，如此推斷的關鍵依據是林鵞峰《國史館日録》的記録：

三宅生順（小宅生順）侍席，此主人門第，而同事水户君者也。今秋蒙君命赴長崎，遇華人朱之瑜筆談。彼明朝儒生也，不事清國，流浪諸國，僑居長崎有年矣。水户君聞其名，使保宗雪，密告廄橋羽林（幕府老中酒井忠清），有招之志，故使順往遇之。[④]

這則記事繫在“寬文四年十一月二十四日”條下，此時距小宅生順完成《西游手録》（同年十一月十七日）僅一周，應該是最接近事實原貌的史料之一。此外，《西游手録》有數語可證兩人相遇并非“邂逅”。

小宅生順與朱之瑜見面，第一話便是“小生在東武，仰盛名久矣”，説

① 彰考館編：《朱舜水記事纂録》卷一，吉川弘文館，1914年，第20頁。
② 引文據徐興慶編注《新訂朱舜水集補遺》，臺灣大學出版中心，2004年，第24頁。
③ 徐興慶編注：《新訂朱舜水集補遺》，臺灣大學出版中心，2004年，第25頁。
④ 引文據徐興慶編注《新訂朱舜水集補遺》，臺灣大學出版中心，2004年，第24頁。

明對朱舜水不是“始知”或“初知”。第二句接着説:“先生文章已達東武,如小生者拜讀有日。况聞人人所傳,先生不失節於北方,巍巍乎,豈不景仰! 小生東海道常陸州水户府後生,姓宅名順者也 。願欲懷惠以有所質問八,賜許免否?”這是説朱舜水高名遠播水户,人人景仰;小宅生順對“先生文章……拜讀有日”,因而預先準備了“質問八”,向朱舜水請益討教。熟讀朱舜水的文章,瞭解他的學術底藴,并且有相見的安排,纔會“有的放矢”地事先準備并隨身携帶“質問(提問)”而往。

梁啓超《朱舜水先生年譜》“甲辰”條:“水户侯源光國……聞先生之風,遣其臣小宅生順詣長崎請業,且謀禮聘焉。小宅造謁數次,乃以其私請先生東游江户(即東京)講學。先生初謙讓未許,小宅請益力,先生曰:‘若欲招僕,僕不論禄而論禮,恐今日未易言也。’”

梁啓超在此條記事下有案語云:“江户禮聘,實先生全生涯之一轉捩。聞小宅生順有《西游手録》一書,具述其始末,惜未得見。”梁啓超推斷小宅生順“私請先生東游江户”,如果他讀到《西游手録》及《國史館日録》,大概就不會那麼説了。

三、《西游手録》抄本

《西游手録》傳本系統并不複雜,《國書總目録》僅著録抄本兩種:

> 《西游手録》一册:[類]漢詩文,[著]小宅生順(處齋),[成]寛文三,[寫]彰考、神宫(寛文四年寫)。[①]

“彰考”指彰考館,“神宫”即神宫文庫,此兩種均抄寫於寛文四年,而説《西游手録》成書於寛文三年(1663)當是謬錯,因爲現存各本跋文落款均作

① 《國書總目録》第三卷,岩波書店,1965 年,第 663 頁。

圖7　彰考館本《西游手録》封面

“寬文甲辰十一月十七日”，而跋文中提到“予今年承君命，西游紫陽長崎，棲遲三月”，疑著録者未省跋文之意所致。

神宫文庫本未見，彰考館本可查閲日本國立國文學研究資料館藏縮微膠片（索書號：32－25－9，I52），但其因襲《國書總目録》謬誤，亦著録爲寬文三年成書。近年德川真木監修、徐興慶主編的《日本德川博物館藏品録Ⅰ　朱舜水文獻釋讀》刊行問世，書中附有彰考館本部分頁面（合封面26頁）。徐興慶解説云：

> （一）《西游手録》
>
> 27.7×18.6×0.5 cm　一册　文庫6340
>
> 寬文四年（1664）五月，水户藩儒小宅生順（1638—1674）曾奉德川光圀之命，前往長崎查訪“碩儒耆德”，與朱舜水進行約三個月的筆談，留下了珍貴史料《西游手録》，它寫於寬文甲辰十一月十七日，最後寫着“余今年承君命，西游紫陽長崎，棲遲三月，公務之暇，泛交蕃客以欲得異聞，往往拈筆代譯，所交雖及數十輩，而有學問者獨有朱魯璵而已”。這份筆談紀録成爲德川光圀招聘朱舜水重要依據。《西游手録》内容除“與朱魯璵筆談”之外，另有“與陳三官筆談”“與陸方壺筆談”“與獨立筆談”。[①]

這篇解説文是執筆者親檢抄本寫就，具有權威性。稍稍不足的是，對照彰考館本《西游手録》跋文，録文有幾處值得商榷，即“余今年承君命”之

① 德川真木監修、徐興慶主編：《日本德川博物館藏品録Ⅰ　朱舜水文獻釋讀》，上海古籍出版社、日本德川博物館，2013年，第7頁。

"余"字，當作"予"；兩處"朱魯瑜"之"瑜"字，當爲"璵"之誤。

有關《西游手録》的先行研究成果幾乎没有，可喜的是近年李心純、林和生發表的《朱舜水研究的最新史料——〈西行手録〉的史料價值》[①]一文。該文作者有緣觀摩并摘録彰考館本，與《朱舜水集》所載筆語内容進行認真比校，頗有真知灼見，唯一遺憾的是標題中將《西游手録》誤書爲《西行手録》。

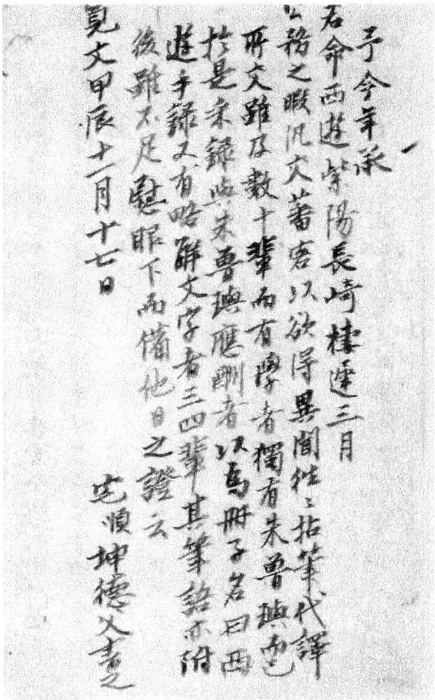

圖 8　彰考館本《西游手録》跋文

除了《國書總目録》記録的兩個抄本(彰考館本、神宮文庫本)外，德川真木監修、徐興慶主編的《日本德川博物館藏品録Ⅰ　朱舜水文獻釋讀》還披露了一個新抄本，即《朱文恭遺事》第四卷抄録的《西游手録》。

據韓東育解説，《朱文恭遺事》(索書號：文庫 3010－3017)凡 8 卷，未署編抄者姓氏及抄寫年月，除第一卷開篇係安積覺撰寫外，其餘七卷均由安積覺、朱舜水及其他相關人士的文稿輯合而成。關於第四卷中的《西游手録》，韓東育解説如下：

> 第四卷，含裱紙共 70 頁。其中《西游手録》，乃小宅生順在長崎與朱舜水交談之筆語。此稿在稻葉、謙之本中被具名爲《答小宅生順問六十一條(筆語)》，然不如《手録》完備，計約 38 條未入二《集》。《手録》中屢現之"邪教"字樣，固舜水譏日本儒教者，然其意惟在激

① 李心純、林和生：《朱舜水研究的最新史料——〈西行手録〉的史料價值》，《山西師大學報》2013 年第 1 期。

勵,以促其力行"聖教"。[①]

這些評説十分允當、精要,惜乎書中未影印此本片紙,否則可爲本書《西游手録》校勘之參照。

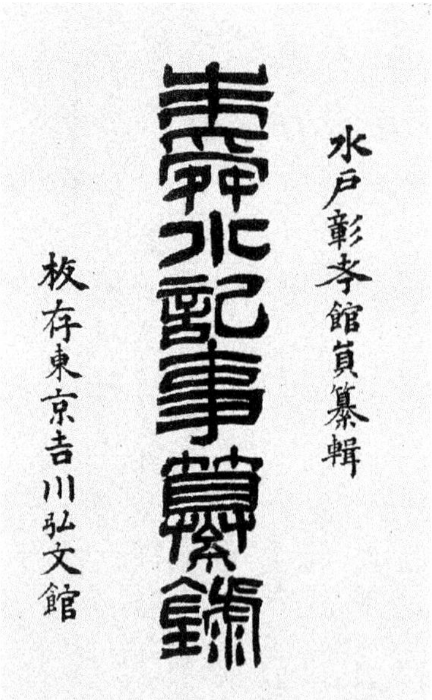

四、《西游手録》排印本

圖 9 《朱舜水記事纂録》封面

前述《國書總目録》未載《西游手録》排印本,這大概是因爲排印本《西游手録》未以單行本問世的緣故。目前我們能看到的排印本,附録在水户彰考館纂輯的《朱舜水記事纂録》[②]之尾。

《朱舜水記事纂録》分爲正文三卷、别卷二卷、附録一卷,即壹卷(事迹篇)、貳卷(祠堂篇)、参卷(遺事篇)、别卷(義公行實 附 年譜)、别卷(水府三士小傳)、附録(西游手録)。

《朱舜水記事纂録》藏本甚多,管見所及都爲吉川弘文館大正三年(1914)印本。然而細觀各本附録《西游手録》,還是發現一些差異。

一種僅題"附録《西游手録》 小宅生順記"(以下稱"甲本"),另有一種比較複雜,題作"附録《西游手録》水户儒臣 小宅生順記/(朱舜水召聘當時筆談)"(以下稱"乙本")。

我們推測:雖然甲本、乙本刊記完全相同,但印刷批次不盡相同。即甲本應該是初印本,乙本爲再印本;再印本表題做了改動,一是在小宅生順前加上頭銜"水户儒臣",二是在書名後添加説明"朱舜水召聘當時筆談"。

① 德川真木監修、徐興慶主編:《日本德川博物館藏品録 I 朱舜水文獻釋讀》,上海古籍出版社、日本德川博物館,2013 年,第 69 頁。

② 水户彰考館員纂輯:《朱舜水記事纂録》,吉川弘文館,1914 年 6 月。

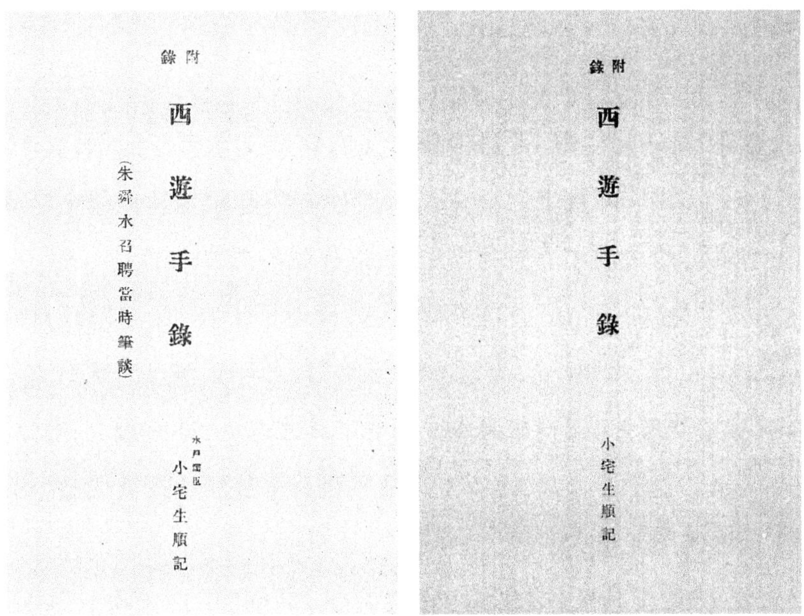

圖 10 《西游手録》甲本、乙本

排印本與抄本内容大致相同，但仍有些值得注意的異同。如抄本小宅生順所言"古來中國稱我邦曰倭奴，是非我邦之通號。所謂筑紫九州是曰倭奴，其爲日本國者，長門州以東也。近世入寇貴國皆筑陽人，而并日本州爲倭奴，遂爲盗賊國，不可不辨也"，排印本作：

宅曰：古來貴國稱我邦曰倭奴，是非我邦之通號。近世入寇貴國，皆筑紫、九州之人，乘亂逃逸，鈔掠沿海，遂視爲盜賊，是不可不辨也。

這段話二本差異甚大，不似源出一本。此外，排印本的跋文作：

予今年承君命，西游紫陽長崎，棲遲三月。公務之暇，泛交蕃客，以欲得異聞。往往拈筆代譯，所交雖及數十輩，而有學者獨有朱魯璵而已。於是采録與朱魯璵應酬者以爲册子，名曰《西游手録》。雖不足慰眼下，而備他日之證云。

抄本在“雖不足慰眼下”前，尚有“又有略解文字者三四輩，其筆語亦附後”十六字，則明顯優於排印本。關於抄本與排印本其他的文字異同，已在《西游手録》校注中一一列出注明，這裏就不再贅言了。

《西游手録》的學術價值自不待多言，青山延于在《文苑遺談》中早有評述：“寬文四年，生順年二十七，奉命至崎陽，與明人流寓者陳三官、陸方壺、釋獨立之徒筆語，遂得朱舜水。則非唯其才過人，亦有識見，非常人之所能及者也。”這部筆談集，事實上促成了朱舜水赴江户授徒弘教，同時促使日本近世儒學大改觀。

1936 年，梁啓超在作《朱舜水先生年譜》時嘆息“惜未得見”《西游手録》；2004 年，徐興慶出版《新訂朱舜水集補遺》時惋惜“該書爲戰火燒損，未得見其原本”①。近些年雖然知道《西游手録》完本存世之人漸多，但仍然少見有學者在研究中使用之，最大的障礙恐怕是尚無一種便於查考的校注本。

五、筆談時間的推定

小宅生順赴長崎的時間，徐興慶在彰考館本《西游手録》解説文中認爲是“寬文四年(1664)五月”②，依據大概是前引《水府系纂》的記載：“甲辰閏五月，爲到長崎從歸化唐人當中招文學之士，遣吟味役小林善左衛門勝澄、步行目附大石彦衛門先勝，同伴到長崎爲差，事畢歸。”③然而，《西游手録》中有涉及中秋節的對話：

① 徐興慶編注：《新訂朱舜水集補遺》，臺灣大學出版中心，2004 年，第 310 頁。

② 德川真木監修、徐興慶主編：《日本德川博物館藏品録 I　朱舜水文獻釋讀》，上海古籍出版社、日本德川博物館，2013 年，第 7 頁。

③ 引文據徐興慶編注《新訂朱舜水集補遺》，臺灣大學出版中心，2004 年，第 24 頁。

宅曰：今日中秋，實一年明月，騷人墨客愛賞，不辨夏夷。我邦古來愛九月十三夜月如中秋，未知貴國亦有之否？

朱曰：中國惟中秋，無九月十三事。菊月惟重九登高，十三之月則不賞。僕自知友以中秋被虜極刑，此生遂無賞月之樂矣！

根據我們對《西游手録》内容的解讀，小宅生順在長崎的三個月間，一共與朱舜水進行過 9 次筆談，時間跨度約爲兩個月；上面這段圍繞八月十五日中秋的對話，是第七次筆談中的内容。其後間隔較長一段時間，雙方進行了第八次筆談，緊接着次日進行第九次筆談。小宅生順將要離開長崎、返回江户，這是兩人最後一次筆談，朱舜水有段臨别贈言：

朱曰：相晤兩月，中間間闊日多。今當遠行，可勝依依。臨别贈言，君子之道，魏公子牟之言可念也。應侯英雄，猶然心醉；若在聖門，顔子之若無若虚，不可及矣。賈太傅非不有才，惟不善藏其用耳。能使少有含蓄，漢家事業，光於文帝之時，必不至漢武令平津、武安開其端也。文章雖一句兩句，以至長江大河，皆當從經史古文中來，必不可用土語湊泊，及自杜撰字語填塞。有此，雖集千狐之腋，猶貽續貂之譏矣。

由此可知，小宅生順與朱舜水"相晤兩月"，總共九次筆談，大概是前期密集，後期漸疏，所以説"中間間闊日多"。按此推算，第七次筆談是八月十五日，第九次筆談既言"間闊日多"，應該相隔了很長時間，初步推定是九月初。如果小宅生順是五月抵達長崎，"棲遲三月"，意味着大致逗留至七月。

從朱舜水相關文獻來看，年月的計算都是算頭算尾的，也就是通常所説的"虚歲"算法。如朱舜水在第四次筆談云"僕在此廿年"、第九次筆談中稱"僕至貴國，今二十年矣"，即是從第一次赴日的乙酉年(1645)算到筆談當時的甲辰年(1664)爲“二十年”,比“滿歲”的算法多一年[①];月份的計算類此,即抵達當月算一個月。如果小宅生順五月抵達長崎,七月就得返回,與八月十五日中秋筆談的時間合不上。

我們再回頭看前引林鵝峰《國史館日録》“寬文四年(1664)十一月二十四日”條:“今秋蒙君命赴長崎,遇華人朱之瑜筆談,彼明朝儒生也。”[②]這裏明言小宅生順“今秋蒙君命赴長崎”,農曆秋天即七、八、九三個月,考慮到第七次筆談發生在八月十五日中秋,“今秋”指七月的可能性頗大,“棲遲三月”意味着滯留至九月。

綜上所述,我們認爲《水府系纂》記載的“甲辰閏五月”,是決定派員去長崎招聘人才動議之時,從江户到長崎路途遥遠,實際抵達長崎當在七月間;其次,小宅生順在長崎“棲遲三月”,與朱舜水“相晤兩月”直至辭别,那麽他們的筆談應該發生在八、九月間。

事實上,八月十五日中秋之前的筆談頻度甚高,幾乎是兩三日筆談一次的節奏,如第二次筆談朱舜水云“昨日即應答拜……前日初識台顔”,應該事隔兩天;第三次筆談小宅生順説“前日忝光駕,昨日欲入謝……遲留及今日”,也是相隔兩天。按這個節奏,八月十五日進行第七次筆談完全有可能。

第三次筆談還透露一個重要信息:小宅生順向朱舜水借閲《敬齋序》及《銘》,朱舜水回答説:“前日東武命長崎鎮巡黑川公索僕《敬齋箴》,不要舊箴,必要拙作。此是前月廿三日所搆,有愧大方。”從文脉上看,此處的“前月”當指七月,佐證第三次筆談時間是在八月。

我們再梳理一下時間脉絡:① 寬文四年(1664)五月,德川光圀動議派遣小宅生順赴長崎招聘人才;② 同年七月,小宅生順到達長崎,“公務

---

① 梁啓超《朱舜水先生年譜》“乙酉”條:“先生亡命至日本”,并引《安南供役紀事》“數月不見緹騎,已後遂有逆虜之變。之瑜不别家人,隻身前來日本已十三年”,案云“《紀事》作於丁酉年,云‘十三年’,則先生初至日本當在乙酉也”。説明這是一種通常的計時方法。

② 引文據徐興慶編注《新訂朱舜水集補遺》,臺灣大學出版中心,2004年,第24頁。

之暇，泛交蕃客”；③ 同年八月初第三次筆談時，小宅生順向朱舜水借閱“前月廿三日”所撰《敬齋箴》；④ 同年八月十五日中秋，兩人進行第七次筆談；⑤ 此後“間闊日多”，大約九月初進行第八次筆談；⑥ 一天之後進行第九次筆談，此時兩人“相晤兩月”，就此惜别。

六、《西游手録》内容構成

《西游手録》是寬文四年小宅生順與朱舜水筆談的完本，包括跋文共有135條，而《舜水先生文集》及《朱舜水集》僅抽取其中的53條，不僅内容不到原本一半，而且打亂了筆談的演進次序，無法展現當事人的思想脉絡、情感變化。

由於《西游手録》完整地保留了小宅生順與朱舜水筆談的資料，我們得以通過其中的時間節點、場域特徵、話題轉换等，梳理出整個談話的時空及内容的脉絡關係，確定《西游手録》共包括9次筆談，時間跨度從八月到九月約兩個月。下面依次對每次筆談的時間、地點、内容做一簡介。

（一）第一次筆談

時間：寬文四年(1664)(八月上旬?)

地點：朱舜水寓所

内容：首次見面，多爲寒暄語，共7條。小宅生順首云：“小生在東武，仰盛名久矣，不意今接清容。先生是朱之瑜哉?”告辭語爲：“始拜尊嚴，千歲一遇。日及黄昏，懇告别。他日憑久左衛門，事事欲有所受，必請莫退辭。”其中重要的内容是小宅生順携帶“質問八”向朱舜水請益，顯見朱舜水名聞東武，小宅生順是有備而來。此7條《舜水先生文集》均未收録。

（二）第二次筆談

時間：第一次筆談兩天後(八月上旬?)

地點：小宅生順寓所

內容：朱舜水冒雨回訪"答拜"，共8條。小宅生順問"習套"何義，介紹日本儒者僅憑《禮記》《朱子家禮》《鶴林玉露》製作冠服，希望朱舜水親臨傳授其法；朱舜水對日本山川風俗多有贊美，但指出"惟是文教不足"，至於服飾"未敢輕易改易"。此8條《舜水先生文集》漏收6條。

（三）第三次筆談

時間：第二次筆談兩天後(八月上旬?)

地點：朱舜水寓所

內容：小宅生順回訪，共16條。小宅生順寒暄云"前日忝光駕，昨日欲入謝，暫從嚴諭，遲留及今日"。又請教媽祖、關帝，又問蜀地歷代名人、當世俊才；雙方議論明代文人優劣、經書用何注；朱舜水論"爲學當有實功、有實用，不獨詩歌辭曲無益於學也，即於字句之間，標新領異者，未知果足爲大儒否"；小宅生順借《敬齋箴》、求正自己作品。此16條《舜水先生文集》失6條。

（四）第四次筆談

時間：第三次筆談數日後(八月上旬?)

地點：朱舜水寓所

內容：第三次筆談後，兩人有書信往來。此次係小宅生順應朱舜水邀請前往，共12條。小宅生順歸還《敬齋箴》，感嘆"偶得造儒宗之門，可謂一代之面目也"，邀請朱舜水東游講學；朱舜水以"孔子歷聘七十二君，求一日王道之行而不可得"推辭，理由包括"貴國惑於邪教，深入骨髓"；小宅生順再以"身生仁義之國，學究聖賢之奥"强請；日本觀"貴國惑於邪教"；日本基礎好(?)，繼續邀請，頗令朱舜水感動，承認"僕在此廿年，所聞俱謬"，期待"若至十年，王化可行"；朱舜水以"逆旅無佳品，寒儒無兼味"招待客人。此12條《舜水先生文集》闕2條。

（五）第五次筆談

時間：不詳(八月中旬?)

地點：不詳

内容：此次筆談無問答，共 8 條。朱舜水闡述"文"與"言"關係；小宅生順介紹 9 部日本漢文史書；朱舜水痛貶八股文（非"文"）及中國"士子祇以功名爲心，不務實學"；小宅生順介紹八部日本詩文集。賓主談至"晚景"而別。此 8 條《舜水先生文集》脱 3 條。

（六）第六次筆談

時間：不詳（八月中旬？）

地點：小宅生順寓所

内容：此次筆談共 15 條。小宅生順問"尊翁雅號及玉字"，朱舜水自辯"魯璵"誤作"楚璵"緣由，不見他書，解決學術界一大懸案；小宅生順問没來由國、暹羅國、身毒國、交趾、阿蘭陀國等國際知識，朱舜水回應似力不從心；小宅生順再問烟、柏等本草知識；筆談良久，朱舜水云"坐久當告别"。此 15 條《舜水先生文集》少 7 條。

（七）第七次筆談

時間：中秋（八月十五日）

地點：朱舜水寓所

内容：此次圍繞中秋展開話題，共 29 條。小宅生順"我邦古來愛九月十三夜月如中秋，未知貴國亦有之否"，談話涉及日本風俗而漸入佳境；朱舜水説明終生不再賞月的原因（王翊死節）；雙方談論諸明義士；朱舜水分析明朝敗亡原因是"先帝求治太速，而未得其要領，臣下畏威，習爲欺飾"；朱舜水解釋漢與明之"兩京"不同、交趾與中國的關係；小宅生順辯解"倭奴"爲邊境暴民；談至"日漸暮"而别。此 29 條《舜水先生文集》脱 21 條。

（八）第八次筆談

時間：第七次筆談後"間闊日多"（九月上旬？）

地點：小宅生順寓所

内容：此次筆談共 15 條。小宅生順開門迎客云"今日欲奉清容，暫出户門，不意倏忽荷嚴訪，多謝多謝"，又索討表字的墨寶、請求斧正《請興國學書》;朱舜水酷評“貴國之文字,多自造以填入之”,指出唯有“多讀書”纔能得文章“氣脉之清”;小宅生順解釋日本“多學唐、宋”。此 15 條《舜水先生文集》僅録 6 條。

(九)第九次筆談

時間:第八次筆談的次日(初次筆談兩個月後)

地點:小宅生順寓所

内容:這是最後一次筆談,朱舜水前往道別,共 24 條。朱舜水送還《請與國學書》,贊賞“燃燈讀佳作終卷,喜爲不寐,方知貴國有人,而人文之興也必矣”;朱舜水惜别“晤來兩月有餘矣”、評論小宅生順與安東省庵的學問特徵;通過與小宅生順交流而略有鬆口云“至若招僕,不論禄而論禮”;索回《祭王侍郎章》;臨别贈言“君子之道,魏公子牟之言可念也”;批評日本漢文習氣。此 24 條《舜水先生文集》僅收 6 條。

《舜水先生文集》不僅省略了大量重要的筆談信息和内容,而且斷章取義式地抽取的部分内容也有不少改竄。下面列表 2 作一比較。

表 2 《西游手録》(A)與《舜水先生文集》(B)收録條目對比

NO.	A	B	文本異同舉例
			第一次筆談
001	○		
002	○		
003	○		
004	○		
005	○		
006	○		
007	○		
008	○		
			第二次筆談
009	○		
010	○		

(續表)

NO.	A	B	文本異同舉例
第二次筆談			
011	○		
012	○		
013	○		
014	○	○	【A】宅曰【B】小宅生順問曰;【A】教師門生【B】師及門生
015	○	○	【A】朱曰【B】先生答曰;【A】幅幀【B】幅員;【A】粗迹【B】麤迹;【A】純【B】絁;【A】恐朱【B】恐未
第三次筆談			
016	○		
017	○		
018	○	○	【A】宅曰【B】問
019	○	○	【A】朱曰【B】答
020	○	○	【A】宅曰【B】問
021	○	○	【A】朱曰【B】答;【A】即謚【B】謚即
022	○	○	【A】宅曰【B】問
023	○	○	【A】朱曰【B】答
024	○	○	【A】宅曰【B】問
025	○	○	【A】朱曰【B】答
026	○	○	【A】宅曰【B】問
027	○	○	【A】朱曰【B】答
028	○		
029	○		
030	○		
031	○		
第四次筆談			
032	○		
033	○		
034	○	○	【A】宅曰【B】問

（續表）

NO.	A	B	文本異同舉例
第四次筆談			
035	○	○	【A】朱曰【B】答
036	○	○	【A】宅曰【B】問；【A】退托【B】退託
037	○	○	【A】朱曰【B】答
038	○	○	【A】宅曰【B】問【A】其迹【B】其跡
039	○	○	【A】朱曰【B】答
040	○	○	【A】宅曰【B】問
041	○	○	【A】朱曰【B】答
042	○		
043	○		
第五次筆談			
044	○	○	【A】朱曰【B】先生曰
045	○	○	【A】宅曰【B】順問；【A】舊事記【B】舊事紀
046	○	○	【A】朱曰【B】答
047	○		
048	○		
049	○	○	【A】宅曰【B】問
050	○	○	【A】朱曰【B】答
051	○		
第六次筆談			
052	○		
053	○		
054	○	○	【A】宅曰【B】問
055	○	○	【A】朱曰【B】答
056	○	○	【A】宅曰【B】問
057	○	○	【A】朱曰【B】答
058	○	○	【A】宅曰【B】問；【A】貴國【B】中國

（續表）

NO.	A	B	文本異同舉例
第六次筆談			
059	○	○	【A】朱曰【B】答;【A】和蘭三國,古之六詔也【B】闕
060	○		
061	○		
062	○		
063	○		
064	○	○	【A】宅曰【B】問
065	○	○	【A】朱曰【B】答
066	○		
第七次筆談			
067	○		
068	○		
069	○		
070	○		
071	○		
072	○		
073	○		
074	○		
075	○		
076	○		
077	○		
078	○		
079	○		
080	○		
081	○		
082	○		
083	○		
084	○		

（續表）

NO.	A	B	文本異同舉例
			第七次筆談
085	○	○	【A】宅曰【B】問
086	○	○	【A】朱曰【B】答；【A】蘇州【B】薊州；【A】裏【B】裹
087	○	○	【A】宅曰【B】問
088	○	○	【A】朱曰【B】答
089	○		
090	○		
091	○	○	【A】宅曰【B】順曰；【A】沿海【B】沿澥
092	○	○	【A】朱曰【B】答；【A】容氣【B】客氣
093	○	○	【A】宅曰【B】問
094	○	○	【A】朱曰【B】答
095	○		
			第八次筆談
096	○		
097	○		
098	○		
099	○		
100	○		
101	○		
102	○		
103	○		
104	○		
105	○	○	【A】宅曰【B】問
106	○	○	【A】朱曰【B】答
107	○	○	【A】宅曰【B】問
108	○	○	【A】朱曰【B】答
109	○	○	【A】宅曰【B】問
110	○	○	【A】朱曰【B】答

(續表)

NO.	A	B	文本異同舉例
第九次筆談			
111	○		
112	○		
113	○		
114	○		
115	○		
116	○		
117	○	○	【A】宅曰【B】問
118	○	○	【A】朱曰【B】答
119	○		
120	○		
121			
122			
123			
124			
125	○	○	【A】宅曰【B】問
126	○	○	【A】朱曰【B】答
127	○	○	【A】宅曰【B】問
128	○	○	【A】朱曰【B】答
129	○		
130	○		
131	○		
132	○		
133	○		
134	○		
135	○		跋文"寬文甲辰(1664)十一月十七日 宅順坤德父書之"云云

《心喪集語》成書經過

引言

明末清初(日本江户時代初期),朱舜水定居日本,在長崎生活了五年後,受到水户藩主德川光圀的邀請,來到江户并在此度過餘生。在江户居住期間,朱舜水不僅與德川光圀及水户藩的儒者,還與幕末儒官如人見竹洞、木下順庵等進行交流,是當時中日文化交流中極具影響力的人物①。

朱舜水在長崎時,給予其生活資助的是柳川藩的儒者安東省庵。朱舜水仍在開展反清復明活動時,省庵就與其有書信交流,爲安排朱舜水來日而四處奔走。省庵還拿出自己年俸的一半給朱舜水用以維持生計,并且每年去長崎看望他兩次。此事傳至江户,爲一時美談。

安東省庵將朱舜水當作師長一般敬仰,當作父親一般扶養,朱舜水則稱安東省庵爲"知己"。朱舜水到江户以後,兩人的關係也并未改變,一直互通書信直到朱舜水去世。因此,省庵手頭遺存了大量朱舜水的筆談墨迹,包括在中國活動時期至移居江户以後的朱舜水的書簡,以及朱舜水在

---

① 有關朱舜水的生平事迹,可參見李甦平著《朱舜水》(東大圖書公司,1993 年)、徐興慶編《朱舜水與東亞文化傳播的世界》(臺灣大學出版中心,2008 年)、徐興慶編《朱舜水與近世日本儒學的發展》(臺灣大學出版中心,2012 年)錢明、葉樹望主編《舜水學探微》(浙江古籍出版社,2009 年)等。

長崎時期的筆語資料。這些資料大部分現存於柳州古文書館。

天和二年(1682)四月,安東省庵在接到朱舜水歿於江户的消息後,立即着手整理編輯朱舜水書簡及筆談資料。據《心喪集語》序文所載,僅半年時間,安東省庵便已經基本完成了書稿的編輯工作,并取名《心喪集語》。

《心喪集語》是編纂《舜水先生文集》(德川光圀輯)等必不可缺的原始資料,也是研究朱舜水的重要參考文獻。《柳川文化資料集成》第二集《安東省庵集　影印編Ⅱ》收録了《心喪集語》的影印本①,爲開展朱舜水研究提供了極大的便利,但還未見據此資料的深入研究②。鑒於此,本文對《心喪集語》的成書經過、内容構成、資料價值進行介紹。

一、《心喪集語》諸本

安東省庵雖然有出版《心喪集語》的意願,但最終未得實現。經省庵及安東家後代數次編撰的《心喪集語》被多次抄寫,這些抄本現收藏在安東家及日本各地的公私藏書機構。

據《國書總目録》所載,《心喪集語》的諸本分别收藏日本國立國會圖書館、内閣文庫、東京大學史料編纂所、長崎縣立圖書館、無窮會平沼文庫。此外,柳川古文書館的"安東家史料"收藏了三本(編號32、33、34),"渡邊家史料"收藏了一本。

負責編輯《安東省庵集　影印編Ⅱ》的井上敏幸對東京大學史料編纂所、無窮會平沼文庫藏本以外的共計7種《心喪集語》進行了分析。井上指出日本國立國會圖書館藏本的内容轉抄自"安東家史料"編號32的藏本(本篇一、二、三卷,附録一、二卷,共計5卷5册)中的本篇第二卷;長崎縣立圖書館藏本的内容轉抄自"渡邊家史料"(本篇上、下兩卷,附録一

① 井上敏幸編:《安東省庵集　影印編Ⅱ》,《柳川文化資料集成》(第二集),柳川市,2004年。

② 田渕義樹:《心喪集語と舜水先生文集》,田渕義樹、疋田啓佑編《安東省庵集　書簡編・附朱舜水関係史料》,柳川市,2015年。

卷),抄寫時間爲近代;内閣文庫藏本的内容轉抄自"安東家史料"編號 33 的藏本(本篇上、下二卷,附録一卷)中的本篇上、下卷。此外,井上未提及的東京大學史料編纂所藏本是内閣文庫本的謄録本①。

綜上所述,因各地收藏機構所收《心喪集語》的諸本均以柳川古文書館藏本爲底本,故本文在考察《心喪集語》的成書過程時,以柳川古文書館藏本爲史料。上述井上的研究中,《心喪集語》的成書過程如下:"安東家史料"編號 32 的藏本(初稿本)→"渡邊家史料"藏本(二稿本)→"安東家史料"編號 33 的藏本(三校本)。此外,井上判斷"安東家史料"編號 34 的藏本是安東省庵之孫守敬與曾孫守官對三校本再次進行編輯的抄本,與以上抄本的系統不同。《安東省庵集　影印編Ⅱ》所收《心喪集語》的影印本以"安東家史料"編號 33 的藏本爲底本。

"安東家史料"編號 34 的藏本之中,本編(卷一、二)係二次編輯而成。據曾孫守官之識語"附録本有三册,亦皆先生所賜之書也。今皆見於本集,故不用之。但家藏筆語文詞多蠹壞,本集遺脱者不少焉。今拾其内可爲勸戒者,以爲一册而附之"可知,附録(一册本)係省庵收録編輯《心喪集

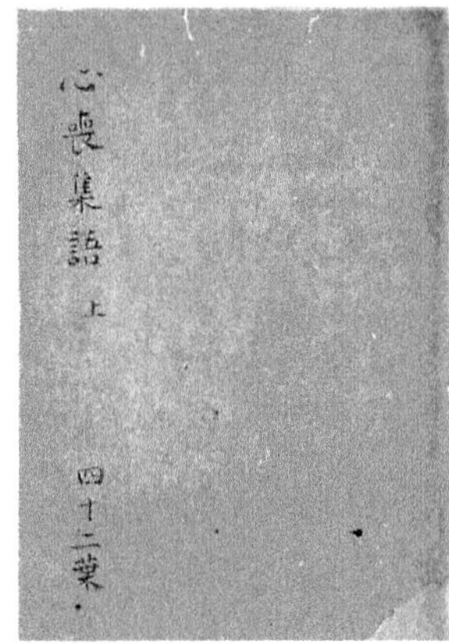

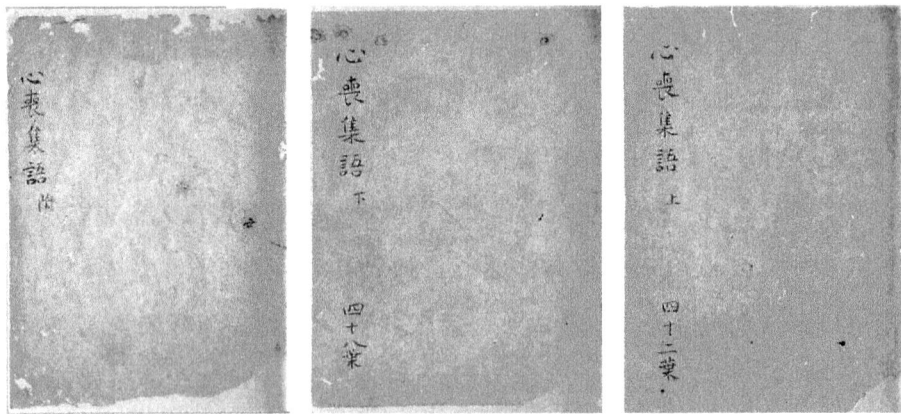

圖 11　《心喪集語》上、中、下卷封面("安東家史料"編號 34 藏本)

① 田渕義樹通過東京大學史料編纂所的數據庫,對其藏本進行了確認。現階段還未對無窮會藏本進行確認。此外,日本國外的藏本也有待考察。

語》時所漏收筆語而成。實際上《安東省庵集　書簡編・附朱舜水關係史料》所收録之朱舜水筆語("安東家史料"1336)"日本儒者能整頓得冠婚葬祭四大節,亦此一事"亦僅爲此本所收録。顯而易見,此本不僅傳承了現在的筆語原本,且抄有已散佚的筆語。這一點今後有待進一步確認。

然而筆者認爲"安東家史料"編號 33 的藏本的成書先於編號 32 的藏本。此外,"渡邊家史料"藏本來自渡邊家,非安東省庵的親筆,且通過对比字形、書簡、筆語的排列,可以發現"渡邊家史料"藏本的本篇部分(兩册)抄寫自"安東家史料"編號 33 的藏本,附録部分(一册)抄寫自"安東家史料"編號 32 的藏本,故不能將"渡邊家史料"藏本作爲底本①。

《心喪集語》的編纂絶非一蹴而就。無論是井上所言的初稿本("安東家史料"編號 32 的藏本),還是筆者所推斷成書時間較早的"安東家史料"編號 33 的藏本,文中都有衆多剪貼的痕迹,據此可判斷省庵所著經過數次改編。

如前所述,安東省庵一方面將《心喪集語》上呈德川光圀,另一方面考慮自己出版。出於對德川光圀的"考慮",省庵删除了原本收録於"安東家史料"編號 33 的藏本中自己所寫的悼朱先生文、祭文、詩等,這也是筆者認爲"安東家史料"編號 32 的藏本晚於編號 33 的藏本的根據之一②。相反,"安東家史料"編號 33 的藏本收録了筆語等資料,故兩者雖然同爲稿本,但内容有所出入。不過很可惜的是,"安東家史料"編號 32 的藏本中有缺頁,内容没有得到完整的保存。

綜上所述,還原《心喪集語》所收朱舜水的書簡、筆語等内容,需要對《心喪集語》的諸本進行詳細的考證。本文旨在夯實開展考證工作的基礎,以遺留稿本中最先成書且體裁最爲完整的"安東家史料"編號 33 的藏本(收録於《安東省庵集　影印編Ⅱ》)爲史料,對其進行詳細考證。

---

① 田渕義樹:《心喪集語と舜水先生文集》,田渕義樹、疋田啓佑編《安東省庵集　書簡編・附朱舜水関係史料》,柳川市,2015 年。

② 田渕義樹:《心喪集語と舜水先生文集》,田渕義樹、疋田啓佑編《安東省庵集　書簡編・附朱舜水関係史料》,柳川市,2015 年。

二、《心喪集語》上卷内容構成

《心喪集語》(“安東家史料”編號 33 的藏本)由上卷、下卷、附録三部分構成,爲安東省庵親筆書寫。正如天和二年(1682)十月的序中所言,“惟集其筆語、語録,附以所賜之書,名爲《心喪集語》”,這是一本收録了安東省庵手頭所保留的朱舜水的筆談、語録及書簡等資料之書。

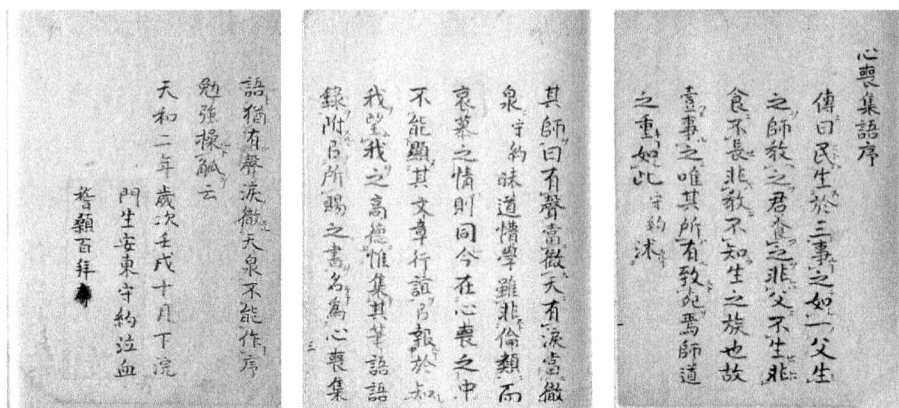

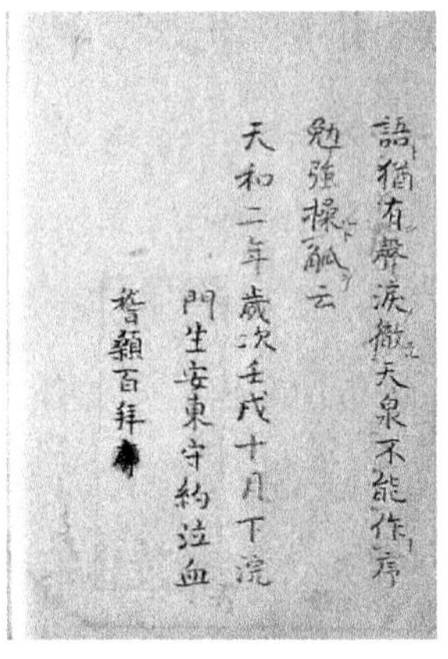
語猶有聲淚徹天泉不能作序
勉強操觚云
天和二年歲次壬戌十月下浣
門生安東守約泣血
稽顙百拜

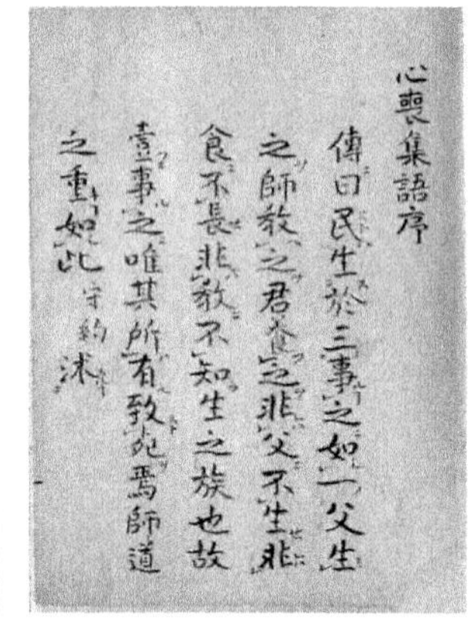
心喪集語序
傳曰民生於三事之如一父生
之師教之君食之非父不生非
食不長非教不知生之族也故
壹事之唯其所有致死焉師道
之重如此守約沐

圖 12 《心喪集語》安東省庵序(“安東家史料”編號 33 的藏本)

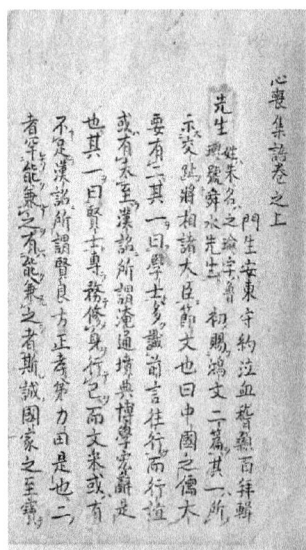

圖 13 “初賜鴻文二篇”(《心喪集語》上卷)

本文參考了德川光圀編《舜水先生文集》、徐興慶編注《朱舜水集補遺》及《省庵先生遺集》,包括柳川古文書館所藏書簡、筆語(参見文末附表),對《心喪集語》所收書簡、筆語進行了歸納總結,介紹《心喪集語》的内容如下:

首先是“初賜鴻文二篇”,收録了《白交趾將相諸大臣節文》以及《諭安東守約規》,此爲朱舜水進行反清復明活動時,寄給安東省庵的文章,記載了朱舜水與安東省庵交流的起點。原件現在仍保存在安東家。

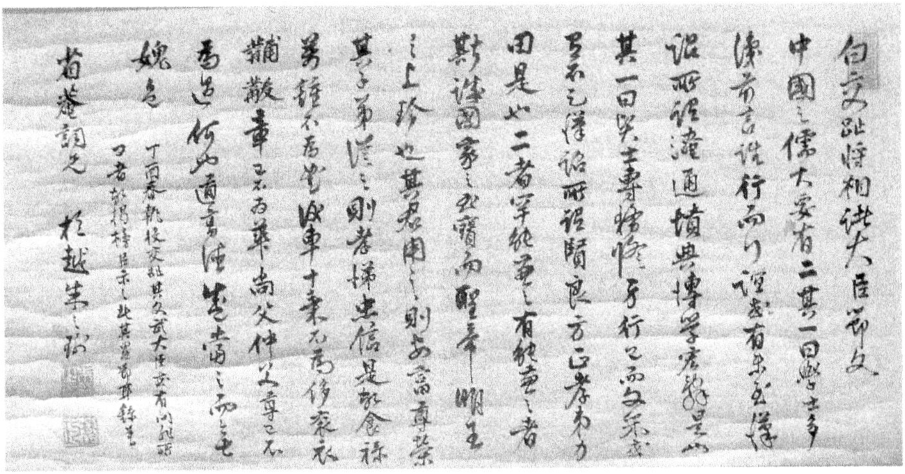

圖 14 《白交趾將相諸大臣節文》原件(安東家所藏)

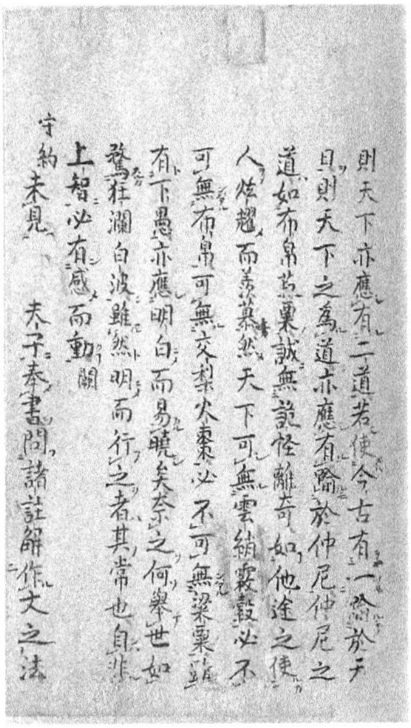

則天下亦應有二道若使今古有一齋於天
且則天下之爲道亦應有齋於仲尼仲尼之
道如布帛菽粟誠無詭怪離奇如他途之使
人炫耀而慕羨然天下可無雲綃霧縠必不
可無布帛可無交梨火棗必不可無粱粟雖
有下愚亦應明白而易曉矣奈之何舉世如
鶩狂瀾白波雖然明而行之者其常也自非
上智必有感而動 闕
守約未見
夫子奉書問諸註解作文之法

圖 15 安東省庵未見朱舜水時筆語(《心喪集語》上卷)

接着是"守約未見夫子,奉書問諸注解、作文之法及履歷",收録了安東省庵與朱舜水會面前請教注解、作文之法以及朱舜水履歷時朱舜水的回信。朱舜水於萬治二年(1659)冬抵達長崎,兩人在長崎首次相會則是次年(1660)秋以後。"守約未見夫子"指的就是這之間的時間。

朱舜水寫給省庵的書簡以及所留筆語,基本都無法判别時間。但如文末附表所示"《心喪集語》卷上、附録之標注",因《心喪集語》卷上標有"守約初見時筆語",附録標有"自中國所賜也""長崎所賜也(未見自所賜)""在長崎所賜也(既相見後之書)",我們可以依據這些信息探究所收録書簡、筆語寫作的具體時間。這是《心喪集語》價值的第一個體現。

再來看朱舜水對於"諸注解、作文之法及履歷"的回復,總共 8 條,内容很長,從上卷的第 2 葉至第 15 葉。如附表"收録處"所載,《舜水先生文

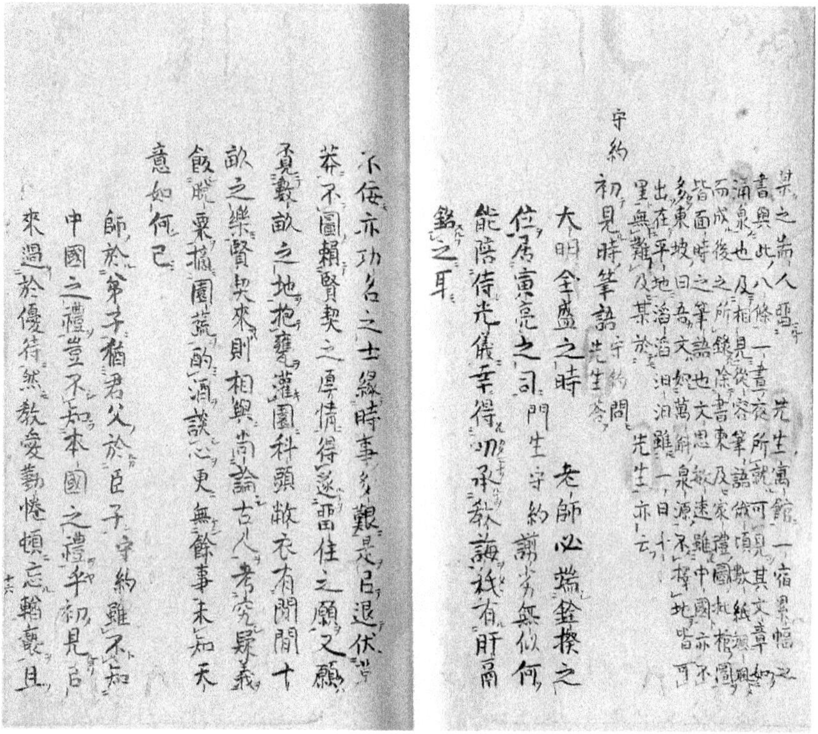

圖 16　安東省庵初見朱舜水時筆語(《心喪集语》上卷)

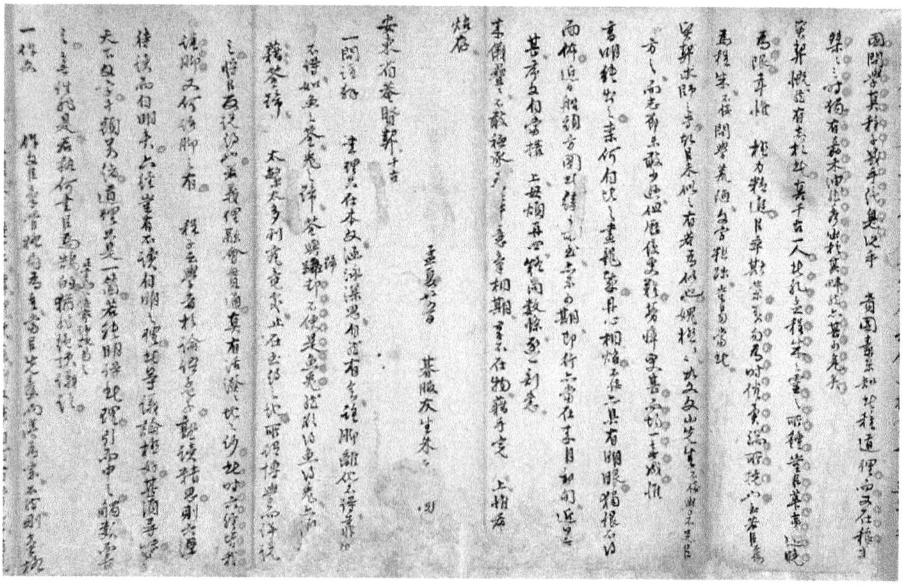

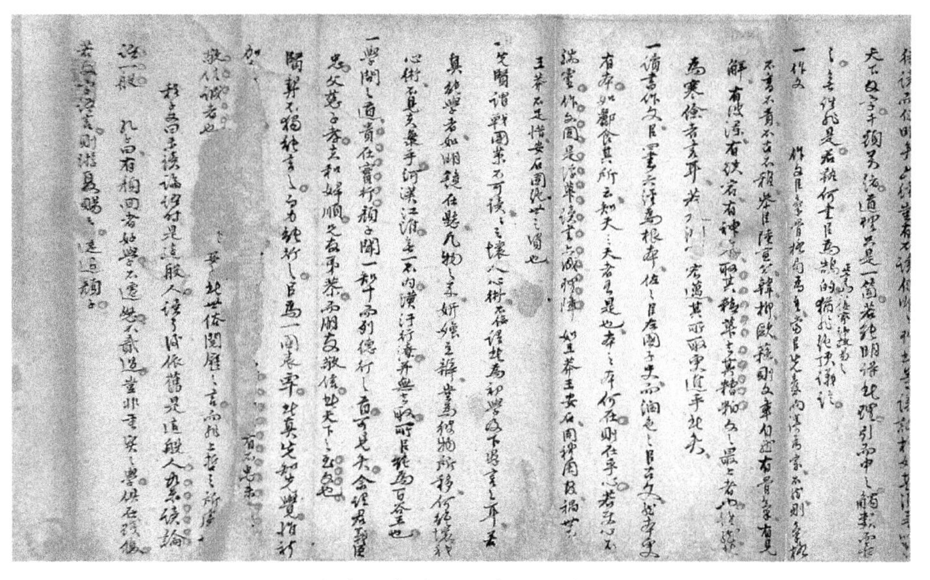

圖 17　朱舜水書簡("安東家史料"1209 號)

集》卷十五"對一"中收録了其中的 2 條,此外,"安東家史料"1209 號、1241 號保留了部分原件(第五條),徐興慶編注《朱舜水集補遺》也對此進行了影印和介紹。

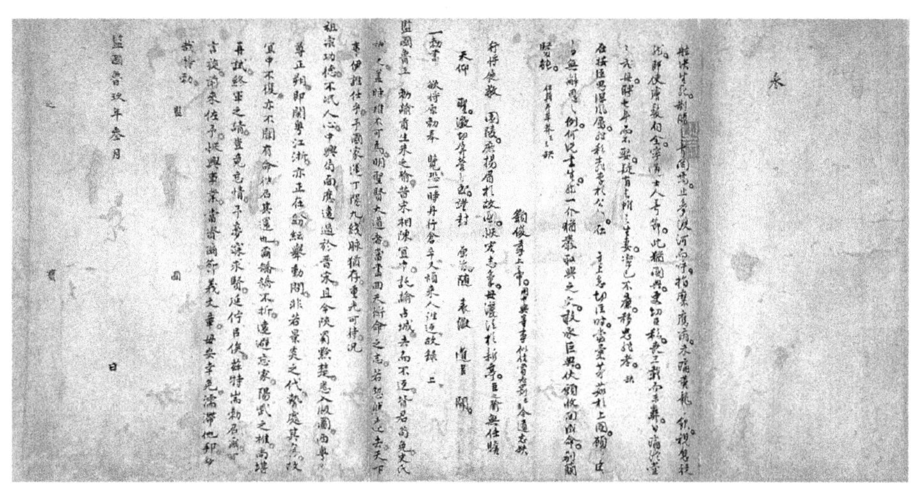

圖 18　朱舜水書簡("安東家史料"1241 號)

換而言之,原件中未被收録的回復的第五條、第六條的一部分以及第八條,《心喪集語》成爲探其全貌的唯一綫索。除了朱舜水的回復,《心喪集語》還收録了一些在其他資料中未提及的信息,可詳參附表中標注“○”的部分。這是《心喪集語》價值的第二個體現。

“守約未見夫子,奉書問諸注解、作文之法及履歷”之後是“守約初見時筆語(守約問、先生答)”,内容以問答的形式展開,至第 32 葉裏,是朱舜水與安東省庵在長崎初次會面時的資料。此部分已經收録於《舜水先生文集》《朱舜水集補遺》。

從第 32 葉裏至上卷最終葉,形式從問答回歸文章。但從内容來看,應爲朱舜水的筆語(以筆談形式進行的問答)。此外,上卷最後一篇文章引自朱舜水書簡(“安東家史料”1255 號)。

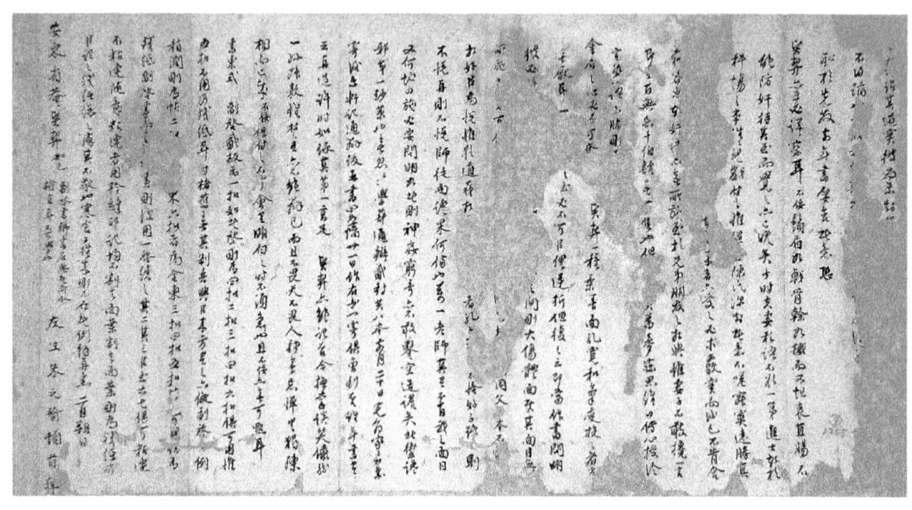

圖 19　朱舜水書簡(“安東家史料”1255 號)

三、《心喪集語》下卷内容構成

上卷所見的提示文本時間的標注,在下卷中未再出現。此卷以問答形式展開,文體出現變化。其中下卷第 5 葉爲朱舜水對“問書柬式”的回答,此文也收録於《舜水先生文集》卷十五“對一”(《對安東守約問八條》之八)。

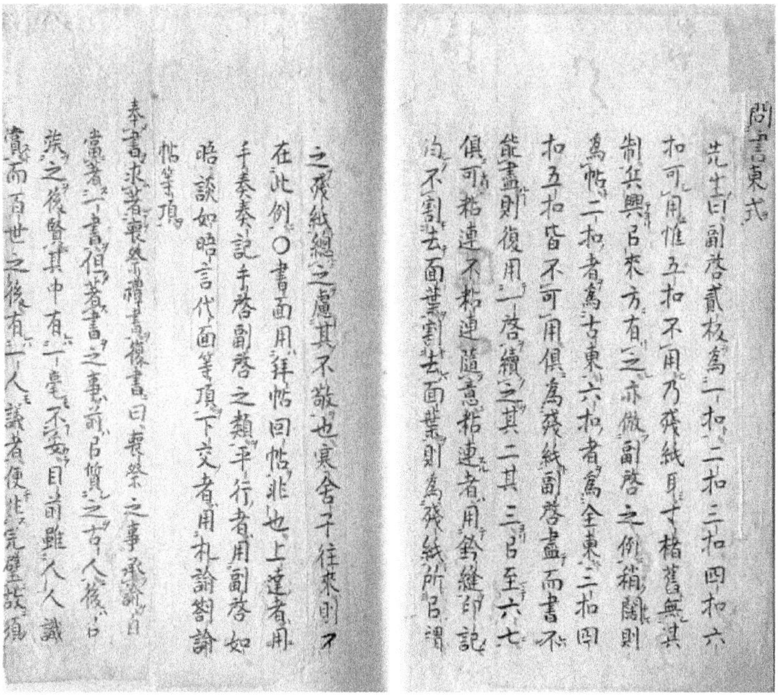
問書柬式
先生曰，副啓貳枚爲一扣，二扣三扣四扣六
扣可用，惟五扣不用，乃殘紙耳。寸楮舊無其
制，其興自宋方有之，亦徹副啓之例，稍闊則
爲帖。二扣者爲古柬，六扣者爲全柬，三扣四
扣五扣皆不可用，俱爲殘紙。副啓盡而書不
能盡，則復用一啓續之，其二其三，以至六七，
俱可粘連，不粘連隨意。粘連者用鈐縫印記，
沟不割去面葉，割去面葉則爲殘紙，所以謂
之殘紙，總之處其不敬也。寔舍子往來則不
在此例。○書面用拜帖、回帖，非也。上達者用
手奏、奏記、手啓、副啓之類，平行者用副啓，如
晤談、如晤言、代面等項，下交者用札諭、劄諭
帖等項。
奉書求省菴喪祭禮書復書曰：喪祭之事，承諭自
當著一書，但著書之事前，以質之古人，後以
俟之後賢，其中有一毫不妥，目前雖人人識
賞，而百世之後有一人議者，便非完璧，故須

圖 20 “問書柬式”(《心喪集語》下卷)

但此并非直接問答，而是摘録自朱舜水書簡(“安東家史料”1255號)。因此我們可以推斷，安東省庵編輯《心喪集語》時，將書簡内容整理成了問答形式。

爲何省庵要這樣處理呢？如同開頭處“守約未見夫子，奉書問諸注解、作文之法及履歷”所示，如果意識到省庵以書簡質疑，朱舜水用回信的形式予以回答便可以理解了。安東省庵應當在此前給朱舜水的書簡中問及“書柬式”一事，對此舜水的回答被記録在朱舜水書簡(“安東家史料”1255號)中，省庵在編撰《心喪集語》之際將其編輯成了問答形式。由此可見，儘管《心喪集語》中的内容爲問答形式，實際上未必是面對面的筆談。安東省庵在長崎與朱舜水會面的機會一年也不過兩回，兩人間的問答大多當是以書簡的方式進行的。

下卷還收録了朱舜水對省庵所作《古今解》的“批”(評論)，此文見於《安東省庵文稿》(寫本)；換葉之後以《性理大全》《家禮圖批》爲題，摘選了部分寫在明版《新刊性理大全》及《文公家禮正衡》頁面上及附紙中的朱舜水親筆批注(墨書、朱書、青書)。《安東省庵文稿》(寫本)及《文公家禮正衡》所含大量的朱舜水批注,《安東省庵集　書簡編・附朱舜水關係史料》已有介紹,并附有書影。可以判明,在《新刊性理大全》之外存在大量的朱舜水的其他親筆批注[①],在此次再度調查與《心喪集語》的關聯時,進而還可判明《新刊性理大全》中大多數朱舜水的親筆批注已爲《心喪集語》所采録。具體而言,記載於下卷第 9 葉表至第 19 葉表。

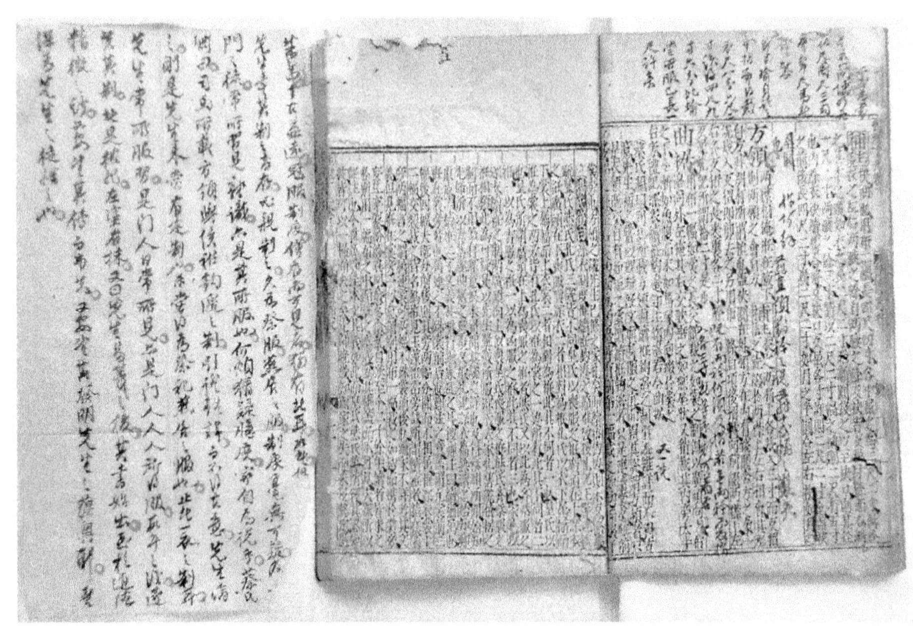

圖 21　朱舜水批注本《新刊性理大全》及附紙

開頭處介紹的《心喪集語》序文中所説的"筆語""語録",可以理解爲包括《新刊性理大全》等書中的批注。

其後,下卷記載有關棺製的附圖問答之後(第 19 葉裏至第 22 葉裏),接連揭載了朱舜水給林道榮的書信和省庵的跋文,之後還有省庵追思朱舜水而寫的文稿、悼文、詩、祭文、賦。這些如《心喪集語》序文所述,與本

① 田渕義樹:《安東省庵の學問における二、三の論点》,《柳川古文書館開館三十周年記念誌》,柳川古文書館,2017 年。

編中只收録朱舜水“筆語、語録”的方針相悖，所以這部分内容被排在了卷末。不過，文中有他人所寫的注記云“此以下二十五葉至晚年削去”，這一部分在省庵晚年時再次編輯《心喪集語》時當已被刪削。實際上“安東家史料”編號 32 的藏本中已經刪掉了這一部分。

四、《心喪集語》附録内容構成

附録收録了朱舜水與安東省庵的書簡。如前所述，文本之前有“自中國所賜也”“長崎所賜也（未見自所賜）”“在長崎所賜也（既相見後之書）”等標注，可知所收録之書簡、筆語爲何時所作。另外從“自中國所賜也”之分類的排列來看，省庵當是以接收順序而排列收録的，可以肯定《心喪集語》包含着揭示省庵與舜水交流的時間綫的信息。

現在柳川古文書館所藏朱舜水書簡、筆語等原本因蟲蝕、污損、紙張剥落等原因，殘損狀況頗爲嚴重。例如整理定名爲“安東家史料”1257 號及 1259 號的朱舜水書簡，現在已成前後欠缺狀態的斷簡。然而，《心喪集語》在省庵尚在世的天和二年（1682）已經完成，當時應該未有今日這般殘損。實際上，可以判明這兩通斷簡是附録第 1 葉表至第 5 葉 b 朱舜水書簡的一部分。

此外，徐興慶編注的《朱舜水集補遺》翻刻了安東家寄贈柳川古文書館的“安東家史料”中，德川光圀編《舜水先生遺集》所未揭載的或部分收録的書簡、筆語原本[①]。因原本殘損嚴重，有很多地方無法翻刻。因此通過參核《心喪集語》，可將多數欠缺部分推定出來。其中成果如前述《安東省庵集　書簡編・附朱舜水關係史料》中翻刻朱舜水書簡、筆語之際所示[②]。

① 安東省庵爲德川光圀編撰《舜水先生遺集》，向水户家提供了《心喪集語》。但《舜水先生遺集》并未將《心喪集語》所揭載的内容全部加以利用，而另作爲《舜水先生外集》結集，但未出版。

② 前述田渕義樹的《心喪集語と舜水先生文集》（田渕義樹、疋田啓佑編《安東省庵集　書簡編・附朱舜水関係史料》）已做介紹。

如此，推定原本接續及欠缺部分正是《心喪集語》的第三點價值。

結語

柳川古文書館《心喪集語》的學術價值，概括如下：① 使書簡、筆語的年代推定成爲可能；② 使對原本接續、欠缺部分的推定成爲可能；③ 確認僅存於《心喪集語》的朱舜水書簡、筆語。

迄今爲止的調查已明確《心喪集語》編輯中所用的朱舜水書簡、筆語，此次則進一步判明《新刊性理大全》的夾注亦爲該版本所用。原本中損壞、殘缺的部分，根據《心喪集語》中的收録狀況也基本可以確定。這些都是較大的成果。反過來也表明，《心喪集語》中脱落的文字可據原本予以補正。

綜上所述，《心喪集語》的成書經過及其内容構成基本可以明確。很顯然《心喪集語》是理解朱舜水的必讀文獻，希望這類成果今後能够廣爲學界所共享。

當然仍有需要注意之處。如上所述，安東省庵在《心喪集語》的收録過程中進行了較大的調整，將往來書簡以問答形式編輯收録，抑或截取書簡部分收録，因此，有必要對照缺損的原本來進行探討。

此外還需强調的一點是，從筆談文獻研究方面而言，亦有必要將《新刊性理大全》等書籍中的"夾注"理解爲筆談的周邊史料予以肯定。

附表　《心喪集語》收録文本比對表

（1）開頭標有"○"的部分指僅《心喪集語》中所收録的書簡、筆語，未收録於德川光圀輯《舜水先生文集》、徐興慶編注《朱舜水集補遺》、徐興慶編注《新訂朱舜水集補遺》以及《省庵先生遺集》(收録於《柳川文化資料集成》第二集《安東省庵集　影印編Ⅰ》)。

（2）"《心喪集語》之標注"指省庵在《心喪集語》中對於朱舜水書簡、

筆語時間的標注,據此可以推定文本的寫作時間。

(3)"收録處"指《心喪集語》中的相對應的内容在《舜水先生文集》(簡稱《文集》)《朱舜水集補遺》(簡稱《补遺》)等其他資料中的收録情況。《省庵先生遺集》是安東省庵的著作集,刊行於江户時代。《舜水先生外集》與《朱舜水先生文集》(省庵本)現存於傳承水户德川家史料的公益財團法人德川博物館,安東省庵遞交水户藩的《心喪集語》所收録的朱舜水相關史料中,整理成爲《舜水先生文集》之外的即是《舜水先生外集》;省庵去世後,從柳川一方再次遞交給水户藩的史料中抄寫而成者即《朱舜水先生文集》(省庵本)。以上皆是寫本,現在尚未有具體介紹。水户德川家目録中把《朱舜水先生文集》(省庵本)作爲安東省庵所編輯,應爲誤記。此外,"文稿批注""性理批注""家禮批注"指柳川古文書館藏《安東省庵文稿》(寫本)、《新刊性理大全》(明版)、《文公家禮正衡》(明版)的頁面上及附紙中朱舜水的親筆批注(朱書、墨書、青書)。

(4)"《心喪集語》:册數、葉數"表示收録各書簡、筆語等的《心喪集語》("安東家史料"編號 33 藏本)册數和葉數;其次,"《安東省庵集　影印編Ⅱ》:頁碼"指書簡、筆語等在《柳川文化資料集成》第二集中的頁數,只標注了起始頁;"'安東家史料':編號"指柳川古文書館對所存底本的編號,但因底本受損,未對斷簡殘篇進行一一標注。

	《心喪集語》卷上、附録之標注	收　録　處	《心喪集語》:册數、葉數	《安東省庵集影印編Ⅱ》:頁碼	"安東家史料":編號
	初賜鴻文二篇	《白交趾將相諸大臣節文》(安東家所藏)	上卷 01 表～01 裏	336	
	初賜鴻文二篇	《文集》卷十六(規:《諭安東守約規》一)/朱舜水規(安東家藏)	上卷 01 裏～02 表	336	
	守約未見夫子	《文集》卷十五(對一:《對安東守約問八條》二)	上卷 02 裏～03 表	337	1209

（續表）

	《心喪集語》卷上、附録之標注	收 録 處	《心喪集語》：册數、葉數	《安東省庵集影印編Ⅱ》：頁碼	"安東家史料"：編號
	守約未見夫子	《文集》卷十五（對一：《對安東守約問八條》一）	上卷 03 裏～04 裏	337	1209
○	守約未見夫子	（朱舜水履歷）	上卷 04 裏～11 表	338	
	守約未見夫子	《補遺》卷五（《未完整》五）	上卷 11 表～13 表	341	1241
○	守約未見夫子	（前來舟中）	上卷 13 裏～15 表	342	
	守約初見時筆語（守約問、先生答）	《朱舜水集補遺》卷二（筆語十五）	上卷 16 表	343	1292
	守約初見時筆語（守約問、先生答）	《文集》卷二十二（雜著：《安東守約問》一）/《補遺》卷五（《未完整》十二）	上卷 16 裏～17 表	344	1287
	守約初見時筆語（守約問、先生答）	《文集》卷二十二（雜著：《安東守約問》三）	上卷 17 裏～18 表	344	
	守約初見時筆語（守約問、先生答）	《文集》卷二十二（雜著：《安東守約問》十七）	上卷 17 裏～18 表	344	1272
	守約初見時筆語（守約問、先生答）	《文集》卷十五（對一：《對安東守約問八條》五）/《補遺》卷五（《未完整》十五）	上卷 18 表～19 表	344	1335
	守約初見時筆語（守約問、先生答）	《文集》卷十五（對一：《對安東守約問八條》四）	上卷 19 裏～21 表	345	1298
	守約初見時筆語（守約問、先生答）	《文集》卷二十二（雜著：《安東守約問》十六）	上卷 21 裏	346	
	守約初見時筆語（守約問、先生答）	《文集》卷二十二（雜著：《安東守約問》六）/《補遺》卷五（《未完整》十三）	上卷 22 表	346	1311

（續表）

	《心喪集語》卷上、附録之標注	收 録 處	《心喪集語》：册數、葉數	《安東省庵集影印編Ⅱ》：頁碼	"安東家史料"：編號
	守約初見時筆語（守約問、先生答）	《文集》卷二十二（雜著：《安東守約問》七）	上卷22表～23表	346	
	守約初見時筆語（守約問、先生答）	《文集》卷二十二（雜著：《安東守約問》八）/《補遺》卷五（《未完整》十）	上卷23表～23裏、24表	347	1277
	守約初見時筆語（守約問、先生答）	《文集》卷二十二（雜著：《安東守約問》九）/《補遺》卷五（《未完整》十）	上卷24表	347	1277
	守約初見時筆語（守約問、先生答）	《文集》卷二十二（雜著：《安東守約問》十一）	上卷24裏、25表	348	1270
	守約初見時筆語（守約問、先生答）	《文集》卷二十二（雜著：《安東守約問》十二）	上卷25表	348	1270
	守約初見時筆語（守約問、先生答）	《文集》卷十五（對一：《對安東守約問八條》六）	上卷25表～30表	348	1288
	守約初見時筆語（守約問、先生答）	卷十五（對一：《對安東守約問八條》七）/《補遺》卷五（《未完整》十四）	上卷30裏～32表	351	1313①、1314、1315、1318
	守約初見時筆語（守約問、先生答）	《補遺》卷二（筆語十四）	上卷32表～32裏	351	1291.2
○		（爲學之道）	上卷32裏～34表	352	
		《補遺》卷二（筆語四十五）	上卷34表～34裏	352	1339
○		（四書大全）	上卷34裏	353	
		《文集》卷六（書六：《與安東守約書十二》二）部分	上卷34裏	353	

（續表）

	《心喪集語》卷上、附録之標注	收　録　處	《心喪集語》：册數、葉數	《安東省庵集影印編Ⅱ》：頁碼	"安東家史料"：編號
		卷二十二（雜著：《安東守約問》二十四）	上卷35表	353	
○		（班史矩矱）	上卷35表～35裏	353	
		《文集》卷二十二（雜著：《安東守約問》二十四）	上卷35裏～36表	353	1289.2、1289.3
		《文集》卷二十二（雜著：《安東守約問》十）	上卷36表	353	1275
		《文集》卷二十二（雜著：《安東守約問》二十四）	上卷36表～36裏	353	
○		（大凡作文）	上卷36裏～37表	354	
		《文集》卷二十二（雜著：《安東守約問》二十四）/《補遺》卷五（《未完整》十一）	上卷37表～37裏	354	1278、1294
○		（文字要用古）	上卷37裏～39裏	354	
		《文集》卷六（書六：《與安東守約書十二》十）/《補遺》卷五（《未完整》八）	上卷39裏	355	1254
		《文集》卷十五（對一：《對安東守約問八條》三）	下卷01表	357	
		《文集》卷二十二（雜著：《安東守約問》二十四）	下卷01裏	357	1283
○		（天地如物）	下卷01裏～02裏	357	
○		（問子南之事）	下卷02裏～03表	358	
○		（問雍姬之事）	下卷03表～03裏	358	

（續表）

	《心喪集語》卷上、附録之標注	收　録　處	《心喪集語》：册數、葉數	《安東省庵集影印編Ⅱ》：頁碼	"安東家史料"：編號
○		(問管仲王魏之事)	下卷 03 裏～04 表	358	
		《文集》卷十五(對一:《對安東守約問八條》八)/《補遺》卷五(《未完整》九)	下卷 04 裏～05 表	359	1255
○		(書面用拜帖)	下卷 05 表	359	
		《文集》卷十二(尺牘三:《與安東守約十一》九)	下卷 05 表	359	1265
○		(國史終是)	下卷 05 裏	359	
		卷七(書七:《答安東守約書二十一》五)/《補遺》卷五(《未完整》一)	下卷 05 裏～06 裏	359	1203.4
		《安東省庵文稿》(古今解)	下卷 06 裏～08 裏	360	
		《補遺》(卷四四《題耻齋》)	下卷 09、08 表	361	1343
		《新刊性理大全》(第十八卷·家禮一)《家禮圖批》	下卷 09 表	361	
		《新刊性理大全》(第十八卷·家禮一)《祠堂圖批》	下卷 09 表	361	
		《新刊性理大全》(第十八卷·家禮一)《著深衣前袖相掩圖批》	下卷 09 表	361	
		《新刊性理大全》(第十八卷·家禮一)《裁衣前後法圖批》	下卷 09 裏	362	
		《新刊性理大全》(第十八卷·家禮一)《深衣冠圖批》	下卷 09 裏	362	
		《新刊性理大全》(第十八卷·家禮一)《行冠禮圖批》	下卷 09 裏	362	

（續表）

	《心喪集語》卷上、附録之標注	收　録　處	《心喪集語》：册數、葉數	《安東省庵集影印編Ⅱ》：頁碼	"安東家史料"：編號
		《新刊性理大全》（第十八卷・家禮一）《昏禮親迎圖批》	下卷10表	362	
		《新刊性理大全》（第十八卷・家禮一）《小劍圖批》	下卷10表	362	
		《新刊性理大全》（第十八卷・家禮一）《大劍圖批》	下卷10表	362	
		《新刊性理大全》（第十八卷・家禮一）《冠絰絞帶圖式批》	下卷10表	362	
		《新刊性理大全》（第十八卷・家禮一）《本宗五服圖批》	下卷10表	362	
		《新刊性理大全》（第十八卷・家禮一）《三父八母服制圖批》	下卷10裏	362	
		《文公家禮正衡》（通禮）《通禮篇祠堂注批》	下卷10裏	362	
		《新刊性理大全》（第十九卷・家禮二）《爲四龕條注批》	下卷12表	363	
		《新刊性理大全》（第十九卷・家禮二）《旁親之無後者條注批》	下卷13表	363	
		《新刊性理大全》（第十九卷・家禮二）《正至朔望則参注批》	下卷13裏	364	
		《新刊性理大全》（第十九卷・家禮二）《裳交解十二幅條補注批》	下卷13裏	364	
		《新刊性理大全》（第十九卷・家禮二）《昏禮篇明日夙興條注批》	下卷15裏	365	

(續表)

	《心喪集語》卷上、附録之標注	收録處	《心喪集語》:册數、葉數	《安東省庵集影印編Ⅱ》:頁碼	"安東家史料":編號
		《新刊性理大全》(第二十卷・家禮三)《喪禮篇反哭條批》	下卷15裏	365	
		《新刊性理大全》(第二十一卷・家禮四)《敘立注批》	下卷16表	365	
		《新刊性理大全》(第二十一卷・家禮四)《祭禮篇前一日注批》	下卷17裏~19表	366	
		《文集》卷二十(對:或問棺製)	下卷19裏~22裏	367	
	他人批注"此以下二十五葉至晚年削去"	《文集》卷十六(序:《送林道榮之東武序》)	下卷23表~25裏	368	
		安東省庵跋文(《遺集》卷四《題朱先生遺墨後》)	下卷26表	370	1203.5
		《文集》卷七(書七:《答安東守約書二十一》十八)	下卷26裏	370	
		《文集》卷一(書一:《與孫男毓仁書》)	下卷27表~28表	370	
		(安東省庵文稿)(立花家史料館所藏)	下卷28表~29表	370	
		安東省庵悼文(《遺集》卷七《悼朱先生文》)	下卷29表~38裏	371	
		安東省庵詩《奉哭太老師朱先生詩并序》/《遺集》卷十(《奉送朱魯璵先生歸中原》)	下卷38裏~39表	376	
		安東省庵祭文(《遺集》卷七《祭朱先生文》)	下卷39表~45裏	376	
		安東省庵賦(《遺集》卷一《感舊賦》)	下卷45裏~47表	380	

(續表)

	《心喪集語》卷上、附録之標注	收録處	《心喪集語》:册數、葉數	《安東省庵集影印編Ⅱ》:頁碼	"安東家史料":編號
	自中國所賜也	《文集》卷七(書七:《答安東守約書二十一》一)	附録 01 表~05 表	382	1259、1257
○	自中國所賜也	(朱舜水書簡)	附録 05 表	384	
	自中國所賜也	《文集》卷六(書六:《與安東守約書十二》一)	附録 05 表~07 裏	384	1224
	在長崎所賜也(未見自所賜)	《外集》卷二(書二:《與安東守約書》)	附録 07 裏~08 表	386	
	在長崎所賜也(未見自所賜)	《文集》卷七(書七:《答安東守約書二十一》二)	附録 08 表~09 裏	386	1250
	在長崎所賜也(未見自所賜)	《外集》卷四《尺牘》(本集第七"異國遠來之殘篇也")	附録 09 裏~10 表	387	
	在長崎所賜也(未見自所賜)	《文集》卷七(書七:《答安東守約書二十一》三)	附録 10 表~11 裏	387	1209
	在長崎所賜也(未見自所賜)	《文集》卷七(書七:《答安東守約書二十一》四)	附録 12 表~12 裏	388	
	在長崎所賜也(未見自所賜)	《文集》卷七(書七:《答安東守約書二十一》十七)	附録 12 裏	388	
	在長崎所賜也(既相見後之書)	《補遺》卷一(《書簡》二)	附録 13 表~13 裏	388	1258
	在長崎所賜也(既相見後之書)	《文集》卷七(書七:《答安東守約書二十一》六)	附録 14 表~15 表	389	
	在長崎所賜也(既相見後之書)	《外集》卷四《尺牘》(本集第七"於不佞之殘篇也")	附録 15 表~15 裏	389	

(續表)

	《心喪集語》卷上、附録之標注	收録處	《心喪集語》:册數、葉數	《安東省庵集影印編Ⅱ》:頁碼	"安東家史料":編號
	在長崎所賜也(既相見後之書)	《文集》卷六(書六:《與安東守約書十二》二)	附録15裏～16表	390	
	在長崎所賜也(既相見後之書)	《文集》卷十二(尺牘三:《答安東守約九》六)	附録16表～16裏	390	
	在長崎所賜也(既相見後之書)	《文集》卷七(書七:《答安東守約書二十一》七)	附録17表～18裏	390	1203.2
	在長崎所賜也(既相見後之書)	《文集》卷七(書七:《答安東守約書二十一》五)/《補遺》卷五(《未完整》一)	附録19表～19裏	391	1203.4
	在長崎所賜也(既相見後之書)	《外集》卷四《尺牘》("不佞連日甚病")	附録19裏	392	
	在長崎所賜也(既相見後之書)	朱舜水書簡(斷簡)	附録19裏	392	
	在長崎所賜也(既相見後之書)	《補遺》卷五(《未完整》一)	附録19裏	392	1203.4
	在長崎所賜也(既相見後之書)	《文集》卷十二(尺牘三:《答安東守約九》九)	附録19裏～20表	392	1211
	在長崎所賜也(既相見後之書)	《文集》卷七(書七:《答安東守約書二十一》八)	附録20表～20裏	392	1238
	在長崎所賜也(既相見後之書)	《文集》卷七(書七:《答安東守約書二十一》九)	附録20裏～21表	392	
	在長崎所賜也(既相見後之書)	《文集》卷十二(尺牘三:《答安東守約九》)一	附録21裏	393	

（續表）

	《心喪集語》卷上、附録之標注	收　録　處	《心喪集語》：册數、葉數	《安東省庵集影印編Ⅱ》：頁碼	"安東家史料"：編號
	在長崎所賜也(既相見後之書)	《文集》卷六(書六：《與安東守約書十二》)三	附録 21 裏～24 表	393	1260.1、1260.2
	在長崎所賜也(既相見後之書)	《文集》卷十二(尺牘三：《答安東守約九》)二	附録 24 表	394	
	在長崎所賜也(既相見後之書)	《文集》卷七(書七：《答安東守約書二十一》)十	附録 24 裏～25 裏	394	
	在長崎所賜也(既相見後之書)	《外集》卷二《書二》(本集第七卷《性理大全》一體之殘篇)	附録 25 裏～26 表	395	
	在長崎所賜也(既相見後之書)	卷七(書七：《答安東守約書二十一》十一)	附録 26 表～28 表	395	1252
	在長崎所賜也(既相見後之書)	《補遺》卷一(《書簡》二十九)	附録 28 表	396	1263
	在長崎所賜也(既相見後之書)	《補遺》卷一(《書簡》三十二)	附録 28 裏	396	1266
	在長崎所賜也(既相見後之書)	《文集》卷一(書一：《答釋斷崖元初書》)	附録 28 裏～29 裏	396	
	在長崎所賜也(既相見後之書)	《外集》卷二《書二》(本集第七《自寓裝治門檻之殘篇》)	附録 29 裏～30 表	397	
	在長崎所賜也(既相見後之書)	《外集》卷四《尺牘》("前聞偶恙")	附録 30 表～30 裏	397	
	在長崎所賜也(既相見後之書)	《補遺》(卷一《書簡》一)	附録 30 裏～31 表	397	1239

（續表）

	《心喪集語》卷上、附録之標注	收　録　處	《心喪集語》：册數、葉數	《安東省庵集影印編Ⅱ》：頁碼	"安東家史料"：編號
	在長崎所賜也(既相見後之書)	《文集》卷七(書七：《答安東守約書二十一》十二)	附録31表～32表	397	
	在長崎所賜也(既相見後之書)	《補遺》(卷一《書簡》十九)	附録32裏	398	1226
○	在長崎所賜也(既相見後之書)	(朱舜水書簡)	附32裏～33表	398	
	在長崎所賜也(既相見後之書)	卷六(書六：《與安東守約書十二》四)	附33表～33裏	398	
○	在長崎所賜也(既相見後之書)	(朱舜水書簡附言)	附録33裏	399	
	在長崎所賜也(既相見後之書)	《文集》卷十二(尺牘三：《與安東守約十一》一)	附録33裏～34表	399	
	在長崎所賜也(既相見後之書)	《文集》卷十二(尺牘三：《與安東守約十一》二)/《補遺》卷五(《未完整》)三	附録34表	399	1231
	在長崎所賜也(既相見後之書)	《文集》卷六(書六：《與安東守約書十二》)五	附録34裏～35裏	399	
	在長崎所賜也(既相見後之書)	《補遺》(卷一《書簡》二十)	附録35裏～36表	400	1227
	在長崎所賜也(既相見後之書)	《外集》卷二《書二》("大風爲災云云")	附録36表～36裏	400	
	在長崎所賜也(既相見後之書)	《文集》卷六(書六：《與安東守約書十二》六)	附録36裏～37裏	400	

（續表）

	《心喪集語》卷上、附録之標注	收録處	《心喪集語》：册數、葉數	《安東省庵集影印編Ⅱ》：頁碼	"安東家史料"：編號
	在長崎所賜也(既相見後之書)	《文集》卷七(書七：《答安東守約書二十一》十三)	附録 37 裏～38 裏	401	
	在長崎所賜也(既相見後之書)	《文集》卷十二(尺牘三：《與安東守約十一》三)	附録 38 裏～39 表	401	
	在長崎所賜也(既相見後之書)	《外集》卷二《書二》("别後於十八日云云")	附録 39 表～39 裏	401	
	在長崎所賜也(既相見後之書)	《外集》卷二《書二》("十二日辰刻云云")	附録 39 裏～40 裏	402	
	在長崎所賜也(既相見後之書)	《外集》卷二《書二》("前書言令妹云云")	附録 40 裏～41 表	402	
	在長崎所賜也(既相見後之書)	《外集》卷二《書二》("如僕去後云云")	附録 41 表～41 裏	402	
	在長崎所賜也(既相見後之書)	《補遺》卷一(《書簡》二十七)	附録 41 裏～42 裏	403	1249
	在長崎所賜也(既相見後之書)	《文集》卷十二(尺牘三：《與安東守約十一》十)	附録 42 裏	403	
	在長崎所賜也(既相見後之書)	《文集》卷十二(尺牘三：《答安東守約九》三)	附録 43 表	403	
	在長崎所賜也(既相見後之書)	《文集》卷七(書七：《答安東守約書二十一》十九)	附録 43 裏	404	1247
	在長崎所賜也(既相見後之書)	《文集》卷十二(尺牘三：《答安東守約九》四)	附録 43 裏	404	

(續表)

	《心喪集語》卷上、附録之標注	收録處	《心喪集語》:册數、葉數	《安東省菴集影印編Ⅱ》:頁碼	"安東家史料":編號
	在長崎所賜也(既相見後之書)	《外集》卷四《尺牘》("來米参拾参包云云")	附録44表	404	
	在長崎所賜也(既相見後之書)	《文集》卷七(書七:《答安東守約書二十一》十四)/《補遺》卷五(《未完整》二)	附録44裏~45表	404	1230
	在長崎所賜也(既相見後之書)	《文集》卷七(書七:《答安東守約書二十一》十五)/《補遺》卷五(《未完整》四)	附録45表~46表	404	1237
	在長崎所賜也(既相見後之書)	《外集》卷四《尺牘》(本集第七"於賢契之殘篇也")	附録46表	405	
	在長崎所賜也(既相見後之書)	《文集》卷七(書七:《答安東守約書二十一》十六)	附録46表~47表	405	
	在長崎所賜也(既相見後之書)	《文集》卷十二(《答安東守約》)五	附録47表	405	
	在長崎所賜也(既相見後之書)	《文集》卷十二(尺牘三:《與安東守約十一》四)/《補遺》卷五(《未完整》七)	附録47表~48表	405	1253
○	在長崎所賜也(既相見後之書)	(朱舜水書簡)	附録48表~48裏	406	
	在長崎所賜也(既相見後之書)	《文集》卷六(書六:《與安東守約書十二》十二)/《補遺》卷五(《未完整》六)	附録48裏~49表	406	1251
	在長崎所賜也(既相見後之書)	省庵本(與守約書"本集無之/載在外集")	附録49表~51表	406	
	在長崎所賜也(既相見後之書)	《文集》卷十二(尺牘三:《與安東守約十一》六)	附録51表~51裏	407	

（續表）

	《心喪集語》卷上、附録之標注	收録處	《心喪集語》：册數、葉數	《安東省庵集影印編Ⅱ》：頁碼	"安東家史料"：編號
	在長崎所賜也(既相見後之書)	省庵本(與守約書"載在外集")	附録 51 裏	408	
	在長崎所賜也(既相見後之書)	《文集》卷六(書六：《與安東守約書十二》八)	附録 51 裏～52 表	408	
	在長崎所賜也(既相見後之書)	省庵本(與守約書"載在外集")	附録 52 表～52 裏	408	
	在長崎所賜也(既相見後之書)	《外集》卷四《尺牘》	附録 52 裏～53 表	408	
○	在長崎所賜也(既相見後之書)	(朱舜水書簡)	附録 53 表	408	

中編　校注編

《西游手録》解題

日本寛文四年(1664)七月,日本水户藩儒臣小宅生順(字安之、坤德,號處齋)奉藩主德川光圀之命赴長崎,廣泛接觸當地的華人,從中招聘德才兼備的宗師。小宅生順在八、九月的約兩個月間,與明朝遺民朱舜水進行了9次筆談,折服於後者的學識與德望,鼎力邀請其赴江户講學。

小宅生順返回江户後,於十一月十七日將兩人的筆談匯編爲《西游手録》一册,遞交德川光圀以復命。翌年(1665)七月朱之瑜接受邀請前往江户,受到德川光圀的優渥禮遇,《澹伯集》云:“(小宅生順)使於長崎,與明人筆語,以此知名。義公得朱文恭而師事之,順之力也。”促成這段佳話,《西游手録》實功不可没。

《西游手録》傳本系統并不複雜,《國書總目録》著録二種:“《西游手録》一册:[類]漢詩文,[著]小宅生順(處齋),[成]寛文三,[寫]彰考、神宫(寛文四年寫)。”説成書於寛文三年(1663)顯然有誤,因爲現存各本跋文皆落款“寛文甲辰十一月十七日”,而跋文中提到“予今年承君命,西游紫陽長崎,棲遲三月”,疑著録者未察跋文之意所致。

神宫文庫本未見。彰考館本除收藏原抄本外,國立國文學研究資料館藏有縮微膠片(索書號:32-25-9,I52),但因襲《國書總目録》謬誤,亦著録爲寛文三年(1663)成書。近年德川真木監修、徐興慶主編的《日本德川博物館藏品録Ⅰ　朱舜水文獻釋讀》刊行問世,書中附有彰考館本部分頁面，徐興慶撰寫解説文。

除《國書總目録》著録的兩個抄本（彰考館本、神宫文庫本）外，德川真木監修、徐興慶主編的《日本德川博物館藏品録 I　朱舜水文獻釋讀》還披露了一個新抄本，即《朱文恭遺事》第四卷抄録的《西游手録》。據韓東育解説，《朱文恭遺事》（索書號：文庫 3010—3017）凡八卷，未署編抄者姓氏及抄寫年月，除第一卷開篇係安積覺撰寫外，其餘七卷均由安積覺、朱舜水及其他相關人士的文稿輯合而成。關於第四卷中的《西游手録》，韓東育解説如下：

> 第四卷，含裱紙共 70 頁。其中《西游手録》，乃小宅生順在長崎與朱舜水交談之筆語。此稿在稻葉、謙之本中被具名爲《答小宅生順問六十一條（筆語）》，然不如《手録》完備，計約 38 條未入二《集》。《手録》中屢現之"邪教"字樣，固舜水譏日本儒教者，然其意惟在激勵，以促其力行"聖教"。

前述《國書總目録》未載《西游手録》排印本，這大概是因爲排印本未曾單行問世的緣故。目前我們能看到的排印本，附録在水户彰考館纂輯《朱舜水記事纂録》之末。《朱舜水記事纂録》分爲正文 3 卷、别卷 2 卷、附録 1 卷。附録 1 卷即《西游手録》。

目前我們查閲過的多種《朱舜水記事纂録》藏本，均爲吉川弘文館大正三年（1914）印本。然而細觀各本附録的《西游手録》，還是發現一些差異。一種僅題"附録《西游手録》 小宅生順記"，另有一種題作"附録《西游手録》水户儒臣 小宅生順記/（朱舜水召聘當時筆談）"。我們推測：前者應該是初印本，後者爲再印本；再印本表題做了改動，一是在小宅生順前加上頭銜"水户儒臣"，二是在書名後添加説明"朱舜水召聘當時筆談"。

排印本與抄本内容大致相同，但仍有些值得注意的異同。如抄本小宅生順所言"古來中國稱我邦曰倭奴，是非我邦之通號。所謂筑紫九州是

曰倭奴,其爲日本國者,長門州以東也。近世入寇貴國,皆筑陽人,而并日本州爲倭奴,遂爲盗賊國,不可不辨也”,排印本作:

> 宅曰:古來貴國稱我邦曰倭奴,是非我邦之通號。近世入寇貴國,皆筑紫、九州之人,乘亂逃逸,鈔掠沿海,遂視爲盗賊,是不可不辨也。

這段話二本差異甚大,排印本或有别本作爲參考。關於抄本與排印本其他的文字異同,已在《西游手録》校注中一一列出注明,這裏不再贅述。

《西游手録》是小宅生順與朱之瑜九次筆談的完本,包括跋文共有135條,而《舜水先生文集》及《朱舜水集》僅抽取其中的53條,不僅内容不到原本一半,而且打亂了筆談的演進次序,無法展現當事人的思想脉絡、情感變化。九次筆談的概況如下:

【第一次筆談】

時間:寬文四年(1664)(八月上旬?)

地點:朱舜水寓所

内容:首次見面,多爲寒暄語,共7條。《舜水先生文集》均未收録。

【第二次筆談】

時間:第一次筆談兩天後(八月上旬?)

地點:小宅生順寓所

内容:朱舜水冒雨回訪“答拜”,共8條。《舜水先生文集》漏收6條。

【第三次筆談】

時間:第二次筆談兩天後(八月上旬?)

地點:朱舜水寓所

内容:小宅生順回訪,共16條。《舜水先生文集》失載6條。

【第四次筆談】

時間:第三次筆談數日後(八月上旬?)

地點:朱舜水寓所

內容：第三次筆談後，兩人有書信往來。此次係小宅生順應朱舜水邀請前往，共 12 條。《舜水先生文集》闕 2 條。

【第五次筆談】

時間：不詳(八月中旬?)

地點：不詳

內容：此次筆談無問答，共 8 條。《舜水先生文集》脱 3 條。

【第六次筆談】

時間：不詳(八月中旬?)

地點：小宅生順寓所

內容：此次筆談共 15 條，《舜水先生文集》少 7 條。

【第七次筆談】

時間：中秋(八月十五日)

地點：朱舜水寓所

內容：此次圍繞中秋展開話題，共 29 條。《舜水先生文集》脱 21 條。

【第八次筆談】

時間：第七次筆談後相隔甚久(九月上旬?)

地點：小宅生順寓所

內容：此次筆談共 15 條。《舜水先生文集》僅録 6 條。

【第九次筆談】

時間：第八次筆談的次日(初次筆談兩個月後)

地點：小宅生順寓所

內容：這是最後一次筆談，朱舜水前往道别，共 24 條，《舜水先生文集》僅收 6 條。

本次校注因爲版權等問題，以《朱舜水記事纂録》附録的排印本爲底本，校勘時參照了彰考館本、水户本(德川光圀輯《舜水先生文集》)、中華書局本(朱謙之編《朱舜水集》)。文本後的編號爲校注者所加，以當事人發話一次爲一條計算。

《西游手録》校注

《西游手録》

與朱魯璵筆談

【擬】第一次筆談

宅曰：小生在東武①，仰盛名久矣，不意今接清容。先生是朱之瑜哉？②（1）

朱曰：僕避中國之難，去冬③棲息貴邦，本無實學，何有虚名？叨承光顧，羞慚極矣。④（2）

---

① 東武：日本地名，舊指武藏國，或特指武藏國東部；1603年德川家康在武藏國東部的江户城開幕府，遂成爲江户的别稱。小宅生順是水户藩的藩臣，爲何自稱“在東武”呢？德川幕府爲削弱并監控諸藩勢力，實行“参覲交代”政策，各藩大名隔年在江户與屬地輪换居住；而水户藩主德川光圀享有“定府制”特權，長居江户并行使副將軍職權，深受藩主信任的小宅生順隨侍德川光圀身邊，故以東武人自居。

② 此條水户本、中華書局本闕收。

③ 去冬：去，原義爲以前、過往。朱舜水所言“去冬棲息貴邦”，究竟指哪一年呢？梁啓超《朱舜水先生年譜》“己亥”條云：“是年冬，先生復至日本，安東守約等挽留永寓，并爲奔走當道，乞破禁例，許久留。”今井弘濟、安積覺《舜水先生行實》載：“於是熟知聲勢不可敵、壤地不可復、敗將不可振，若處内地，則不得不從清朝之俗，毁冕裂裳、髡頭束手；乃决蹈海全節之志。以明年己亥，又至日本。先是，筑後柳川有安東守約者（號省齋），欽其學植德望，師事之。深體先生忠義之心，知其歸路絶、宿望沮，固請先生留日本。先生從焉。乃與同志者連署，白長崎鎮巡，鎮巡許之。”可知朱舜水於“己亥”年（明永曆十三年、清順治十六年，日本萬治二年，1659）冬天抵達長崎，在安東守約奔走下，獲得長崎鎮巡的居留許可，此即“去冬棲息貴邦”所指。

④ 此條水户本、中華書局本闕收。

宅曰：莫痛退托[①]。先生文章已達東武，如小生者拜讀有日。况聞人人所傳，先生不失節於北方，巍巍乎，豈不景仰！小生東海道常陸州水户府[②]後生，姓宅名順者也[③]。願欲懷惠[④]以有所質問[⑤]八，賜許免[⑥]否？[⑦] (3)

朱曰：虜變以來，廿年荒廢。台臺詩書禮樂之府，何足以當清問？[⑧] (4)

宅曰：貴諭何敢得當之？恐恐懼懼。他日雖無先容[⑨]，欲操几杖[⑩]，如何如何？[⑪] (5)

朱曰：何敢當此鄭重之辭？[⑫] (6)

宅曰：始拜尊嚴[⑬]，千歲一遇。日及黄昏，懇告别。他日憑久左衛

---

① 莫痛退托：痛，用作副詞，指動作力度大，非常、竭力、盡情、决絶，如"痛快""痛改前非""痛下决心"等；退托，謙遜、退避。

② 東海道常陸州水户府：水户藩在常陸國，約當今茨城縣的中部與北部，藩廳設在水户城（今水户市）。小宅生順編《常陸國地志》。

③ 姓宅名順：此處小宅生順將姓、名均簡約爲一字，作爲唐式稱呼，這是江户時代漢學家流行的一種風氣。

④ 懷惠：感念長輩、尊上所施的恩惠。語出《論語・里仁》："君子懷刑，小人懷惠。"吴兢《貞觀政要・直諫》："陛下功高矣，民未懷惠。"張紹《冲佑觀》詩："群生懷惠，猶勞宵旰。"

⑤ 質問：現代漢語中表示詰問、指責，然"質"原義有求正、請益之意。《漢書・楚元王傳》："時丞相史尹咸以能治《左氏》，與歆共校經傳。歆略從咸及丞相翟方進受，質問大義。"顔師古曰："質，正也。"故"質問"係近義叠加詞。日語中承續這層古義，轉爲疑問、疑惑、疑竇、問題等。此處指小宅生順有 8 條疑問請教於朱舜水。

⑥ 賜許免：許，應允、准可；免，除去、豁免。此二字連用，通常表示准許免除某事，如楊夔《復宫闕後上執政書》："且敕有進士及第，許免一門差徭，其餘雜科，止於免一身而已。"（《文苑英華》）然日語中"許免"或"免許"常用以表示許可，如各類資格證書統稱爲"免許證"。"賜許免"意思是給予許可，帶有日本式漢文的味道。

⑦ 此條水户本、中華書局本闕收。

⑧ 此條水户本、中華書局本闕收。

⑨ 先容：預先舉薦、引薦。語出《漢書・賈鄒枚路傳》："蟠木根柢，輪囷離奇，而爲萬乘器者，以左右先爲之容也。"李善注："容謂雕飾。"本謂先加修飾，後引申爲事先爲人介紹。

⑩ 操几杖：典出《禮記・曲禮》："謀於長者，必操几杖以從之。長者問，不辭讓而對，非禮也。"孔疏："杖可以策身，几可以杖己，俱是養尊者之物，故於謀議之時將就也。"意思是預備几杖，遵奉長者。

⑪ 此條水户本、中華書局本闕收。

⑫ 此條水户本、中華書局本闕收。

⑬ 尊嚴：崇高莊重、尊貴嚴肅，亦是師道尊嚴的略稱。語出《禮記・學記》："凡學之道，嚴師爲難。師嚴，然後道尊；道尊，然後民知敬學。"又《荀子・致士》："師術有四……尊嚴而憚，可以爲師。"此處當是小宅生順敬稱朱舜水爲師尊。

門[①],事事欲有所受,必請莫退辭。[②] (7)

【擬】第二次筆談

宅曰：辱光臨,深感,深感。遠來泥澤[③],不勝謝,荷荷！[④](8)

朱曰：昨日即應答拜,因泥濘遲遲,罪甚罪甚！[⑤](9)

宅曰：順在東武,志學有年。雖然,未逢中國大方人[⑥],故所學者皆俚俗文字而已。昨日叨獻蕪語,未知能似爲文字否？伏乞嚴誨。[⑦](10)

朱曰：前日初識台顔,華氣甚爲迢異,未有貴國習套。但未見平日佳作,不敢輕議耳。[⑧] (11)

宅曰："習套"之語不能通,何之謂也？乞丁寧[⑨]而已。[⑩](12)

朱曰：習者,習俗;套者,套頭。不能自出手眼,倚傍他人舊語而已。[⑪](13)

宅曰：本邦近代儒風日盛,教師門生[⑫],往往服深衣、野服等,堂堂有

---

① 久左衛門：未詳。或爲《朱舜水先生事迹相關年表》提及的内通事明人樊玉環之子高尾兵左衛門,"兵"與"久"形近易訛。按朱謙之《朱舜水集》卷九《書簡六・與小宅順(小宅安之)書三十六首》第二首載"頃高尾兵左衛門請問深衣事,聞兄台以頭暈静攝云云",佐證小宅生順通過高尾兵左衛門與朱舜水保持聯繫。

② 此條水户本、中華書局本闕收。

③ 泥澤：泥水渾濁之處,不潔之地,此處謙稱自己的住所。而下條朱舜水言"因泥濘遲遲",當是雨天。

④ 此條水户本、中華書局本闕收。

⑤ 此條水户本、中華書局本闕收。

⑥ 大方人：猶言"大方家"。語本《莊子・秋水》："吾長見笑於大方之家。"成玄英疏："方,猶道也。"此處指來自中國的碩學名儒。

⑦ 此條水户本、中華書局本闕收。

⑧ 此條水户本、中華書局本闕收。

⑨ 丁寧：即古代樂器"鉦"。《釋名疏証補》："鉦者,丁寧之合聲。"其形似鈴。《國語翼解・晋語》引《説文解字》："鉦,鐃類也。似鈴,柄中上下通。"引申爲囑咐、告誡。《漢書・谷永杜鄴傳》："二者(日食、地震)同日俱發,以丁寧陛下,厥咎不遠,宜厚求諸身。"顔師古注云："丁寧,謂再三告示也。"此處指教誨、指教。

⑩ 此條水户本、中華書局本闕收。

⑪ 此條水户本、中華書局本闕收。

⑫ 教師門生：水户本作"師及門生"。

洙泗之風。然所製者，皆以《禮記》及《朱子家禮》、羅氏《鶴林玉露》等考之，異域殊俗，雖以義興之，而廣狹長短，不便人體。想尺度之品、製法之義，別有所傳乎？顧[1]賜教示。(14)

朱曰：貴國山川人物之秀美、幅幀[2]之廣遠、物産之豐盛，自敝邑而外，誠未有與之匹休[3]。惟是文教不足，實爲萬代之可惜。秉鈞當軸者，豈不爲此慮？至若分爲學、修身爲二義，僕更爲不解。近代儒風日盛，敢問學行兼優者幾何人？文章冠代者幾何人？僕匏繫[4]長崎，如坐井觀天，以蠡挹海[5]，惟祈明教之。至若深衣之製，亦秖[6]學聖之粗迹[7]耳。《玉藻》[8]文深義遠，誠爲難解；《家禮》[9]徒成聚訟，未有定規。服深衣必冠緇布，上冒幅巾，腰束大帶，繫帶有緌，垂與裳齊，屨順裳色，約繶純綦[10]。貴國衣服有制，恐未[11]敢輕易改易也。(15)

---

① 顧：中華書局本脱此字。

② 幅幀：水户本作"幅員"。《詩經·商頌》："景員維河。"《傳》曰："員，均也。與幅隕同。"《正韻》："周也，幅員，亦作隕，俗作員。"又明弘治刻本《(成化)中都志》卷九有"雲南以幅幀之廣"語，清光緒九年本《弢園文録外編》卷十二云"臺灣幅幀遼闊、物産富庶"，則幅幀、幅員均言空間寬廣，而前者多見於明清文獻。

③ 匹休：媲美。匹，配也；休，吉、美也。《尚書·洛誥》："公不敢不敬天之休，來相宅，其作周匹休。"孔傳："其作周以配天之美。"楊慎《升庵詩話》卷四："宋詩信不及唐，然其中豈無可匹休者？在選者之眼力耳。"

④ 匏繫：語出《論語·陽貨》："吾豈匏瓜也哉？焉能繫而不食？"朱舜水自嘲無所作爲，像一個無用的苦瓜(匏)，無所作爲地閑居在長崎。

⑤ 以蠡挹海：用葫蘆做的瓢舀水測量大海。語出《漢書·東方朔傳》："語曰：'以筦闚天，以蠡測海，以莛撞鐘。'"此處連用三個典故——匏繫、坐井觀天、以蠡挹海，皆是自謙之詞。

⑥ 秖：水户本作"祇"，二字古義相通。

⑦ 粗迹：水户本作"麤迹"。"麤"爲"粗"之古字。段玉裁《説文解字注》釋"麤"："行超遠也。鹿善驚躍，故從三鹿。引伸之爲鹵莽之稱。《篇》《韻》云：'不精也，大也，疏也。'皆今義也。俗作麁，今人概用粗，粗行而麤廢矣。"

⑧ 《玉藻》：玉藻，古代帝王冠冕的玉飾，此指《禮記》的《玉藻》篇。《禮記·玉藻》："天子玉藻，十有二旒，前後邃延，龍捲以祭。"孔穎達疏："天子玉藻者，藻，謂雜采之絲繩，以貫於玉，以玉飾藻，故云玉藻也。"

⑨ 《家禮》：朱熹《朱子家禮》之略。

⑩ 約繶純綦：約，鞋上飾物；繶，絲帶；純，同色的絲；綦，鞋帶。《儀禮·士喪禮》："夏葛屨，冬白屨，皆繶緇約純，組綦繫於踵。"按：純，水户本作"絁"，中華書局本作"纂"，皆誤。

⑪ 未：底本作"朱"，疑誤，據彰考館本、水户本改。

【擬】第三次筆談

宅曰：前日忝光駕[①]，昨日欲入謝，暫從嚴[②]諭，遲留及今日。[③]（16）

朱曰：奉拜遲遲，何勞復謝，益增罪戾矣。[④]（17）

宅曰：向所諭媽祖、關帝，順未知之。抑何神哉？（18）

朱曰：媽祖者，天妃也。專管海道之神，舟船東西洋往來，是其職司。關帝者，蜀漢大將。雲長諱羽，封漢壽亭侯，以正直公忠爲神，尤顯於明朝。故薄海内外，無不尸祝[⑤]。二神非如異教之荒唐也。（19）

宅曰：承教。關帝知是爲蜀漢名將關羽也。贈帝號在何時乎？蜀中有諸葛孔明，尊號不在武侯者，如何？（20）

朱曰：關帝著靈於明室，明神宗萬曆皇帝繇[⑥]武安王[⑦]晋爵，崇隆[⑧]至協天大帝[⑨]。諸葛孔明初薨之後，後主[⑩]即謚[⑪]爲忠武侯，至今未改。（21）

宅曰：蜀漢自古有英傑出焉。揚雄[⑫]、司馬氏[⑬]鳴漢家，眉山三蘇[⑭]及陸游等鳴宋家。不知今亦有如此人哉？（22）

---

① 忝光臨：忝，辱、有愧於，後接自己行爲作謙辭，如"忝屬知己""忝列末席""忝爲人師"等；後接對方行爲作敬辭，如"忝教誨"。此處義同前文（第八條）"辱光臨"，猶言"承蒙光臨"。

② 嚴：同前文（第七條）"尊嚴"，敬稱朱舜水爲嚴師。

③ 此條水户本、中華書局本闕收。

④ 此條水户本、中華書局本闕收。

⑤ 尸祝：本義爲執掌祭祀的主祭人。《莊子・逍遥游》："庖人雖不治庖，尸祝不越樽俎而代之矣。"郭象注："庖人尸祝，各安其所。"此處轉用作動詞，指祭祀、膜拜。

⑥ 繇：中華書局本作"由"。

⑦ 武安王：宋徽宗大觀二年（1107）封關羽爲"武安王"，宣和五年（1123）加封"義勇武安王"，南宋高宗、孝宗次第加封進爵。

⑧ 崇隆：高尚、鼎盛。

⑨ 協天大帝：明神宗萬曆十年（1581）褒封關羽爲"協天大帝"，全稱是"協天護國忠義大帝"。

⑩ 後主：中華書局本脱"主"。

⑪ 即謚：水户本、中華書局本顛倒爲"謚即"。

⑫ 揚雄（前 53—18）：字子雲，蜀郡成都（今四川成都郫都區）人，西漢著名學者，有《太玄》《法言》《方言》《訓纂篇》傳世。

⑬ 司馬氏：此指司馬遷。

⑭ 三蘇：指宋代蘇洵、蘇軾、蘇轍父子三人。

朱曰：國朝有宰相之子楊升庵諱慎①者，探花陳秋濤諱子壯②者，或負奇才如子雲③，或顯忠節於勝國④，亦自有人。(23)

宅曰：信然也。楊升庵文集⑤已得見之，陳秋濤之書未得見之，想有文章著述而傳世。皇明之⑥人物，高出漢唐者，雖我外國而知之有素。如順之管見，雖不知所議，而竊聞之先輩，如薛文清、蔡虛齊者，所謂君子儒；如王守仁、龍溪⑦、林子中、袁了凡者，淫老佛，不免三脚猫；如王世貞、李夢陽、李于鱗者，文章與五誥三盤相類，而大不及；如徐中行、茅鹿門、鍾伯敬者，不過醉古人糟粕。今依先生欲質問之，果如何？(24)

朱曰：陳秋濤亦有著述，有《經濟録》⑧，已刊行。未知國變後，其書刊行否。國朝人物，如薛文清、李夢陽，氣骨錚錚，足爲國家砥柱。所謂烈風勁草、板蕩忠臣也，無愧儒者。若王陽明先事之謀，使國家危而復安。至其先時擊劉瑾，堪爲直臣，惜其後多坐講學一節，使天下多無限饒舌；王龍溪雖其高弟門人，何足復道？袁了凡恬静清和，亦有⑨其好處，全然是一老僧，何足稱爲人物？其他或以理學名家，或以詩辭擅聲，未足可以著稱貴國者。其中如王弇州，猶少長於數子耳。愚見如此，有當高明否？(25)

宅曰：富哉高論！啓發如披雲仰日，所謂"一夜話勝十年書"者也。

---

① 楊慎(1488—1559)：字用修，號升庵，又號逸史氏、博南山人、洞天真逸、滇南戍史等。四川新都(今成都市新都區)人，東閣大學士楊廷和之子。正德六年(1511)狀元及第，官翰林院修撰，參與編修《武宗實録》。明朝三大才子之首，《明史》本傳曰："明世記誦之博，著作之富，推慎爲第一。"

② 陳子壯(1596—1647)：字集生，號秋濤，廣州府南海縣沙貝鄉(今廣州市白雲區沙貝村)人。萬曆四十七年(1619)探花，授翰林院編修，崇禎年間禮部右侍郎、南明弘光政權禮部尚書、永曆政權東閣大學士兼兵部尚書，追贈番禺侯，謚文忠。著有《雲淙集》《練要堂稿》《南宫集》等。

③ 子雲：西漢揚雄之字。詳見前"揚雄"注。

④ 勝國：滅亡之國，前朝。張岱《夜行船》："滅人之國曰勝國，言爲我所勝之國也。"此指明朝。

⑤ 楊升庵文集：楊慎著述豐贍，萬曆間四川巡撫張士佩匯其作品編爲《升庵集》(又稱《升庵全集》)81卷，含賦及雜文11卷、詩29卷、雜著41卷。此外，明 焦竑輯編《升庵外集》100卷，明楊金吾輯《升庵遺集》26卷。

⑥ 皇明之人物：水户本、中華書局本脱"之"字。

⑦ 龍溪：水户本、中華書局本作"王龍溪"。

⑧ 《經濟録》：陳子壯編有《新鐫陳太史子史經濟言》12卷，明天啓五年刻本，疑即此書。

⑨ 亦有：水户本、中華書局本脱"有"字。

我國當今志學者,《易》用朱義,《春秋》用胡傳[①],《書》用蔡傳[②],《詩》用朱傳。間亦有好異者,捨宋儒之説,而用近世快活之説,故其所辨論,如長流之不可障。雖然,步步不由實地,如順者困此弊久矣,如之何而可乎?(26)

朱曰:爲學當有實功、有實用,不獨詩歌辭曲無益於學也,即於字句之間,標新領異者,未知果足爲大儒否?果有關於國家政治否?果能變化於民風土俗否?台臺深知其弊,必不復蹈於此。果能以爲學、修身合而爲一,則蔡傳、朱注、胡傳,儘足追踪古聖前賢。若必欲求新,則禹、稷、契、臯陶、伯益,所讀何書也?(27)

宅曰:《敬齋序》及《銘》[③]賜一閲,是先生文章乎?[④](28)

朱曰:前日東武命長崎鎮巡黒川公[⑤]索僕《敬齋箴》,不要舊箴,必要拙作。此是前月廿三日所搆,有愧大方。[⑥](29)

宅曰:不圖[⑦]是地而得見此三代文章,珍珍。請得恩借以圭復之,如何如何?順在東武所漫筆文字一册,在旅裝中,願得先生大運斤,則華兖之賜也。[⑧](30)

朱曰:拙作不襲古、不雕琢,粗陳大意而已,何足當此隆譽?佳製仰慕既殷,若蒙見教,使一讀之,足豁心目,方知貴國有大才也。幸幸。[⑨](31)

---

① 《春秋》用胡傳:指胡安國所著《春秋傳》,亦稱《春秋胡傳》。胡安國(1074—1138),字康侯,謚號文定,建甯崇安(今福建武夷山市)人。紹聖四年(1097)進士,爲程頤門人,湖湘學派奠基人。

② 《書》用蔡傳:蔡沈(1167—1230),字仲默,號九峰,建陽(今屬福建)人。少從朱熹游,代表作有《書集傳》。

③ 《敬齋序》及《銘》:後文提到"黒川公索僕《敬齋箴》,不要舊箴,必要拙作",所謂"舊箴"當指朱熹所著《敬齋箴》,而"拙作"相當於《敬齋銘》及《序》,正式名稱是《敬齋箴并序》,見朱謙之編《朱舜水集》(中華書局,1981)卷二十。

④ 此條水户本、中華書局本闕收。

⑤ 黒川公:指長崎奉行黒川正直(1602—1680),1650—1665年任長崎奉行,後官至大目付,爲德川幕府之重臣之一。

⑥ 此條水户本、中華書局本闕收。

⑦ 不圖:不意、豈料,指出乎意料。日本式漢文筆法。

⑧ 此條水户本、中華書局本闕收。

⑨ 此條水户本、中華書局本闕收。

【擬】第四次筆談

宅曰：頃日辱煩回章，荷甚。欲侍燕居，日夜切切，未知尊翁之暇時，故不敢而已。今日應嚴旨，得趨樞，幸幸。前日所寄《敬齋》文章，謄録已畢，謹還納焉。嗚呼！如此盛德文字，得拜誦之，小生喜心，不可勝數。[①]（32）

朱曰：拙作質而無文。昨書[②]直而多戆，或取其意，勿罪其言則可。倘尋章摘句，爲戾多矣。乃復煩謄録，恐辱大方。[③]（33）

宅曰：偶得造儒宗之門，可謂一代之面目也[④]。唯恨言語不通，書不盡言，情緒多端，不能伸之。余願奉尊翁[⑤]於東武，欲日夜得親炙[⑥]，渴望渴望。（34）

朱曰：幼年稍嘗學問，近者荒廢廿年，謬謂儒宗，甚羞[⑦]聖道。台臺有情緒，欲教諭之，而言語不相通。前翰教中，問善辭命者，未知其指，不敢遽爾煩人。若僕至東武，東武才士之林，即往，恐無益也。（35）

宅曰：退托誠爲過也。東武雖多才子，或文人，或游説，間亦志君子之學者惟多矣。雖然，如尊翁[⑧]身生仁義之國，學究聖賢之奥，何爲無益乎？小生所不解[⑨]也。（36）

朱曰：孔子歷聘七十二君，求一日王道之行而不可得。以僕之荒陋而得行其志，豈非人生之大願？誠恐貴國惑於邪教，未見有真能爲聖人之學者。此事必君相極力主持之，豈一二儒生與下任微官所能挽回氣運也？

---

① 此條水户本、中華書局本闕收。

② 昨書：昨日的書函，應該提到請小宅生順過來一談，故小宅生順見面云"今日應嚴旨，得趨樞"。

③ 此條水户本、中華書局本闕收。

④ 面目也：彰考館本同底本，水户本、中華書局本無"也"字。

⑤ 尊翁：彰考館本同底本，水户本、中華書局本作"先生"。

⑥ 欲日夜得親炙：彰考館本、水户本作"欲得日夜親炙"，文義皆通。

⑦ 羞：諸本皆同，唯中華書局本誤作"差"。

⑧ 尊翁：彰考館本同底本，水户本作"先生"。

⑨ 小生所不解：水户本、中華書局本同底本，彰考館本作"小生所惑且不解"。

僕故不敢承命。如有其機①,而故爲退托,得罪於孔子多多矣。况僕之視貴國,同爲一體,未嘗有少異於中國也。貴國惑於邪教,深入骨髓,豈能一旦豁然?(37)

宅曰:明教悉矣!聖教隆替②,誠在時君與時相。方今東武,我學日行,國之牧伯,邑之宰主,多是有道之人也,有爲之時也。一方之流,雖深入骨髓,而得博雅君子相與唱我道之美,攻彼方之弊,則雖不在一朝一夕,而或十年,或七年五年,亦可以小異。況今東武有大成殿,春秋二祭不懈。彼一方之流,雖饒舌,而士大夫輩無敢聞之者。唯避南蠻吉利支丹③之嫌,故其迹似尊信一方,實不及我道之行耳。(38)

朱曰:僕在此廿年④,所聞俱謬。兹承大教,積疑釋然。果爾,世道人心之大慶也。吾道之切⑤,如布帛菽粟⑥,衣之即不寒,食之即不饑,非如彼邪道説玄説妙,説得天花亂墜,千年萬年,總來無一人得見。所云有悟者,亦是大家共入窠臼中,未有一句一字真實。可惜無限聰明人,俱被他瞞却,誠可哀痛。吾道明明現前,人人皆具,家家皆有。正如大路,不論上下、男婦、智愚、賢不肖,皆可行得,舉足即有其功。賢君能主之於上,宰相能嚴之於下,不至數年,風俗立改,若至十年,王化可行,何止變其風俗而已?且行之甚易,不必如禁南蠻如此之難也。(39)

---

① 機:水户本、中華書局本同底本,彰考館本作“識”,似更善。

② 隆替:興衰、消長。《文選·西征賦》:“人之升降,與政隆替。”《晋書·王羲之傳》:“悠悠者以足下出處足觀政之隆替,如吾等亦謂爲然。”

③ 吉利支丹:日本戰國時代以來對天主教徒的稱呼。此詞源於葡萄牙語“cristão”,早期傳教士往往能帶來豐厚的貿易利益,一時間包括大名(諸侯)在内的高級武士崇信者甚多,故多挑選佳字音譯爲“吉利支丹”或“吉利紫丹”等;然而1613年江户幕府發佈禁教令,譯詞也改爲帶貶義的“鬼利死丹”“切支丹”“切死丹”等。按:此處水户本、中華書局本作改作“天主教”,有失原貌。

④ 廿年:朱舜水首次赴長崎,事在乙酉年(弘光元年、隆武元年、清順治二年,日本正保二年,1645),故有是説。梁啓超《朱舜水先生年譜》“乙酉”條“先生亡命至日本”,并引《安南供役紀事》“數月不見緹騎,已後遂有逆虜之變。之瑜不别家人,隻身前來日本已十三年”,案云:“《紀事》作於丁酉年,云‘十三年’,則先生初至日本當在乙酉也。”查《安南供役紀事》,在“隻身前來日本已十三年”之後有“至貴國已十二年”續文,朱舜水初赴安南在丙戌年(1646),梁啓超《朱舜水先生年譜》“丙戌”條推測“蓋先生初亡命日本,彼中海禁方嚴,不容外人,故轉徙至安南也”。從乙酉年(1645)算起,與小宅生順筆談時(1664),故有“僕在此廿年”之説。

⑤ 吾道之切:彰考館本、水户本、中華書局本“切”作“功”。

⑥ 粟:底本與彰考館本、水户本同,中華書局本誤作“栗”。

宅曰：尊翁[①]所冠所服，是貴國儒服、儒冠乎？（40）

朱曰：僕之冠服[②]，終身不改。大明[③]有其制，不獨農、工、商不敢混冒，雖官爲郡丞、郡倅[④]，非正途出身，亦不敢服。近者虜變已來，上下無等，清濁無分，工、商敢服宰相之衣，吏、卒得被王公之服，無敢禁之者。無論四民，即倡、優、隸、卒，亦公然無忌，誠可嘆傷。僕所服者，猶是便衣。至於禮衣，此間不便携來，亦力不能製。（41）

宅曰：承領清遇，况又賜清饌乎。負荷有餘，謝謝。[⑤]（42）

朱曰：逆旅無佳品，寒儒無兼味[⑥]，聊以遠方之褻物，充脱粟之飡[⑦]而已，幸勿罪輶褻。[⑧]（43）

【擬】第五次筆談

朱曰：言者，心之聲也；文者，言之英也。非言，則聖人之心亦不宣；非文，則聖人之言亦不傳。然文須通於天下，達於古今，方謂之文。若止一方之人自知之而已，則是方言調侃，非謂之文也。今貴國事事盛美，而無文以達於中華，則亦何能知其美且大？萬一後來之治，不能如今日，則貴國之名，永永不傳矣！此君相士君子之憂也，亦君相士君子之耻也。高明以爲然否？（44）

宅曰：文之爲用，不可勝計。貴國[⑨]之文章，直寫平日言語而已。我邦文字不然，平日言語，與貴國[⑩]大異，故作文字，亦不自由，是故文才超

---

① 尊翁：彰考館本同底本，水户本、中華書局改爲“先生”。
② 冠服：水户本、中華書局本同底本，唯彰考館本作“冠被”。
③ 大明：彰考館本、水户本、中華書局本均作“大明國”。
④ 郡丞、郡倅：丞，底本作“亟”，據彰考館本改。丞、倅，均爲副手、佐貳。
⑤ 此條水户本、中華書局本闕收。
⑥ 兼味：兩種以上的菜肴。《穀梁傳·襄公二十四年》：“五穀不升，謂之大侵。大侵之禮，君食不兼味。”此處朱舜水謙稱粗茶淡飯，招待不周。
⑦ 脱粟之飡：脱粟之食、脱粟之飯。脱粟，僅去皮殼、未不加精製的米，糙米。《尹文子·大道上》：“昔晋國苦奢，文公以儉矯之，乃衣不重帛，食不兼肉。無幾時，人皆大布之衣，脱粟之飯。”又《晏子春秋·雜下二六》：“晏子相景公，食脱粟之食。”
⑧ 此條水户本、中華書局本闕收。
⑨ 貴國：水户本、中華書局本改爲“中國”。
⑩ 貴國：水户本、中華書局本改爲“中國”。

逸者良希。雖然，朝有掌文字官，務學貴國[①]之文，其所傳者《日本紀》[②]《續日本紀》[③]《日本後紀》[④]《續日本後紀》[⑤]《三代實録》[⑥]《文德實録》[⑦]《新國史》[⑧]《舊事紀》[⑨]《古事記》[⑩]等，皆是我邦典籍也。方今東武亦有日次記

---

① 貴國：水户本、中華書局本改爲"中國"。

② 《日本紀》：即《日本書紀》。成書於養老四年(720)，列日本官修正史"六國史"之首。據《續日本紀》記載，以舍人親王領銜，太安萬呂、紀清人、三宅藤麻呂等人"奉敕修《日本紀》"，至是大功告成，奏上"《紀》卅卷，《系圖》一卷"。《日本書紀》的編撰始於天武天皇治世，模仿中國正史"帝紀"的體例編撰，全書博引廣徵中國經史子集，記述神代至持統天皇的歷史，將歷代天皇塑造成中國式的帝王形象，以向異邦誇示日本國之文明開化。

③ 《續日本紀》：編年體例，仿《日本書紀》，居日本漢文正史"六國史"第二。此書續《日本書紀》之後，記述文武天皇(697)至桓武天皇延曆十年(791)的歷史，全書共40卷，前半由菅野真道主持，完成於延曆十六年(797)；後半由藤原繼繩領銜，成書比前半早三年。

④ 《日本後紀》：此書是日本漢文正史"六國史"第三部，緊接《續日本紀》，記載從延曆十一年(792)至天長十年(833)桓武、平城、嵯峨、淳和四位天皇治世的43年歷史，藤原緒嗣等於承和七年(840)奉敕編撰。全書原有40卷，在15世紀中葉的戰亂中散逸，目前僅存10卷及部分逸文。

⑤ 《續日本後紀》：日本漢文正史"六國史"第四部，全書20卷，記從天長十年(833)至嘉祥三年(850)仁明天皇一朝18年歷史。藤原良房、春澄善繩等奉文德天皇之命着手編撰，清和天皇貞觀十一年(869)完稿奏上。

⑥ 《三代實録》：日本漢文正史"六國史"第五部(成書則晚於第六部《文德實録》)，全稱《日本三代實録》。記從天安二年(858)至仁和三年(887)清和、陽成、光孝三代天皇事迹，合計50卷。宇多天皇敕命編撰，醍醐天皇延喜元年(901)由藤原時平、菅原道真等最終完稿。

⑦ 《文德實録》：日本漢文正史"六國史"最後一部，全稱《日本文德天皇實録》，共10卷，記從嘉祥三年(850)至天安二年(858)文德天皇一代9年歷史。清和天皇治世，藤原基經等奉敕編寫，陽成天皇元慶三年(879)竣工。所謂"實録"，依據《起居注》等原始資料，詳記一代帝王之巨細，是中國史書的一種特殊體裁。日本從《續日本後紀》開始，采用實録體裁，記事詳密，資料可靠。

⑧ 《新國史》：日本平安時代中期編纂的官撰史書，時間上緊接《三代實録》，故一名《續三代實録》。鐮倉時代後期的《本朝書籍目録》載："《新國史》四十卷，朝綱撰，或清慎公撰，自仁和至延喜。"又《拾芥抄》(約成書於鐮倉時代中期)載："《新國史》五十卷，村上治世小野宫殿奉敕撰，或號《續三代實録》。"綜合《類聚符宣抄・撰國史所》及12世紀的《通憲入道藏書目録》等記載，内容記宇多、醍醐二代天皇史事40卷，追加朱雀天皇事迹10卷，總計爲50卷。然而，文獻未見該書修成奏上之記録，故推定是未完的稿本，目前僅見諸書引用的逸文。

⑨ 《舊事紀》：底本"紀"作"記"，據水户本改。平安時代史書，亦作《先代舊事本紀》或《舊事本紀》。全書10卷，記載神代至推古天皇的歷史，大多雜糅《古事記》《日本書紀》《古語拾遺》的内容，神道教奉其爲經典。序文記有"大臣蘇我馬子宿禰等奉敕修撰"，但學界多認爲序文係後人僞作，成書時間大致爲大同(806—810)以後、承平六年(936)以前。

⑩ 《古事記》：天武天皇熱心於修史，命博聞强記的舍人稗田阿禮"誦習帝皇日繼及先代舊辭"，使口碑相傳的神話傳説、流散民間的上古逸事得以保存下來，爲元明、元正天皇的大規模修史事業打下基礎。和銅四年(711)九月十八日，元明天皇詔太安麻吕"撰録稗田阿禮所誦之敕語舊辭"，太安麻吕"子細采摭"，上至開天闢地，下迄推古王朝，厘爲三卷，於次年(712)正月上呈天皇。這部日本最早的史書，雖然全部用"漢字"撰寫，但不是一部"漢文"史書。太安麻吕在序言中説："上古之時，言意并樸，敷文構句，於字即難。已因訓述者，詞不逮心；全以音連者，事趣更長。"於是發明音訓并用、種漢交混的特殊文體。亦即書中的漢字，有些用作表意，有些用作表音，表音漢字爲萬葉假名繼承，再孵化出平假名和片假名。

録,備來世而已。君相士君子輩[①],大概祖先出武隊中,升高位,子孫世官世禄,無暇學文字,故多不滿人意,亦無如之何!(45)

朱曰:中國言語自言語,文字自文字。我朝以制義[②]取士,士子祇以功名爲心,不務實學。故高貴之文,舉世亦無幾人,多者十餘人而已。非讀書者皆能作文也,然代不乏人耳。若云君相起於武職,漢高祖亦起於卒伍,而今日聖教之不墜地者,皆漢武帝表章之功。所以文章之盛,亦惟西漢爲最。僕之爲此言者,謂貴國今處極盛之時,若曰惜乎其獨少此爾。(46)

宅曰:我邦文人世世不少,儒者亦不少。《懷風藻》[③]《文華秀麗》[④]《秘府略》[⑤]《凌雲集》[⑥]

---

① 輩:水户本、中華書局本闕此字。

② 制義:"八股文"的别稱,科舉考試時規定的應考文體,由破題、承題、起講、入題、起股、中股、後股、束股八部分組成,考試命題一律出自四書五經中的原文,應試者據以敷陳經義,有若代聖賢立言,故稱爲"制義",也稱作"八比文""制藝""時藝""時文"等。

③ 《懷風藻》:日本現存最早的一部漢詩集,成書於天平勝寶三年(751),輯録飛鳥時代後期、奈良時代前期64位漢詩人的120首作品(現存116首)。此書編者不詳(疑爲淡海三船),卷首有編者自序,縷述文壇變遷及編書緣起,落款時間爲"天平勝寶三年歲在辛卯冬十一月"。

④ 《文華秀麗》:日本的漢詩集濫觴於奈良時代的《懷風藻》,而真正作爲一項國家事業則興盛於平安前期。嵯峨、淳和天皇治世(809—832),宫中形成一個漢詩創作沙龍,在短短十數年間連續推出三部敕撰詩集,按成書時間先後分别爲《凌雲集》《文華秀麗》《經國集》,史稱"敕撰三集"。《文華秀麗》即指《文華秀麗集》,是繼《凌雲集》之後編寫的第二部敕撰詩集,弘仁八年(817)嵯峨天皇命藤原冬嗣搜集《凌雲集》漏收的作品及此後新作,結集而爲三卷。序中稱集詩收詩148首,現存143首,分游覽(14首)、宴集(4首)、餞别(10首)、贈答(13首)、詠史(4首)、述懷(5首)、艷情(11首)、樂府(9首)、梵門(10首)、哀傷(15首)、雜詠(48首)11門類。上述門類名稱,幾乎全部采自《文選》,新設的僅"梵門"而已。又序中稱作者26人,實爲28人,可能編者出於敬畏而未把嵯峨、淳和兩位天皇列入總數。

⑤ 《秘府略》:平安時代初期日本人編撰的大型類書。天長八年(831)滋野貞主奉淳和天皇敕命,匯集當時一流學人,參照《説文》《藝文類聚》《初學記》《翰苑》等約一千五百種中國典籍,分門别類摘録相關記事,編成1 000卷的煌煌巨著。這部成書早於《太平御覽》的東方式百科全書,大概由於部帙過大、利用率不高等原因,散佚情况嚴重,目前僅存卷八百六十四《百穀部》(中)、卷八百六十八《布帛部》2卷,均收入《續群書類從·雜部》。

⑥ 《凌雲集》:日本弘仁五年(814)(一説弘仁六年)小野岑守奉敕編撰,爲日本歷史上第一部官修詩集,居"敕撰三集"之首。據其序文,收輯延曆元年(782)至弘仁五年(814)期間的佳作,凡詩人23名,作品90首,然現存本詩人24名,作品91首。詩集以"凌雲"命名,取自中國古典。猪口篤志《日本漢文學史》認爲此語典出《史記·司馬相如傳》"相如既奏大人之頌,天子大説,飄飄有凌雲之氣",説此處的"凌雲"有"卓越詩作之意",似乎有些牽强附會。梁朝江淹《别賦》的"賦有凌雲之稱,辯有雕龍之意",倒有"詩意"在内。不過,從整部詩集唐風彌漫來看,詩集之名很可能取意唐玄宗《春晚宴兩相及禮官麗正殿學士探得風字并序》:"同吟湛露之篇,宜振凌雲之藻。"作品以詩人爵位排序,起自太上天皇,迄於無位的巨勢識人。

《本朝文粹》[①]《續文粹》[②]《經國集》[③]《菅家文藻》[④]等書,可略見耳。及近日,有《惺齋文集》[⑤]而已。[⑥] (47)

朱曰:僕處海濱,未得讀貴國之文,所見者《本朝文粹》而已。[⑦](48)

宅曰:《本朝文粹》入高覽,其文章如何?《文粹》有三善清行[⑧]者,我邦儒者也,《意見封事》十篇[⑨]載在此書。(49)

---

① 《本朝文粹》:日本平安時代中期的漢詩文集,藤原明衡編撰,大約成書於康平年間(1058—1065)。全書共14卷,書名取範於宋人姚鉉的《唐文粹》,而體裁則模仿《文選》,輯録嵯峨天皇至後一條天皇凡17朝約二百年間的名詩佳文,計69人的427篇作品,分39類匯編,代表着平安時代漢文學的最高成就。

② 《續文粹》:日本平安時代末期的漢詩文集,共13卷,編者一説爲藤原季綱,但顯然經過後人增補加工。成書時間推定爲保延六年(1140)以後,大致在近衛天皇時代(1141—1155)。内容屬《本朝文粹》的續作,集録後一條天皇至崇德天皇約一百二十年間的漢詩文約二百三十篇。

③ 《經國集》:日本淳和天皇天長四年(827),敕命中納言良岑安世、東宫學士滋野貞主等整理匯編歷代詩文,是爲《經國集》20卷。作品始自文武天皇慶雲四年(707),迄至淳和天皇天長四年(827),作者凡178人,輯賦17首、詩917首、序51篇、策38篇,堪稱涵蓋奈良、平安兩代的詩文總集。《經國集》無論是收録作品的品質,還是詩文集本身的完善程度,均達到空前的水準。集名之"經國"二字,强烈折射出平安時代文學所具有的政治意義。第一部敕撰詩集《凌雲集》奏呈之時,編者小野岑守引魏文帝之言述懷:"文章者,經國之大業,不朽之盛事。年壽者時而盡,榮樂止乎其身。"認爲詩文之盛衰,關乎國家之興亡。桓武以下歷代天皇,尤其是嵯峨天皇、淳和天皇,不僅獎掖漢詩文創作,而且以詩文獨步當代,絶不是把吟詩作文視如餘興小技,而是作爲完善律令制度的"經國"大業。然而歷史的發展,畢竟不以人的意志爲轉移。9世紀中葉以後,皇室逐漸被攝政、關白等實權者架空,以天皇爲核心的文學沙龍再也無力重振敕撰詩集的事業,平安漢文學的黄金時代由此落下帷幕。

④ 《菅家文藻》:正確的書名應該是《菅家文草》。"藻"與"草"日語同音,而日語書寫漢字時同音字假借比較普遍,故容易産生此種擇字差異。該書是日本平安時代前期的個人漢詩文集,作者是菅原道真。全書共12卷。據作者《獻家集狀》,昌泰三年(900)八月完成編纂後獻呈給醍醐天皇。現存本基本保持原書體裁,卷一至卷六爲詩,卷七至卷十二爲散文,計收録漢詩469首以及賦、序、詔敕、奏狀、願文等各類文章159篇。

⑤ 《惺齋文集》:疑爲《惺窩文集》之誤。《惺窩文集》5卷、《續集》3卷,藤原惺窩著,由其弟子林羅山(1583—1657)、菅玄同(1581—1628)編刊於寬永四年(1627)。藤原惺窩(1561—1619),名肅,字斂夫,别號惺齋,播磨國(今兵庫縣)人,是日本安山桃土時代的儒學家,被譽爲德川朱子學之祖。

⑥ 此條水户本、中華書局本闕收。

⑦ 此條水户本、中華書局本闕收。

⑧ 三善清行(847—918):日本平安時代中期著名學者、漢學家。字三耀,號居逸。師事巨勢文雄,貞觀十六年(874)年文章得業生,經大學少允、少内記,仁和三年(887)叙從五位下,旋任大内記。自昌泰三年(900)累遷刑部大輔、文章博士、大學頭、式部少輔、式部權大輔、式部大輔、參議兼宫内卿,人稱"善相公"。延喜元年(901)上呈《革命勘文》,開依讖緯説改元之先風;延喜五年(905)後參與《延喜式》編纂,在日本法制史上意義重大。三善清行學術淵博,尤精《詩經》《易經》《史記》。

⑨ 《意見封書》十篇:"封事"指臣下密封上奏意見。語出《漢書・宣帝紀》:"令群臣得奏封事,以知下情。"日本以唐令爲基礎制定的《大寶令》(701)采納此制度,規定臣下通過少納言進呈的建言書,須由天皇親自開封。日本歷史上最爲著名的"封事",是三善清行的《意見十二個條》、菅原文時的《封事三個條》。延喜十四年(914)四月,時任式部大輔的三善清行上呈《意見十二個條》,依據擔任備中國司的經歷,建言消除地方行政積弊、抑制貴族奢華風氣、改善中下級官員待遇等。小宅生順所言"十篇",應該是筆談當時記憶有誤。

朱曰：大概一見耳。至三善清行者，亦失記其名。僕以台臺真懇，故亦抒誠言之，儻務爲虛美之詞，不如此唐突矣。僕素以西蜀秦宓①、晋朝桓温②、刁彝③事爲非，豈肯身自爲之乎？直視貴國爲一體，故披瀝心膽，無少忌諱，非以氣概爲事也。(50)

宅曰：順亦知尊翁不務外，是故所復無不忠信，何及忌諱。時及晚景，懇告别。④ (51)

【擬】第六次筆談

宅曰：未知尊翁雅號及玉字。⑤ (52)

朱曰：賤字魯璵。初來貴國，船主寫册，誤書‘楚璵’。因誤而不爲厘定⑥。號則未嘗稱也。⑦(53)

宅曰：没來由國⑧，在暹羅國⑨西，所謂身毒國⑩歟？(54)

朱曰：交趾人謂白頭回回之類，謂之“没來繇”。未知其字果是何如，

---

① 秦宓(？—226)：字子敕，廣漢綿竹(今屬四川德陽)人。三國時蜀漢謀臣，善舌辯，官至大司農。

② 桓温(312—373)：字元子，一作符子，譙國龍亢(今安徽懷遠龍亢鎮)人。東晋政治家、軍事家。東漢名儒桓榮之後，晋明帝駙馬。戰功顯赫，獨攬朝政十餘年，死後謚號宣武。

③ 刁彝(？—374)：字大倫，渤海饒安(今河北鹽山縣)人。東晋大臣，尚書令刁協之子。歷尚書吏部郎、吴國内史，累遷北中郎將、徐兗二州刺史，鎮廣陵，卒於官。

④ 此條水户本、中華書局本闕收。

⑤ 此條水户本、中華書局本闕收。

⑥ 厘定：指糾誤、改正。厘，糾正、修改。《國語・周語》：“厘改制量。”

⑦ 此條水户本、中華書局本闕收。

⑧ 没來由國：馬來人被稱爲“巫來由人”，其字源來自 Melayu。據一些歷史學家考證，Melayu 可能來自蘇門答臘島上一個由印度人建立的古國——末羅瑜(馬來文亦是 Melayu)。

⑨ 暹羅國：暹羅(Siam)是泰國的古稱，其主體民族爲泰人，部分先民是元朝避亂南遷的雲南一帶中國人。自 13 世紀開國，先後經歷素可泰、阿瑜陀耶、吞武里、曼谷四個時代。1939 年改國號爲“泰國”，1945 年復名“暹羅”，1949 年再度改名“泰國”，沿用至今。

⑩ 身毒國：中國古籍對印度的稱呼。語出《史記・西南夷列傳》：“及元狩元年，博望侯張騫使大夏來，言居大夏時見蜀布、邛竹杖，使問所從來，曰‘從東南身毒國，可數千里，得蜀賈人市’。或聞邛西可二千里有身毒國。騫因盛言大夏在漢西南，慕中國，患匈奴隔其道，誠通蜀，身毒國道便近，有利無害。”玄奘《大唐西域記・三國(印度)》：“夫天竺之稱，異議糾紛，舊云身毒，或曰賢豆，今從正音，宜云印度。”按：“身毒”讀音特殊，《辭海》注爲 yuán，《辭源》音 yān，《漢語大詞典》是 yuān，《漢語大字典》爲 juān。司馬貞《史記索隱》注“身毒”讀音：“身音捐，毒音篤。”關於古代“捐”的讀音，日本入唐僧空海《篆隸萬象名義》云：“捐，有專反。”宋代的《廣韻》作“捐，與專切”，故“身毒”應以《漢語大詞典》爲是，讀作“yuān dú”。

亦未知其國果在何處。如是身毒之國,則今古之流毒者,皆其國人之所爲也。(55)

宅曰:阿蘭陀國[①]通中國否?(56)

朱曰:和蘭在中國之西北,南蠻、紅毛[②]三國,鼎足而居,繇海道不繇中國。(57)

宅曰:貴國[③]西北有大宛、匈奴等國[④],和蘭應在西南方?(58)

朱曰:和蘭三國,古之六詔也[⑤]。匈奴在西北近邊,大宛則過樓蘭、車師、疏勒、龜兹、烏孫,繇陸路,涉廣漠,固與此有别也。(59)

宅曰:前約額字,仰待而已。[⑥] (60)

朱曰:少閑當書奉。[⑦] (61)

宅曰:烟在《本草》爲何草?[⑧](62)

朱曰:不知也。近方有此,古來未有。[⑨](63)

宅曰:柏,我邦今作桶。葺屋者歟?(64)

朱曰:柏,中國樹於墳墓、寺觀,其材堅而美,可爲器具及爲棺。天子黄腸[⑩]即此也,所謂東園秘器[⑪]。(65)

朱曰:坐久當告别。[⑫] (66)

---

① 阿蘭陀國:指歐洲西部的荷蘭國,是日本鎖國時期唯一保持通交關係的西方國家,日語多譯作"阿蘭陀",而中國則稱其爲"和蘭"。在隨後的筆談中,小宅生順隨朱舜水而改成"和蘭"。

② 南蠻、紅毛:南蠻,葡萄牙;紅毛,英國或荷蘭。

③ 貴國:水户本、中華書局本改作"中國"。

④ 等國:水户本、中華書局本無"國"字。

⑤ 和蘭三國,古之六詔也:水户本、中華書局本闕此句。

⑥ 此條水户本、中華書局本闕收。

⑦ 此條水户本、中華書局本闕收。

⑧ 此條水户本、中華書局本闕收。

⑨ 此條水户本、中華書局本闕收。

⑩ 黄腸:也稱作"黄腸題凑",古代的一種葬式,多見於周代和漢代,西漢帝王陵寢槨室四周用柏木堆壘成的框形結構。根據漢代的禮制,黄腸題凑與梓宫、便房、外藏槨、金縷玉衣等同屬帝王陵墓中的重要組成部分。

⑪ 東園秘器:指皇室、顯宦死後用的棺槨。《漢書·佞幸傳》:"及至東園秘器,珠襦玉柙,豫以賜賢,無不備具。"顏師古注引《漢舊儀》:"東園秘器作棺梓,素木長二丈,崇廣四尺。"

⑫ 此條水户本、中華書局本闕收。

【擬】第七次筆談

宅曰：今日中秋，實一年明月，騷人墨客愛賞，不辨夏夷。我邦古來愛九月十三夜月[①]如中秋，未知貴國亦有之否？[②](67)

朱曰：中國惟中秋，無九月十三事。菊月惟重九登高，十三之月則不賞。僕自知友以中秋被虜極刑[③]，此生遂無賞月之樂矣！[④](68)

宅曰：王翊死節一事，始得承諭。板蕩知忠臣，蓋此人謂也。唐張巡[⑤]、宋文天祥而已。尊嚴以知己之故廢賞月，吁嗟！切切偲偲[⑥]，在尊嚴始得見焉。感感感感！[⑦] (69)

朱曰：張睢陽其儔也。文丞相[⑧]依徊濡忍[⑨]，作事乖張，不足以方之。[⑩](70)

朱曰：張世傑[⑪]好漢子。[⑫](71)

---

① 九月十三日夜月：農曆八月十五日中秋節，爲流播東亞的賞月節慶，但九月十三日賞月却是日本獨有的風俗。《徒然草》二百三十九段："八月十五日、九月十三日婁宿也。此宿清明，故爲賞月良夜。"平安時代醍醐天皇治世，日本施行唐代傳入的《宣明曆》，據此八月十五日與九月十三日的星宿均在"婁"座。此習俗始於延喜十九年(919)的宫中儀式，《躬恒集》載："清凉殿南限清水流出，庭院有小溪一縷，延喜十九年九月十三日行賞月之宴。"賞月習俗與農耕有關，是日本秋收節慶之一。具體而言，八月十五日恰逢芋艿收穫季節，所以俗稱"芋名月"；於此相對，九月十三日係毛豆與板栗的收穫季節，所以稱作"豆名月"或"栗名月"。

② 此條水户本、中華書局本闕收。

③ 知友以中秋被虜極刑：王翊被害之日。

④ 此條水户本、中華書局本闕收。

⑤ 張巡(708—757)：蒲州河東(今山西永濟)人，唐朝中期名臣武將，從小博覽群書，曉通戰陣兵法，開元末年(741)進士及第，歷任太子通事舍人、清河縣令、真源縣令。安史之亂時，與許遠死守江南屏障睢陽(今河南省商丘市睢陽區)，與數十倍的敵軍鏖戰四百餘合，終因彈盡糧絶被俘遇害。此戰被稱爲中國古代最慘烈的城市保衛戰，後人以"張睢陽"尊稱張巡。唐宣宗大中二年(848)，張巡繪像凌烟閣。至清代時，得以從祀歷代帝王廟。

⑥ 偲：此字多義，讀 cāi，謂有才能，如言"其人美且偲"；讀 sī，互相勉勵，如言"朋友切切偲偲"。然日語中"偲"字訓作"しのぶ"，表示思慕、暗戀。此處小宅生順説"切切偲偲"，表達深切思念之意。

⑦ 此條水户本、中華書局本闕收。

⑧ 文丞相：文天祥。

⑨ 濡忍：柔順隱忍。《史記・刺客列傳》："鄉使政誠知其姊無濡忍之志，不重暴骸之難，必絶險千里以列其名，姊弟俱僇於韓市者，亦未必敢以身許嚴仲子也。"

⑩ 此條水户本、中華書局本闕收。

⑪ 張世傑(？—1279)：涿州范陽(今屬河北涿州)人，南宋抗元名將，與文天祥、陸秀夫并稱爲宋末三傑。

⑫ 此條水户本、中華書局本闕收。

宅曰：陸秀夫[①]亦然也？[②](72)

朱曰：亦可，未如張也。[③](73)

宅曰：謝枋得[④]亦此類。[⑤](74)

朱曰：是也。[⑥] (75)

朱曰：張世傑之弟張弘範[⑦]爲虜大將，戰必勝，攻必取，日夕遣間諜游説，而張世傑一誠不回，真人傑也。[⑧](76)

宅曰：兄弟同胞，志氣如此相楚越，希有希有。皇明執事人如王君輩，則何使虜塵氛於燕京哉？可惜可惜。[⑨] (77)

朱曰：先帝求治太速，而未得其要領。臣下畏威，習爲欺飾。若有如王公者十數人，使虜隻輪不返，何敢陵轢兩京，蹂躪中華至此極哉！[⑩](78)

宅曰：然也。承諭兩京，所謂長安、洛陽否？[⑪](79)

朱曰：長安、洛陽，漢之東西京也。明朝之兩京，爲右北平[⑫]與金陵耳。[⑬] (80)

---

① 陸秀夫(1236—1279)：字君實，一字宴翁，别號東江，楚州鹽城長建里(今江蘇省建湖縣建陽鎮)人。南宋左丞相，抗元名臣，與文天祥、張世傑并稱爲宋末三傑。崖山海戰兵敗，背着衛王趙昺赴海而死，其氣節爲後人景仰。

② 此條水户本、中華書局本闕收。

③ 此條水户本、中華書局本闕收。

④ 謝枋得(1226—1289)：字君直，號叠山，别號依齋，信州弋陽(今江西省上饒市弋陽縣)人，南宋末年著名愛國詩人。擔任六部侍郎，帶領義軍在江東抗元，不幸被俘殉國。有《叠山集》傳世。

⑤ 此條水户本、中華書局本闕收。

⑥ 此條水户本、中華書局本闕收。

⑦ 張弘範(1238—1280)：元初大將，字仲疇，與張世傑係族兄弟。跟隨元帥伯顔南下攻打南宋，是忽必烈滅宋之戰的主將。

⑧ 此條水户本、中華書局本闕收。

⑨ 此條水户本、中華書局本闕收。

⑩ 此條水户本、中華書局本闕收。

⑪ 此條水户本、中華書局本闕收。

⑫ 右北平：即北京。作爲行政區劃始於戰國時燕國所置右北平郡，下轄平剛、無終、俊靡、徐無、夕陽、昌城、廣城、土垠等縣。洪武元年(1368)，易大都爲北平府；永樂十九年(1421)明成祖朱棣遷都北平，改名爲北京，與南京對應，形成"兩京十三布政使司"。朱舜水用"右北平"古稱，實則指大明首都北京。

⑬ 此條水户本、中華書局本闕收。

宅曰：右北平屬燕否？[①] (81)

朱曰：然也。[②] (82)

宅曰：金陵屬蜀否？[③] (83)

朱曰：金陵者，古楚地，今爲吴。[④] (84)

宅曰：右北平去沙漠幾千里？金陵去北京幾千里？(85)

朱曰：右北平之外，即爲薊州[⑤]、昌平，去虜地六七十里，故有"黄裏[⑥]太逼胡沙"之語。其去大同，亦止二百餘里，其出喜峰口、墻子嶺、古北口、永平府俱不遠。金陵至北京有二千六七百里。(86)

宅曰：交趾去南京幾千里？所謂臺灣、東京、安南，皆交趾之種否？交趾，古五溪蠻否？(87)

朱曰：交趾先爲布政司[⑦]，以其數反覆，宣宗皇帝棄之。貢道繇[⑧]廣西南寧幾及萬里至京。東京、安南，即交趾也。臺灣爲海中一島，近福州。五溪蠻則湖廣、沅辰之峒蠻也，非交趾。(88)

宅曰：越裳氏貢雉，其國今存否？白頭回回、紅毛、和蘭，其種類否？[⑨] (89)

朱曰：越裳氏重九譯，行三年，則非今之回回諸國矣，其種類遠不可考。今中國未有聖人，亦未有來貢者。[⑩](90)

宅曰：古來貴國[⑪]稱我邦曰倭奴，是非我邦之通號。近世入寇貴國，

---

① 此條水户本、中華書局本闕收。

② 此條水户本、中華書局本闕收。

③ 此條水户本、中華書局本闕收。

④ 此條水户本、中華書局本闕收。

⑤ 薊州：薊，底本作"蘇"，據彰考館本、水户本改。

⑥ 裏：彰考館本、水户本作"裹"。

⑦ 布政司：全稱"布政使司"，明朝行政區劃。明朝實行一省分置都(都指揮使司)、布(承宣布政使司)、按(提刑按察使司)三司制。永樂四年(1406)明軍進攻安南，次年設置交趾布政使司，下設十五府、三十六州、兩百餘縣，宣德二年(1427)撤銷建制，安南恢復黎氏王朝。

⑧ 繇：彰考館本、水户本同底本，唯中華書局本作"由"。

⑨ 此條水户本、中華書局本闕收。

⑩ 此條水户本、中華書局本闕收。

⑪ 貴國：彰考館本、水户本、中華書局本作"中國"。

皆筑紫、九州之人，乘亂逃逸，鈔掠沿海[①]，遂視爲[②]盜賊，是不可不辨也。[③]（91）

朱曰：中國與貴國不通之故，皆邊吏之罪。天子遠在萬里，竟不能知其情。僕久有此志，又平心夷氣，絶無客[④]氣爲梗於中。倘有中興之日，僕得仗節歸朝，特當奏陳其巔末。若先朝露填溝壑[⑤]，則貴國之污名永永不白，而中國之邊疆未得無事也。入寇之時，淫亂慘毒備至，加之惡名，不亦宜乎？（92）

宅曰：貴國去我邦幾千里？交趾去日本幾千里？來日本向何方？人人曰交趾在日本西南，其間有幾島，有幾山否？（93）

朱曰：中國去貴國，水道一千六七百里，交趾去貴國八九千里。來則向東北方行，交趾故宜在西南也。其間幾島幾山，僕見之尚不能識，況能知其數、標其名乎？（94）

宅曰：日漸暮，懇告别。[⑥]（95）

【擬】第八次筆談

宅曰：今日欲奉清容，暫出户門[⑦]，不意倏忽荷嚴訪，多謝多謝！[⑧]（96）

朱曰：久違台教，以賤痾不得時相過從。又承令親小石公乘顧。今日

① 海：水户本作"澥"。

② 視爲：水户本、中華書局本作"視之爲"。

③ 此條文字與彰考館本頗異，兹録之："古來中國稱我邦曰倭奴，是非我邦之通號。所謂筑紫九州是曰倭奴，其爲日本國者，長門州以東也。近世入寇貴國，皆筑陽人，而并日本州爲倭奴，遂爲盜賊國，不可不辨也。"

④ 客：水户本與底本同，唯據彰考館本作"容"。

⑤ 若先朝露填溝壑：朝露見光即消，喻時間短暫，"先朝露"意即時不我待、立刻作爲。整句話應該是否定假設句，纔能與後句"則貴國之污名永永不白，而中國之邊疆未得無事也"呼應，故疑"若"後闕一"非"字，當作"若非先朝露填溝壑"。

⑥ 此條水户本、中華書局本闕收。

⑦ 暫出户門：正欲出門，剛要出户。暫，猝然，形容時間短促。

⑧ 此條水户本、中華書局本闕收。

答拜，遲慢爲罪！[①](97)

宅曰：前日所約額字，容易煩下台拳，謹拜領。小子以謂衰老不堪運動，是以不敢强請耳。[②] (98)

朱曰：鄙意似尚未衰，只是字拙耳。[③] (99)

宅曰：小生在東武，製一小文，欲備電矚，而以繁冗，故不敢耳。辱不顧煩勞，則今欲呈目下，如何如何？不拒運斤[④]，則多幸也。[⑤](100)

朱曰：久願請教，未蒙見示。若得捧誦，爲榮多矣，何敢言運斤也？[⑥](101)

朱曰：《請與國學書》[⑦]，道理極好。從古以來之體，書自書，表自表，疏自疏，不能混也。若表，須有冒。至於書、疏，則直入。貴國之學，大都自己意會，故規模、稱謂、體裁多不合耳。即文辭極佳，尚恐有礙也。[⑧](102)

宅曰：此書宜爲疏否？表疏有所不敢，故從書耳。[⑨](103)

朱曰：書亦不妨，只是要簡。大蘇[⑩]亦有《上神宗皇帝書》。[⑪](104)

宅曰：蕪陋文字辱一覽，謝謝。未知似爲文理否？願無皮裹陽秋[⑫]，而直論其非，則素望足矣！(105)

朱曰：僕好直言，故多唐突。台臺不患無學，要在清理氣脉。若使脉

---

① 此條水户本、中華書局本闕收。
② 此條水户本、中華書局本闕收。
③ 此條水户本、中華書局本闕收。
④ 運斤：亦作"運斵"，揮動斧頭砍剥，比喻技藝高超。
⑤ 此條水户本、中華書局本闕收。
⑥ 此條水户本、中華書局本闕收。
⑦ 《請與國學書》：下文(第117條)作《擬與國學書》。
⑧ 此條水户本、中華書局本闕收。
⑨ 此條水户本、中華書局本闕收。
⑩ 大蘇：蘇軾(1037—1101)，字子瞻，又字和仲，號東坡居士，世稱蘇東坡、蘇仙。眉州眉山人，祖籍河北欒城。與胞弟蘇轍詩文冠絶一時，世人仿"二王"故事，稱之爲"大蘇""小蘇"。
⑪ 此條水户本、中華書局本闕收。
⑫ 皮裹陽秋：言猶未盡、難以言表。胡繼宗《書言故事·事物譬類》："胸中褒貶，曰皮裏陽秋。"此處是小宅生順自謙"詞不達意"。

未清，未爲爲文之絶義也。幸勿爲罪！(106)

宅曰：氣脉之清，有何術而可得之？(107)

朱曰：别無他術，只是多讀書，有來歷耳。試看從古大方之文，佳與不佳，則時有之，其氣脉則無有不清者。又貴國之文字，多自造以填入之，行之遠方能通解否？(108)

宅曰：文章氣脉，蓋從時代風氣而已。唐、宋、元文字，大概氣脉相同，讀過不滯。就中韓、柳、歐、蘇、周、程、邵、朱之文爲然。唯迄明家諸公文章，全不相類，終日讀之，徒覺聱牙。我邦文章，多學唐、宋，故與明家文章殊不同。未知尊翁意謂如何？(109)

朱曰：聱牙[①]者，此借艱深以文其淺陋者也。或一時偷取功名則有之，不可掩天下萬世之目也。至於氣脉神理，自古及今，未之有異，何有時代之不同？(110)

【擬】第九次筆談

宅曰：卑劣文字，何敢從命奉借之。但得賜點竄，則素望足矣。敢不奉命？[②](111)

朱曰：點竄則不敢，只是讀畢送還。[③] (112)

宅曰：點竄誠所願也。不然，則何以得奉大方？[④](113)

朱曰：僕至貴國，今二十年矣，并未見貴國之大。竊怪如此大國，人物之秀美，地里之廣饒，物産之豐盈，山川之靈毓，如何不産文人？及詢之本地之老唐[⑤]，又曾至東武之人，皆云無有。即見一二故文，甚不滿意。前有略曉文義者至東武而歸，亦云無人。僕應之曰："如此之大，豈得竟無一人？特未之見耳。"終不信其言。前得兩書，頗不協意。昨在尊寓讀佳製，

① 聱牙："聱"，底本作"嗸"，乃"嗷"之異體字，於意不安。中華書局本録作"聱"，從之。
② 此條水户本、中華書局本闕收。
③ 此條水户本、中華書局本闕收。
④ 此條水户本、中華書局本闕收。
⑤ 老唐：或指久居日本的唐人。

亦未見其妙。纔見兩篇耳。歸來又復以別事應酬,漏下二鼓而客散,燃燈讀佳作終卷,喜爲不寐,方知貴國有人,而人文之興也必矣。且意在於尊經翼聖,何等光大! 讀《致林弘文學士[①]書》,又知貴國主之志之學,益爲之喜。晤來兩月有餘矣,何不早示,而珍藏至今,方以付閲,何吝教如此? 驚喜之深,不能無憾矣![②] (114)

宅曰: 僕久願先生之運斤,今幸賜指南,多謝多謝! 然猶有褒無貶,大非僕之意。景仰先生爲久,何以初會爲辭退? 憾憾![③] (115)

朱曰: 初會未知台臺之深,若使任情批駁,恐非相與之誼。然其中語意非有褒無貶者,惟台臺加意勉旃,自可以造大成。僕至貴國以來,惟見台臺及敝門人安東省庵,文氣渾厚,不及台臺英發也。千祈勉旃,僕竊有厚望焉。[④] (116)

宅曰: 貴門人省庵,雖未知其爲人,而聞人人説,天性啓明,且親炙先生有日,其極致[⑤]不可易言,僕何敢望省庵? 拙作《擬與國學書》,先生已見之,若幸其書有稱寡君之旨,而國學之制施行,則施教之師,想乏其人。僕得便宜,則欲薦先生。當今教授之師,其禄足養七八口。萬一有招,則可東游否? (117)

朱曰: 省庵之爲人如其文,其立志更有人不可及者。今者欲來長崎,未奉其主令,未敢見黑川公,是以不得來。然今四十餘矣。台臺若能虚心極力,日夜精進,且可過之,何遂不可及? 興國學事,是國家大典,而在貴國爲更重。僕深有望於貴國。但以僕之才德菲薄,何遽足爲貴國庠序之師? 至若招僕,不論禄而論禮,恐今日未易輕言也,惟看貴國主尊意何如

① 林弘文學士: 即林信篤(1645—1732),字直民,又名春常,號鳳岡,江户時代前期幕府儒官。歷仕德川家綱至德川吉宗五代將軍,任大藏卿法印,賜弘文院學士號。林家學問所移至湯島成爲官學之時,被幕府任命爲大學頭,自此"大學頭"之職爲林家世襲。

② 此條水户本、中華書局本闕收。

③ 此條水户本、中華書局本闕收。

④ 此條水户本、中華書局本闕收。

⑤ 極致: 最高的造詣,臻至巔峰的境界。何休《公羊傳解詁序》:"昔者孔子有云:'吾志在《春秋》,行在《孝經》。'此二學者,聖人之極致,治世之要務也。"

耳。貴國主讀書好禮,雅意欲興聖人之學,必有非常之識,亦非今目可遥度也。(118)

宅曰:誠如示教。[①] (119)

朱曰:《祭王侍郎章》有八首,因東西流移,亡去其五,今存者三章耳。已覽畢,願乞擲還。[②] (120)

宅曰:謄寫未畢,今日謄寫畢,明日速奉之。[③] (121)

朱曰:拙作述意而已,不足流傳,何煩謄録。[④] (122)

宅曰:何必然?[⑤](123)

朱曰:貴國讀書,甚非其道。不獨作詩歌者不可言讀書,即治道學者亦不可言讀書。但僕此言一出,怒者多矣。[⑥] (124)

宅曰:日[⑦]本上世文學大行,中世以來荒敗。神祖初受命五六十年[⑧],略雖事文字,未有傑出之才。故學者之病,皆如先生之言。(125)

朱曰:漢武帝内多欲,而外施仁義,其表章六經,實爲萬代之功。若非漢武,則聖人之學久已滅絶矣,豈宋儒所能開闢也?今貴國但患不能好聖人之學耳。果能好之,且可爲堯爲舜,何患文章之不及中國也?此爲之數年,便可見效。十年便可有成,何不試之,而徒作臨淵羡魚之嘆?此言非如釋氏之捉風捕影也。(126)

宅曰:古人"不欲封萬户侯,而欲一識韓荆州"[⑨]者,何也?日聞其所未聞,月見其所未見也。順非敢以古人自處者,然亦聞古人之道,喜之有

---

① 此條水户本、中華書局本闕收。
② 此條水户本、中華書局本闕收。
③ 此條水户本、中華書局本闕收。
④ 此條水户本、中華書局本闕收。
⑤ 此條水户本、中華書局本闕收。
⑥ 此條水户本、中華書局本闕收。
⑦ 日本:日,底本誤作"曰",中華書局本已改,從之。
⑧ "神祖"當指德川家康,1603 年於江户開設幕府,至筆談之 1664 年,大約"五六十年"。
⑨ 韓荆州:韓朝宗(686—750),京兆長安人,唐朝著名政治家,生平愛才,舉薦後進,口碑甚好。李白與他初次見面時遞了份自薦信《與韓荆州書》,開篇云:"白聞天下談士相聚而言曰:'生不用封萬户侯,但願一識韓荆州。'何令人之景慕一至於此耶!"贊美韓朝宗謙恭下士、識拔人才。

日。先生以古人之道教我則爲幸。來千里之遠，而逢所未逢之人，而聞所未聞之論，所謂“虚往實歸”者也，不亦悦乎！今當遠行，再聞至論，亦未可知。願得拜昌言[①]，以没身誦之，幸勿辭焉。(127)

朱曰：相晤兩月，中間間闊日多。今當遠行，可勝依依。臨别贈言，君子之道，魏公子牟之言[②]可念也。應侯[③]英雄，猶然心醉；若在聖門，顔子之若無若虚，不可及矣。賈太傅[④]非不有才，惟不善藏其用耳。能使少有含蓄，漢家事業，光於文帝之時，必不至漢武令平津、武安開其端也。文章雖一句兩句，以至長江大河，皆當從經史古文中來，必不可用土語凑泊[⑤]，及自杜撰字語填塞。有此，雖集千狐之腋[⑥]，猶貽續貂之譏矣。(128)

宅曰：辱荷大教，雖有華兖之賜而不過之，豈敢不銘肝？順有小齋，命曰“處齋”，願勞尊翁以其銘，如何？[⑦](129)

朱曰：誠願奉命。但目下數日，事煩心冗，且鄙意見於昨柬，台臺尚未之深察。俟台駕行後數月間，寄至東武則可。台臺使事有職。[⑧](130)

---

① 昌言：吉言、善語、好話。《尚書・大禹謨》：“禹拜昌言曰：‘俞。’班師振旅。”《漢書・王莽傳》：“明德侯劉龔、率禮侯劉嘉等凡三十二人皆知天命，或獻天符，或貢昌言。”

② 魏公子牟：魏牟，戰國時魏國人，所以又叫魏公子牟，因封於中山，是中山國的王子，所以也叫中山公子牟。

③ 應侯：即秦國宰相范雎(？—前255)，字叔，因封地在應城，所以又稱爲“應侯”。范雎本是魏國芮城(今山西芮城)人，因被懷疑通齊賣魏，逃亡到秦國。范雎見秦昭王後，提出對内加强王權、對外遠交近攻的策略，遂被秦國拜爲相。有次魏公子牟訪問秦國，臨别前爲范雎留下贈言，成爲千古佳話。事載《戰國策》：“公子牟游於秦，且東，而辭應侯。應侯曰：‘公子將行矣，獨無以教之乎？’曰：‘且微君之命命之也，臣固且有效於君。夫貴不與富期，而富至；富不與梁肉期，而梁肉至；梁肉不與驕奢期，而驕奢至；驕奢不與死亡期，而死亡至。累世以前，坐此者多矣。’應侯曰：‘公子之所以教之者，厚矣！僕得聞此，不忘於心。願君之亦勿忘也。’”

④ 賈太傅：即賈誼(前200—前168)，洛陽人，西漢初年著名政論家、文學家。文帝時任博士，遷太中大夫，因受政敵排擠被謫爲長沙王太傅，故後世稱其爲“賈太傅”。三年後被召回長安，爲梁懷王太傅。梁懷王墜馬而死，賈誼深自歉疚，抑鬱而亡，年僅33歲。

⑤ 凑泊：凑合，拼凑。陸游《跋吕成叔〈和東坡尖義韻雪詩〉》：“字字工妙，無牽强凑泊之病。”

⑥ 千狐之腋：朱舜水化用“一狐之腋”的典故。《史記・商君列傳》：“趙良曰：‘千羊之皮，不如一狐之掖。’”狐狸腋下的皮毛珍貴稀少，“千狐之腋”形容珍寶極其充盈。

⑦ 此條水户本、中華書局本闕收。

⑧ 此條水户本、中華書局本闕收。

宅曰：何妨使事？[①] (131)

朱曰：不然不然，此禮也。[②] (132)

宅曰：然則東歸以後拜高銘耳。荷荷。[③] (133)

朱曰：謹領台諭。[④] (134)

【擬】跋文

予今年承君命，西游紫陽長崎，棲遲三月。公務之暇，泛交蕃客，以欲得異聞。往往拈筆代譯，所交雖及數十輩，而有學者獨有朱魯璵而已[⑤]。於是采録與朱魯璵應酬者以爲册子，名曰《西游手録》。雖不足慰眼下，而備他日之證云。[⑥] (135)

寛文甲辰十一月十七日　宅順坤德父書之

① 此條水户本、中華書局本闕收。

② 此條水户本、中華書局本闕收。

③ 此條水户本、中華書局本闕收。

④ 此條水户本、中華書局本闕收。

⑤ 徐興慶在此段"予今年承君命……獨有朱魯璵而已"引文後，注曰"原日文""引自《朱舜水記事纂餘》"，皆誤。《西游手録》附録於《朱舜水記事纂録》，通篇(包括頭書、跋記)均爲漢文。又，徐興慶引文將"欲"録作"遇"，當誤。參見徐興慶《新訂朱舜水集補遺》(臺灣大學出版中心，2004)第23頁。

⑥ 彰考館本在"雖不足慰眼下"前，尚有"又有略解文字者三四輩，其筆語亦附後"16字。中華書局本則作"予今年承命西游崎陽，泛交蕃客，欲得異聞，往往拈筆代譯，所交數十輩，而有學者獨有朱舜水而已。於是録所與問答者以爲册子，名曰《西游手録》。又有略解文字者三四輩，其筆語亦附後。"青山延于《文苑遺談・小宅生順》(1856)："寛文四年，生順年二十七，奉命至崎陽，與明人流寓者陳三官、陸方壺、釋獨立之徒筆語，遂得朱舜水。則沸(非)唯其才過人，亦有識見，非常人之所能及者也。生順跋《西游手録》後，曰：'予今年承命西游崎陽，泛交蕃客，欲得異聞，往往拈筆代譯。所交數十輩，而有學者獨有朱舜水而已。於是録所與答者以爲册子，曰《西游手録》。又有略解文辭者三四輩，其筆語亦附後云。'"

《心喪集語》解題

《安東省庵集　影印編Ⅱ》所收《心喪集語》的影印本以"安東家史料"編號爲 33 的藏本爲底本。

《心喪集語》是朱舜水與日本江户時期柳川藩儒者安東省庵的通信及筆談記録。日本天和二年(1682)四月,在朱舜水去世半年後,由安東省庵編輯成書。該書寫本諸多,僅柳川古文書館就藏有四種,此外還有日本國立國會圖書館藏本、日本國立公文書館藏本、東京大學史料編纂所藏本、長崎縣立圖書館藏本以及無窮會平沼文庫藏本。2004 年,日本柳川文化資料館出版《安東省庵集　影印編Ⅱ》,影印了該館"安東家史料"編號爲 33 的藏本(以下簡稱"柳川本"),并以諸本進行了校勘。

日本弘化二年(1845)至安政三年(1856),上野國安中藩主板倉勝明(號甘雨亭,1809—1857)爲了防止近世名家的寫本資料散逸,耗費十餘年時間,收集室鳩巢、伊藤仁齋、貝原益軒、新井白石、山崎闇齋等 34 人未刊稿,匯刻爲《甘雨亭叢書》,凡五集,另别集二集,共 56 册。《心喪集語》計劃收録在該叢書中,并已製成上板底本(用於反貼在板上刻寫),但最終未能刊印,故而學界對此尚闕關注。

本次録文、校釋及影印即以《甘雨亭叢書》擬收的筑波大學附屬圖書館三宅文庫《心喪集語》(以下簡稱"三宅文庫本")爲底本,參照"柳川本"、德川光圀輯《舜水先生文集》(以下簡稱"水户本")進行校核。我們在

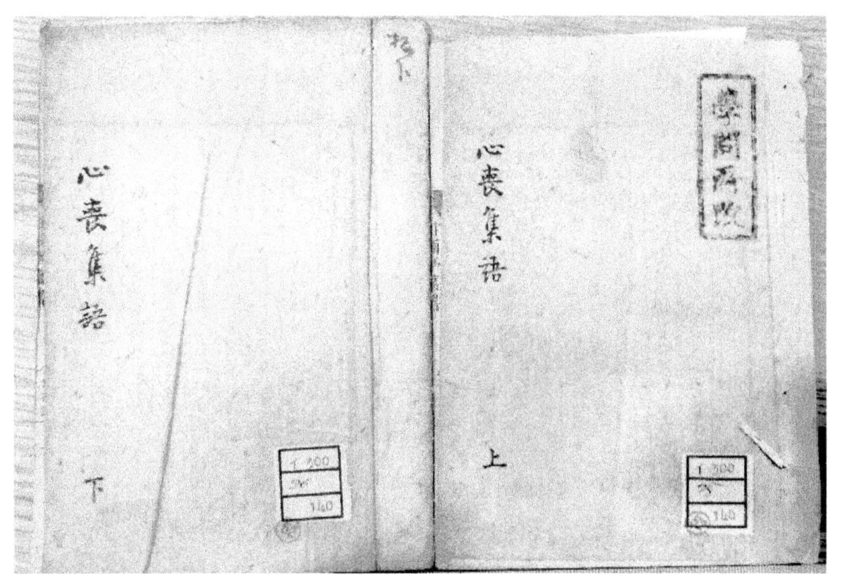

校勘過程中發現,三宅文庫本有多處字詞的誤刻,如“湯於伊尹”誤作“陽於伊尹”,“十月下浣”誤作“十月下院”,“督學察院亓”誤作“督學寮院開”等;但文本内容上可補柳川本的一些缺漏,如柳川本“《三都賦》聞左思爲之直左氏獨傳”一段,文義不明、斷句困難,對照三宅文庫本可知此處柳川本脱漏 15 字,完整的句子應該是“昔日機、雲兄弟草《三都賦》,聞左思爲之,直須以覆醬瓿,及今惟左氏獨傳”。

三宅文庫是東京文理科大學(筑波大學前身)前校長三宅米吉(1860—1929)的舊藏書,計有圖書 5 034 册,以史部典籍爲主,且多珍稀善本。三宅文庫本《心喪集語》上下兩卷(成兩册),上板清稿本。高 16.8 cm,寬 12.4 cm,上册 34 葉,下册 41 葉;左右雙邊,有界,半葉 9 行,行 20 字,注文小字雙行;白口,單魚尾,版心題“甘雨亭叢書”,版心下方題“心喪集語”及葉數;天頭有墨筆及朱筆批注;正文有句讀及日文訓點;上册書衣右上方有“學問所改”長形墨印,可知此書原爲昌平坂學問所舊藏;下册書衣右上方有朱書“板下”二字,爲上板清稿本之意,故價值頗高,可惜未能刊出。此外,書中夾有附箋一枚,大意是開板在即,印成後奉納學問所一部。這張附箋證明此書與幕府官學昌平坂學問所關係密切。

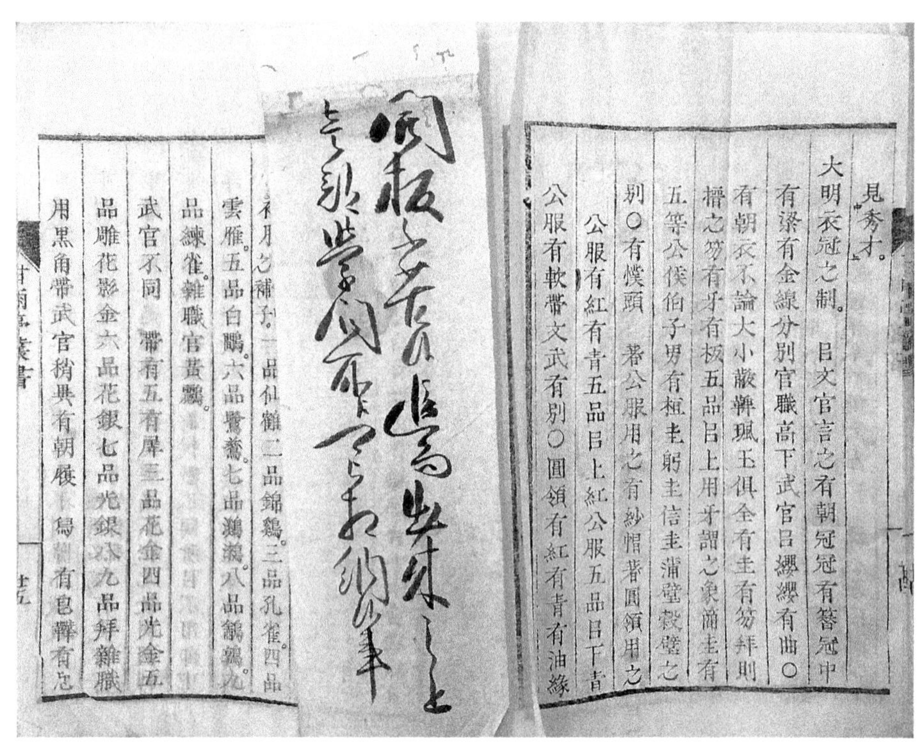
見秀才。

大明衣冠之制。以文官言之有朝冠冠有簪冠中有梁有金線分別官職高下武官以纓纓有曲○有朝衣不論大小蔽膝珮玉俱全有圭有笏拜則搢之笏有牙有板五品以上用牙謂之象簡圭有五等公侯伯子男有桓圭躬圭信圭蒲璧穀璧之別○有幞頭　著公服用之有紗帽著圓領用之公服有紅有青五品以上紅公服五品以下青公服有軟帶文武有別○圓領有紅有青有油綠

補服之補子一品仙鶴二品錦雞三品孔雀四品雲雁五品白鷴六品鷺鷥七品鸂鶒八品鵪鶉九品練雀雜職官黃鸝

武官不同　帶有五有犀三品花金四品光金五品雕花影金六品花銀七品光銀八九品拜雜職用黑角帶武官稍異有朝履

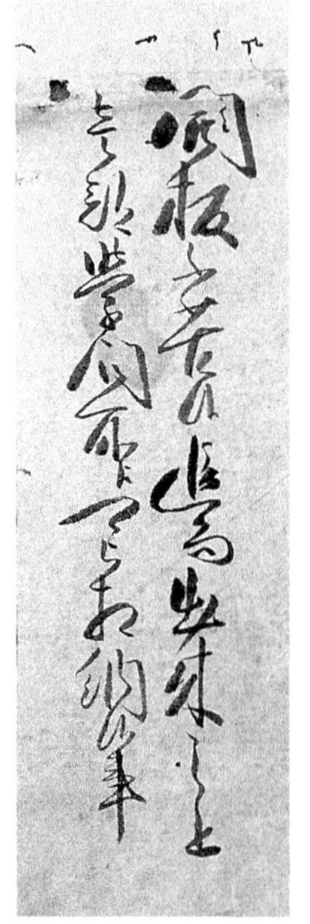

基於柳川本已經影印出版，此次我們選用少有人關注的三宅文庫本進行校注與影印，在此感謝筑波大學圖書館的授權。需要説明的是，三宅文庫本與柳川本的最大區别，是前者僅爲上下兩卷，後者另有附録一卷，主要輯録朱舜水各個時期寄給安東守約的書簡。這部分内容擬在後續校注柳川本《心喪集語》時予以完成。

《心喪集語》校注

《心喪集語》序

《傳》曰:“民生於三,事之如一。父生之,師教之,君養之。非父不生,非食不長,非教不知生之族也,故壹事之。唯其所有,致死焉。”師道之重如此。守約[①]沐朱先生化雨[②]之恩也久矣,今秋訃至,捧誦遺文,感舊摧心。古今師愛弟子,未聞若是之至情而親切也。

猗嗟!夫子在崇禎之末被徵二次[③],不就;即授副使兼兵部郎職方司郎中,監荆國公方國安[④]軍,復不拜。及胡虜有天下,耻食其粟[⑤],牢落[⑥]外

① 守約:指安東省庵(1622—1701),柳川藩立花氏家臣安東親清次男,出生於筑後國,通稱助四郎、市之進,初名守正,後改爲守約,字魯默、子牧,號省庵、耻齋。安東省庵歷仕柳川藩四代藩侯(立花宗茂、立花忠茂、立花鑑虎、立花鑑任),早年隨清水寺玄磧、板東寺友山學佛教,28歲時赴京都從松永尺五習儒學。安東省庵經入籍日本的杭州醫生陳明德(日本名穎川入德)斡旋,開始與朱舜水書信往來,1659年朱舜水移居長崎後正式入其門下。

② 化雨:滋潤萬物的時雨,引申爲教化民衆。語出《孟子·盡心上》:“君子之所以教者五:有如時雨化之者,有成德者,有達財者,有答問者,有私淑艾者。此五者,君子之所以教也。”此處喻安東省庵受朱舜水熏陶。

③ 崇禎之末被徵二次:即下文朱舜水自述履歷中崇禎十七年(1644)、弘光元年(1645)的兩次徵辟。

④ 方國安:生卒不詳,字磐石,浙江諸暨人。弘光年間任左良玉麾下總兵,左良玉叛亂後歸降南明。魯王朱以海監國期間,封越國公,任鎮東將軍,節制諸軍。南明滅亡後降清。後又意圖反清,爲鄭芝龍揭發,被殺於福建延平。張岱《石匱書後集》卷四十八附有《方國安傳》。

⑤ 耻食其粟:《史記·伯夷列傳》:“武王已平殷亂,天下宗周,而伯夷、叔齊耻之,義不食周粟,隱於首陽山,采薇而食之。”後以“不食周粟”謂清白守節。

⑥ 牢落:意爲寥落孤寂。李賀《京城》:“驅門出馬意,牢落長安心。”

國，其節不羞夷、齊[①]。其在安南也，國王[②]欲拜，長揖而退。王怒將殺，守禮不屈。

其來吾國也，以長崎爲首陽[③]。水户宰相上公[④]聞其賢，以幣聘之，幡然出而陳以堯舜之道，猶湯於伊尹[⑤]。然釋奠[⑥]惟行，儒風大振，是誠千載之奇遇而千載之模範也。

最悲生不供役、没不執紼[⑦]，徒爲終生之慘焉[⑧]。昔後山先生[⑨]哭其師曰："有聲當徹天，有淚當徹泉。"守約昧道懵學，雖非倫類，而哀慕之情則同。

① 叔、齊：指"不食周粟"典故中的伯夷、叔齊。朱舜水受德川光圀委托參與設計的小石川後樂園中，至今游客還能看到"得仁堂"，其中安置着伯夷、叔齊的木像，可證其"節不羞夷、齊"并非虚言。

② 國王：此指阮福瀕(1620—1687)，越南廣南阮氏政權第四代君主。廣南阮氏爲越南南北朝、鄭阮紛争期間四政權之一，名義上奉黎朝爲君主，實際已獲獨立。

③ 首陽：即伯夷、叔齊隱居的首陽山，位於今甘肅省渭源縣。

④ 水户宰相上公：日本水户藩第二代藩主德川光圀之尊稱。德川光圀以朱舜水爲賓師而執弟子之禮，是朱舜水在日本傳播其思想最重要的支持者。在朱舜水死後，德川光圀下令爲其編纂文集，即傳世至今的《舜水先生文集》(俗稱"水户本")。

⑤ 湯於伊尹：湯，底本原誤作"陽"，後批改爲"湯"，柳川本亦作"湯"。伊尹(前1649—前1550)，姒姓，名摯，夏商之際著名政治家。商湯三聘之後，輔助商湯推翻夏桀，爲商朝開國元勛。此處喻德川光圀有商湯之賢禮聘朱舜水。

⑥ 釋奠：古代在學校設置酒食以奠祭先聖先師的一種典禮。《禮記・文王世子》："凡學，春官釋奠於其先師，秋冬亦如之。凡始立學者，必釋奠於先聖先師。"鄭玄注："釋奠者，設薦饌酌奠而已。"此處稱贊德川光圀得朱舜水襄助而推廣聖教。

⑦ 執紼：泛稱爲人送殯。黄滔《祭崔補闕文》："方俟彈冠，仰修程於霄漢；誰云執紼，悲落景於桑榆。""没不執紼"言朱舜水去世時安東省庵未能親自送葬。

⑧ 徒爲終生之慘：朱舜水與安東省庵雖名爲師徒，實相處如父子，情誼甚篤。然而兩人却并不能時常見面，交流的手段也主要是書信。安東省庵仕官柳川藩(藩廳位於今日本福岡縣柳川市)，而自朱舜水於日本寬文五年(1665)前往江户(今東京)後，在接下來的16年間，兩人便再未謀面。朱舜水在去世前與安東省庵的最後一封書信中言道："不佞今年七十九，稍復苟延，來年則八十矣。百病咸集，突如其來，不知何病。或一兩月，或三四月，不能脱體。欲得賢契一來見我，瞑目地下。翹首西望，若歲大旱魅望霖雨。何時得從容把臂也？閣筆授淚，將以語誰？"然而安東省庵始終未能成行，故言"徒爲終生之慘"。

⑨ 底本作"后山先生"，"后"當是"後"字之訛。後山先生即陳師道(1053—1102)，北宋詩人，字履常，一字無己，號後山居士，徐州彭城人。陳師道爲蘇門六君子之一，江西詩派詩人，有《後山居士文集》傳世。

今在心喪[①]之中,不能顯其文章行誼[②],以報於知我望我之高德,惟集其筆語、語録,附以所賜之書,名爲《心喪集語》。猶以聲淚徹天泉,不能作序,勉强操觚[③]云。

天和二年[④]歲次壬戌十月下浣[⑤]

門生安東守約泣血稽顙百拜序

《心喪集語》卷之上

門生安東守約泣血稽顙百拜輯[⑥]

先生姓朱,名之瑜,字魯璵,號舜水先生**初賜鴻文二篇**。

其一所示《交趾將相諸大臣節文》[⑦]也,曰:"中國之儒,大要有二。其一曰學士,多識前言往行,而行誼或有未至,漢詔[⑧]所謂'淹通墳典、博學宏辭'[⑨]是也;其一曰賢士,專[⑩]務修身行己,而文采或有不足,漢詔所謂

① 心喪:古時謂老師去世,弟子守喪,身無喪服而心存哀悼。《禮記·檀弓上》:"事親有隱而無犯,左右就養無方,服勤至死,致喪三年。事君有犯而無隱,左右就養有方,服勤至死,方喪三年。事師無犯無隱,左右就養無方,服勤至死,心喪三年。"鄭玄注:"心喪,戚容如父而無服也。"

② 行誼:指品行道義。

③ 操觚:謂寫作。《文選》載陸機《文賦》:"或操觚以率爾,或含毫而邈然。"李善注:"觚,木之方者,古人用之以書,猶今之簡也。"

④ 天和二年:日本江户時代年號,當清康熙二十一年,公元1682年。

⑤ 下浣:底本"浣"作"院",據柳川本改。下浣,又作下澣,即下旬。

⑥ 輯:柳川本無"輯"字。

⑦ 《交趾將相諸大臣節文》:柳川古文書館藏原件,題作《白交趾將相諸大臣節文》,此文收入《安南供役紀事》,題《榜示文武大小臣工》。

⑧ 漢詔:西漢帝王的詔書。明陳衍輯有《漢詔疏》6卷,輯録西漢高祖至哀帝歷朝皇帝詔書。朱舜水此處所言或特指漢高祖劉邦的《求賢詔》,見《漢書·高帝本紀》。

⑨ 淹通墳典、博學宏辭:此處疑朱舜水誤記。淹通墳典,非漢詔中提到的察舉科目,而是唐朝的貢舉科目,全稱爲"博通墳典達於教化科",最早的開科取士見於《唐會要·貢舉中》卷七十六、《册府元龜·貢舉部·科目》卷六百四十五貞元元年(785)九月所載"博通墳典達於教化科,熊執易、劉簡甫及第"。博學宏辭,始見於唐開元十九年(731),"博學宏詞科,鄭昉、陶翰及第"。并非漢代察舉科目。

⑩ 專:《安南供役紀事》(《舜水先生文集》)作"耑",係"端"的古字,義同"專"。

'賢良方正、孝弟力田'[①]是也。而[②]二者罕能兼之,有能兼之者[③],斯誠國家之至寶,而聖帝明王之上珍也。其君用之,則安富尊榮;其子弟從之,則孝悌忠信。是故,食祿萬鍾不爲豐,後車[④]十乘不爲侈,袞衣[⑤]、黼黻[⑥]章已不爲華,尚父[⑦]、仲父[⑧]尊已不爲過。何也?道高[⑨]德盛,當之而無愧色。"丁酉春[⑩],執役交趾。其文武大臣或有問非所問者,故揭榜以示之。此其略節耳,録呈省庵詞宗。

其二所賜守約曰:"儒者之道,振古鑠今,極天際地。仲尼日月,無得而逾[⑪]。然而亦有不行不明之時,則浮雲風霾薄蝕之也,終不能奪其照臨之體。若使天有二日[⑫],則天下亦應有二道。若使今古有一逾於天日,則天下之爲道亦應有逾於仲尼。仲尼之道,如布帛菽粟,誠無詭怪離奇,如他途之使人炫耀而羡慕。然天下可無雲綃霞縠[⑬],必不可無布帛;可無交梨火棗[⑭],必不可無粱粟。雖有下愚,亦應明白而易曉矣。奈之何,舉世

① 賢良方正、孝弟力田:從"而文采或有不足"至"孝弟力田"18字,底本脱漏,此據柳川本補。
② 而:柳川本無"而"字。
③ 有能兼之者:此句之後,《安南供役紀事》(《舜水先生文集》)多出"仁義禮智積於中、恭敬温文發乎外"14字。朱舜水在引文後注云"此其略節耳",當有所省略。
④ 後車:即副車,侍從所乘之車。《詩經·小雅·綿蠻》:"命彼後車,謂之載之。"鄭玄箋:"後車,倅車也。"
⑤ 袞衣:繪有捲龍紋的禮服。《詩經·豳風·九罭》:"我覯之子,袞衣繡裳。"毛傳:"袞衣,捲龍也。"
⑥ 黼黻:有紋彩的華服。《淮南子·説林訓》:"黼黻之美,在於杼軸"高誘注:"白與黑爲黼,青與赤爲黻,皆文衣也。"
⑦ 尚父:原指西周吕望,後用於尊禮大臣的稱號。《詩經·大雅·大明》:"維師尚父,時維鷹揚。"毛傳:"尚父,可尚可父。"鄭玄箋:"尚父,吕望也,尊稱焉。"
⑧ 仲父:用於帝王對宰相重臣的尊稱。《史記·吕不韋列傳》:"莊襄王即位三年,薨,太子政立爲王,尊吕不韋爲相國,號稱'仲父'。"張守節正義:"仲,中也,次父也。蓋效齊桓公以管仲爲仲父。"
⑨ 道高:《安南供役紀事》(《舜水先生文集》)作"道尊"。
⑩ 丁酉春:魯監國十二年、清順治十四年(1657)年二月,朱舜水遭遇"安南之役"。
⑪ 仲尼日月,無得而逾:謂孔子如日月,不可逾越。語出《論語·子張》:"仲尼日月也,無得而逾焉。"
⑫ 二日:底本闕"日"字,據柳川本補。
⑬ 縠:有皺紋的紗。
⑭ 交梨火棗:道教所稱的兩種仙果。南朝梁陶弘景《真誥·運象二》:"玉醴金漿,交梨火棗,此則騰飛之藥,不比於金丹也。"此處與"粱粟"等日常食物相比,指常人無緣享受的山珍海味。

如鶩[1],狂瀾白波。雖然,明而行之者,其常也。自非上智,必有感而動。”闕

守約未見夫子[2],奉書問諸注解、作文之法及履歷。復書有答,載之左。

一、問注解

書理只在本文,涵泳深思,自然有會。注脚離他不得,靠他不得,如魚之筌、兔之蹄[3]。筌與蹄却不便是魚、兔,然欲得魚得兔,亦需稍籍筌、蹄。

太繁太多,到究竟處,止在至約之地,所謂博學而詳説之,將以反説約也。若義理融會貫通,真有活潑潑地之妙。此時六經皆我注脚,又何注脚之有?

程子云:“學者於《論語》《孟子》熟讀精思,則六經不待讀而自明矣。”六經豈有不讀自明之理?此等議論極好,甚須尋味。蓋天下文字,千頭萬緒,道理只是一個。若能明得此理,引而申之,觸類而長之,無往非是。若執何書以爲鵠(“正”字爲不佞家諱[4],故易之)的,猶非絶頂議論。

一、作文

作文以氣骨格局爲主,當以先秦兩漢爲宗,不然,則氣格不高不貴、不古不雅,參以陸宣公[5]、韓、柳、歐、蘇則文章自然有骨氣,有見解,有波瀾,有跌宕,有神采。取其精華,去其糟粕,文之最上者也。雖然,此爲寒儉者

---

① 鶩:原義指馬之縱横奔馳狀,與義似有不安。或許是“鶩”之形訛,即群趨之野鴨,如言“趨之若鶩”,比喻世人競相追逐。

② 未見夫子:1658年十月,安東省庵經入籍明人陳明德(完翁,日本名潁川入德)介紹,致書問學請益;1659年冬,朱舜水第七次抵長崎,安東省庵特從柳川藩趕往長崎相見在次年(1660)秋天以後,“未見夫子”所指時間段有兩種可能:兩人通信至見面之間;朱舜水第七次到長崎至初次見面之間。我們傾向於後者。

③ 魚之筌、兔之蹄:筌,捕魚器;蹄,捕兔網。後以“筌蹄”比喻達到目的之手段或工具。語出《莊子·外物》:“荃者所以在魚,得魚而忘荃;蹄者所以在兔,得兔而忘蹄。”

④ 家諱:舜水之父名爲朱正,因而此處有此自注,即以“鵠”代“正”。

⑤ 陸宣公:指陸贄(754—805),字敬輿,蘇州嘉興(今屬浙江)人。工詩文,尤長制誥,有《翰苑集》,亦題《陸宣公奏論》。謚號宣,故後人稱“宣公”敬之。

言耳，若夫淵富宏邁，其所取更進乎此矣。

一、讀書作文

以四書、六經爲根本，佐[①]之以左、國、子、史，而潤色之以古文。然本更有本，如酈食其所云："知天之天者，王是也。"本之本何在？則在乎心，若夫心不端靈，作文固是浮華，讀書亦成理障，如王莽、王安石，《周禮》《周官》禍世不小。王莽不足惜，安石固絶世之資也。

先賢謂《戰國策》不可讀，讀之壞人心術。不佞謂此爲初學及下愚言之耳。若真能學者，如明鏡在懸，凡物之來，妍媸立辨，豈爲彼物所移，何能壞我心術？不見夫海乎？河、漢、江、淮，無一不内[②]，潢汙、行潦[③]并無去取，所以能爲百谷王[④]也。

一、學問之道

貴在實行。顔子聞一知十，而列德行之首，可見矣。余謂君義臣忠，父慈子孝，夫和婦順，兄友弟恭，而朋友敬信，此天下之至文也。(闕)而孝又爲百行之源，孝則未有不忠，未有不恭敬信誠者也。古人又曰："孝衰於妻子。"此世俗閲歷之言，而非上哲之所慮也。程子又曰："未讀《論語》時是這般人，讀了後依舊是這般人，如未讀《論語》一般。"

孔子曰："有顔回者，好學，不遷怒，不二過。"豈非聖賢之學俱在踐履？若文字語言，則游、夏、賜、予遠過顔子。

一、履歷

不佞十齡喪父，學行無本，較諸祖父相傳者，功力不啻十倍。初爲松江府[⑤]儒學諸生。原籍浙江餘姚人。弱冠以世道日壞、國是日非，便有高

---

① 佐：底本原誤作"作"，後批改爲"佐"。柳川本作"佐"。

② 内：通"納"，接納。

③ 潢汙、行潦：潢汙，指積聚不流之水；行潦，指溝中的流水。《左傳・隱公三年》："苟有明信……筐筥錡釜之器，潢汙、行潦之水，可薦於鬼神，可羞於王公。"

④ 百谷王：指江海。百谷之水必趨江海，故稱。《老子》："江海所以能爲百谷王者，以其善下之故，故能爲百谷王。"

⑤ 松江府：治所在華亭縣(今上海市松江區)，轄境相當今上海市吴淞江以南地區。

蹈[1]之致。每對妻子云:"我若[2]第一進士,作一縣令。初年必逮係[3],次年、三年百姓誦德,上官稱譽,必得科道[4]。繇此建書,必獲大罪,身家不保。自揣淺衷[5]激烈,不能隱忍含弘[6],故絶志於上進。"繼妻陳氏,志意相合,事姑極孝,甚能自安貧賤,有短裳挽鹿[7]之風。但總角之初,宗族及鄉先生多以公輔相期,不能一旦遺落。年至四十,欲棄舉子業,退安耕鑿,諸父兄弟猶不許也。故前此每逢大比[8],徒作游戲了事而已。

督學察院亓[9],以文武才,薦於禮部,後幕府辟爲監紀同知,不受。次年,蒙恩得貢。崇禎十七年、弘光元年,二次詔徵,不就。第三次即拜副使兼兵部職方司郎中、監荆國公方(諱國安)軍,不拜,并不開讀。勛、輔、科道,一時并糾。不佞遁逃海濱,遂過日本,復還舟山。徵聘重典,舉世共聞。此時天下大亂,外官不知朝政,不佞因得諱之,止稱生員。威虜侯黄[10],辟爲贊畫通判,不受;改昌國[11]知縣,不受;題爲屯田監察御史補武

---

① 高蹈:指隱居。三國魏鍾會《檄蜀文》:"誠能深鑒成敗,邈然高蹈,投迹微子之蹤,措身陳平之軌,則福同古人,慶流來裔,百姓士民,安堵樂業。"此處意指摒棄功名。

② 若:底本誤作"苦",依柳川本改。

③ 逮係:即逮捕、拘囚之義。係,通"繫",捆綁。《漢書·刑法志》:"即位十三年,齊太倉令淳于公有罪當刑,詔獄逮繫長安。"

④ 科道:指科道官。明代六科給事中與都察院十三道監察御史之總稱。

⑤ 衷:底本作"喪",此據柳川本改。

⑥ 含弘:包容博厚。《易·坤》:"(象曰)至哉坤元,萬物資生……含弘光大,品物咸亨。"孔穎達疏:"包含宏厚,光著盛大,故品類之物皆得亨通。"後因指恩德廣被,寬厚仁慈。

⑦ 短裳挽鹿:意謂夫妻間安貧樂道,舉案齊眉。典出《後漢書·列女傳·鮑宣妻》:"妻乃悉歸侍御服飾,更著短布裳,與宣共挽鹿車歸鄉里。"

⑧ 大比:周代每三年對鄉吏進行考核,選擇賢能,稱大比。隋唐以後泛指科舉考試,明清特指鄉試。《明史·選舉志二》:"三年大比,以諸生試之直省,曰鄉試。中式者爲舉人。"比,底本原誤作"此",後批改爲"比",柳川本作"比"。

⑨ 督學察院亓:察,底本作"寮";亓:底本作"開",俱據柳川本改。此指亓詩教(1557—?),字可言,號静初,晚號龍峡散人,山東萊蕪李條莊人。明萬曆二十六年(1598)進士,歷任荆州、淮安二府推官、禮科給事中、吏科都給事中、翰林院提督四夷館兼太常寺少卿。天啓五年(1625)九月,升任都察院右僉都御史。明神宗時期,朝廷黨争激烈,亓詩教爲"齊黨"之首。

⑩ 威虜侯黄:指黄斌卿(1597—1649),字明輔,一字虎痴,福建莆田人。其先以禦倭功,世千户。崇禎末爲舟山總兵。隆武帝即位,擢爲總兵官,封肅虜伯,晋威虜侯。因與魯王君臣不睦,後死於南明内訌。侯,底本誤作"候",據柳川本改。

⑪ 昌國:縣名,在今浙江舟山市。

原[①]軍門缺，不受。後監國魯王至舟山，雖不肯明言詔徵，亦不敢仍前自晦，恐涉於欺君也，因稱恩貢生。安洋軍門劉○[②]疏薦贊畫推官，不受。吏部左侍郎朱○[③]，先擬兵科改擬吏科給事中，不就。禮部尚書吴○[④]，擬爲翰林院○○（官御未定），不就。最後，巡按[⑤]直浙監察御史王○[⑥]，薦舉孝廉（即今之舉人），不受，有辭表。九年，蒙特敕專召。（不佞自稱當爲徵士，他人稱之則曰徵君、聘君。凡徵聘，國朝不多見，遠過科甲，因世亂自晦，故混稱恩貢，以其去生員未遠也。他若行實，則不便自舉，恐涉自譽也。）

二子，長，大成，孫（幾人近未知）；次男，大咸。女，高，字柔端，忠孝性成，聰明絶世，兒時三歲便如成人，一言一動，俱有矩矱[⑦]，其長者皆愛之、憚之。六歲喪母，哭泣之慘，吊祭者，哀不能起。事事先意承志[⑧]，不佞藉以忘憂，暮年歡心惟寄此女。虜變以來，年十二三，嚴備利刃，晝夜不去身，其妗[⑨]駭焉，問之曰："佩此作何事？"曰："今夷虜犬羊，豈知禮義？兒若脱[⑩]有不幸，即以此自刎，寧肯辱身？"其妗與同卧起，竊之四年而不能得。幼字[⑪]同邑何氏，因其舅爲虜官（舅者，夫之父），日夜思父，又愧憤其

① 武原：浙江海鹽縣的别稱。因西漢末至東漢中海鹽縣故治（今浙江平湖市東）爲秦武原鄉，故名。

② 劉○：指劉世勛，生平不詳。關於此次徵辟，朱舜水在《對源光圀問先世緣繇履歷》亦提及："監國魯伍年正月，安洋軍門劉世勛疏薦監紀推官，不受。"

③ 朱○：指朱永佑，生卒不詳，字爰啓，號聞玄，松江府上海縣（今上海市松江區）人，崇禎七年（1634）進士，授刑部主事，累官吏部侍郎。從魯王至舟山，清兵破城時死難。

④ 吴○：指吴鍾巒（1577—1651），字巒稚，一説字峻伯，號霞舟，常州府武進縣人。崇禎七年（1634）進士，南明時代弘光元年（1645）擢爲禮部主事。魯王時拜通政使，升禮部尚書。往來普陀山，組織抗清鬪争，魯王監國六年（1651）兵敗自焚。

⑤ 按：底本作"掟"，據柳川本改。

⑥ 王○：指王翊（1616—1651），字完勛，號篤庵，浙江慈溪人，徙居餘姚。明庠生。弘光元年（1645）清軍入浙江，舉兵抗清，魯王授兵部職方主事。魯王監國二年（1647）屯兵圜明山，後兵敗走舟山。六年（1651）赴天台招兵途中爲團練所捕，於定海遇害。

⑦ 矩矱：規矩法度。《楚辭・離騷》："曰勉升降以上下兮，求榘矱之所同。"王逸注："榘，法也；矱，度也。""榘"是"矩"的異體字，《説文解字注》云"今字作矩，省木"，當是。

⑧ 先意承志：意謂孝子不待父母開口而能順承父母心意行事。語出《禮記・祭義》："君子之所爲孝者，先意承志，諭父母於道。"

⑨ 妗：指舅母。

⑩ 脱：倘若，或許。李朝威《柳毅傳》："脱獲回耗，雖死必謝。"

⑪ 字：舊稱女子出嫁、許配他人，如"待字閨中"。

舅臣虜，憤忿[①]遘疾，未嫁而亡。但聞之，今不知幾年矣（大約在壬辰、癸巳年間[②]）。

繼妻胡氏爲大冢宰恭介陳公諱有年者[③]之外孫，翰林志皐胡公[④]之子。許允之時，不佞三次堅辭，不許，直至作書苦[⑤]辭，備陳不可之意，又不許，不得已聘之。適有家憂朞功[⑥]之慘，遂丁母艱，未娶。後值虜難奔逃，已曾屢次作書，另行擇婿許配，再三懇求，妻父堅執不允。今已日久，惟以更嫁爲幸。

小兒大成，隱居教授，館穀足以糊口。子若孫，今日之前均未有就夷虜有司考試者。大咸，前年已物故，無子。胞兄諱啓明，號蒼曙，乙丑[⑦]進士。因忤閹宦[⑧]，妄爲所劾[⑨]。雖兩奉明旨昭雪，家貧如洗，無以賂權要，十年不得復，最後漕運缺，屢推，皆不點。先帝御筆親除，因流寇破北京，未得到任，回南京另補。新設洋務軍門缺，理應家兄推補，奸輔馬士英惟賂是圖，又起奸凶阮大鋮爲兵部侍郎，以爲羽翼，突推巡撫劉安行爲之，家兄依前擯落[⑩]。但奉朝請而已，逆虜强之作官，不就。部院陳錦欲殺之，以操江[⑪]唐際盛力救得免，後錮於南京，屏居灌園[⑫]，今不知存亡，三年前猶

---

① 忿：柳川本作“懣”。
② 壬辰、癸巳年間：壬辰（1652）至癸巳（1653）之間，其時朱舜水漂泊於安南、長崎，家事信息多得自傳聞，故云“大約”。
③ 陳有年（1531—1598）：字登之，號心谷，謚號恭介，浙江餘姚人。嘉靖進士，授刑部主事。萬曆元年（1573），忤張居正，告病歸；萬曆十二年（1584）起復，歷任稽勛郎中、考功、文選、太常少卿等職，萬曆二十一年（1593）拜吏部尚書。
④ 胡公：胡志皐，生平不詳。
⑤ 苦：底本作“若”，據柳川本改。
⑥ 朞功：古代喪服的名稱。朞，同“期”，服喪一年；功，按親疏關係分大功和小功，大功服喪九月，小功服喪五月。
⑦ 乙丑：明天啓五年（1625）。
⑧ 宦：底本作“官”，據柳川本改。
⑨ 劾：底本作“刻”，據柳川本改。
⑩ 擯落：排斥，落選。蘇洵《上皇帝書》：“當少年時，亦嘗欲僥倖於陛下之科舉，有司以爲不肖，輒以擯落。”
⑪ 操江：明代官名，全稱“提督操江”，以副僉都御史爲之，領上下江防之事。見《明史・志第五十一・官職四》。
⑫ 灌園：居家從事田園勞動，後謂退隱家居。

在。此不佞一家骨肉飄零喪亡之概，書此泫然，賢契聞之亦應爲之鼻酸。

一、舉孝廉始末

王按君[①]以不佞被虜，群賊露刃，環向迫脅，不佞談笑而道："期於必死，不肯剃頭。"後劉文高等七人，忘身駕船送回舟山。按君知不佞極天下美官一概不受，不得已舉爲孝廉。是日黎明，延不佞過署，以薦疏示之，余云："極承盛情，然此事不可做。老先生深相愛，幸勿發此疏。"王亦不知余先有徵聘事，第云："昨已啓過主上[②]，主上面允，但令補本，不然近於内批，所以今日進呈，無可辭也。"不佞因曰："老先生自上，之瑜自辭，斷乎不受。"因相對據案，立就疏稿，今亦偶有遺忘者，一時倉卒不能記。巡按所薦，應稱老師門生。不佞因不受，故止稱老先生。疏入閣部，張肯堂[③]遣其私人教官曾𤋮轉托鄭儆日（今其人嘗來日本）向余索賄，余嚴詞拒之。因票本[④]云："朱之瑜果否的係貢生？該部確察具奏[⑤]。"張與余居相去咫尺，其弟張玉堂又與余同案游庠[⑥]，豈不知我？且余貢札特爲優異，後來未有，有"德懋遼東之管[⑦]，才并南陽之葛[⑧]"等語，貪[⑨]夫弄權之態如此。禮部堂，其同年也，爲余憤憤不平。余仍不爲理，不得已復票旨云："朱之瑜果係貢生，准擇日廷試。"余仍不理，不謝恩，不廷試，然亦不自知爲貢生，爲舉人也。

---

① 王按君：即前文巡按直浙監察御史王翊。

② 主上：指南明魯王朱以海（1618—1662），字巨川，號恒山，别號常石子，明朝宗室，藩王。崇楨十七年（1644），襲魯王封爵。次年在紹興監國，改明年爲魯監國元年。但與在福建稱帝的唐王（隆武帝）政權相傾軋。隆武二年（1646），清兵攻取浙東，流亡海上，後至舟山。永曆七年（1653），取消監國名義。後病故於金門。

③ 張肯堂（？—1651）：字載寧，號鯢淵（一作鯤淵）。天啓五年（1625）進士。唐王即位於福州，進太子少保、吏部尚書，尋改左都御史，掌都察院事。魯王監國三年（1649）至舟山，拜東閣大學士。魯監國六年（1651），清兵攻舟山，闔門自殺死節。

④ 票本：又稱擬票、條旨、票旨，明代内閣制度中，内閣大學士用墨筆在小票上寫下意見，附於奏疏之中，以供皇帝參考。

⑤ 奏：底本原作"秦"，批校改爲"奏"，柳川本亦作"奏"。

⑥ 游庠：庠，古代稱學校。明清時期，儒生經考試取入府、州、縣學爲生員，謂之"游庠"。

⑦ 遼東之管：即管寧（158—241），字幼安，三國北海朱虚（今山東臨朐東南）人。東漢末，避居遼東。魏文帝徵他爲太中大夫，明帝又徵他爲光禄勛，都固辭不就。著有《氏姓論》，今佚。

⑧ 南陽之葛：即三國時南陽諸葛瑾、諸葛亮、諸葛誕三人。

⑨ 貪：底本作"貧"，批校有"貧恐貪"語，又據柳川本改爲"貪"。

辭表

伏以《鹿鳴》有咏，承筐用錫於周行①；鵜味不濡②，稱服貽譏於之子。祈重旁求之典，専③隆光復之勛。臣之瑜誠惶誠恐，稽首頓首上言：竊惟處士戒乎懷寶④，誼主職在興賢。臣靡⑤奏略於灌鄩，旅成匡夏；胥説⑥涉川而舟楫，奮伐勝商；孝友侯⑦在中樞，武夫爲憲萬國；酇侯⑧位居第一，汗馬非功；忠武⑨績在分三，運牛多術；房、杜⑩洵開國之彦；宣、鄴⑪亦興復之才（宋朝無中興，故不用宋人）。自非其人，何取輕畀⑫？玆蓋伏遇主上，知勇天錫，文武學成。挺生孔子之鄉（魯府在兖州），駐蹕宋高之土（宋高宗嘗駐舟山，改爲昌國縣）。拊髀頗、牧⑬，熊羆⑭未睹如雲；側席賢豪，邁

---

① 承筐用錫於周行：意謂宴飲時獻上禮物，并指示正道。語出《詩經・小雅・鹿鳴》："吹笙鼓簧，承筐是將。人之好我，示我周行。"

② 鵜味不濡：底本"味"誤爲"咮"，此據柳川本改。整句話指小人得勢，纔能與其地位不相配。語出《詩經・曹風・候人》："維鵜在梁，不濡其味。彼其之子，不遂其媾。"此處是朱舜水的自謙之語。

③ 専：柳川本作"耑"，義同。

④ 懷寶：猶謂懷璧，喻指自藏其才。

⑤ 靡：指伯靡，夏代人。相傳嘗侍有窮后羿。羿爲寒浞所殺，伯靡逃亡至有鬲氏，收斟、鄩兩國餘衆，攻殺寒浞。復立夏后相之子少康爲帝。

⑥ 胥説：指傅説，商代人，武丁時大臣。本無姓，傅説爲傅岩築墻之胥靡（奴隸），故名傅説，亦作胥説。武丁夢得聖人，名曰説，求於野，乃於傅岩得之。舉以爲相，國乃中興。

⑦ 孝友侯：即張仲，字廣明，號仲甫。周宣王之賢相卿士，性孝友，他與另一位周宣王卿士尹吉甫共同輔佐周宣王中興周王朝。

⑧ 酇侯：即蕭何。劉邦平定天下，論功行賞，蕭何位居第一。事見《史記・蕭相國世家》。

⑨ 忠武：指諸葛亮，謚號忠武侯。

⑩ 房、杜："房"指房玄齡（579—648），名喬，字玄齡，唐初齊州人。唐太宗李世民即位後，房玄齡爲中書令，死後謚"文昭"。"杜"指杜如晦（585—630），字克明，京兆杜陵（今陝西西安市長安區）人。李世民承帝位後，杜如晦與房玄齡爲左右宰相，死後謚"成公"。因房玄齡善謀而杜如晦果斷，因此人稱"房謀杜斷"，後世以爲良相典範，合稱"房、杜"。二人均被李世民列入凌烟閣二十四功臣。

⑪ 宣、鄴："宣"指陸贄（754—805），字敬輿，謚號宣。唐德宗時爲相，指陳弊政，廢除苛税，工詩文，尤長於制誥政論，有《陸宣公翰苑集》。"鄴"指李泌（722—789），字長源，封鄴縣侯，世稱"李鄴侯"。京兆（今陝西西安）人，唐德宗時期名相。爲相時勤修内政，調和將相；對外結好回紇，達成"貞元之盟"。又工書法、詩文，有《李泌集》。

⑫ 畀：底本作"界"，此據柳川本改。畀，給予。

⑬ 拊髀頗、牧：用漢文帝事，比喻君主求賢若渴。典出《史記・張釋之馮唐列傳》："上既聞廉頗、李牧爲人，良説，而搏髀曰：'嗟乎！吾獨不得廉頗、李牧時爲吾將，吾豈憂匈奴哉！'"

⑭ 熊羆：此處喻指帝王之賢輔。

軸[①]猶艱就日。是豈印刓[②]而莫予，抑緣竽濫而多觴[③]？臣之瑜才慚拆綫，志慕請纓。祖父兄恩叨一品，必無臣虜之子。士農商業已三遷，豈猶康濟之英？卧榻起戈矛，知人之哲見矣；扣舷决生死，制勝之奇罔焉。止夢渡河而呼[④]，捐糜[⑤]應爾；未痛黄龍之飲[⑥]，視息徒然。即使虜髮自全，寧遂士人奇節。此猶國典，更切臣私。喪三載而未葬，日痛終堂之老母；聘七年而不娶，疑有去帷之生妻。潔己不廉，移忠非孝。缺在按臣[⑦]，思深風厲，非私桃李於公門；在主上，念切匡時，當彙茅茹[⑧]於上國。顧小臣，尚無辭恩之例，何況書生？然一介猶嚴取與之文，敢承巨典？伏願收回成命，别簡賢能仕籍拜草莽云云。缺。籲俊尊上帝[⑨]用中興[⑩]等事，似信賞必罰云云。今遺忘。缺。行將展敬園陵[⑪]，庶揚眉於故國，恢弘志氣，毋灑泣於新亭[⑫]。臣之瑜無任瞻天仰聖，激切屏營[⑬]之至。謹封原旨，隨表繳進以聞。

---

① 薖軸：意爲飢餓與疾病。語見《詩經・衛風・考盤》："考槃在阿，碩人之薖。獨寐寤歌，永矢弗過。考槃在陸，碩人之軸。獨寐寤宿，永矢弗告。"鄭玄箋："薖，飢意。……軸，病。"

② 印刓而莫予：意爲吝於賞爵。刓，刻、削。典出《史記・酈生陸賈列傳》："（項王）爲人刻印，刓而不能授。"

③ 觴：批校有"觴恐觴"語，柳川本亦作"觴"。

④ 夢渡河而呼：用宋代宗澤事。宗澤力主收復中原，還都東京，晚年因壯志難酬，憂憤成疾，臨終時三呼"渡河"而逝。

⑤ 捐糜：謂棄食，猶犧牲。陳東《少陽集・上高宗皇帝第一書》："有志之士，莫不願捐糜頂踵，以赴功名之會。"

⑥ 黄龍之飲：用宋代岳飛事。黄龍，指遼金兩代軍事重鎮，位於今吉林省長春市農安縣。1127年金兵俘虜宋朝徽、欽二帝，曾一度把他們囚禁於此。故南宋抗金名將岳飛豪言："直抵黄龍府，與諸君痛飲爾。"事見《宋史・岳飛傳》。

⑦ 按臣：指前文的按君王翊。

⑧ 茅茹：喻指同類事物相互牽引。語見《周易・泰卦》："拔茅茹，以其彙，徵吉。"王弼注云："茅之爲物，拔其根而相牽引者也。茹，相牽引之貌也"

⑨ 籲俊尊上帝：籲俊，猶指求賢。《尚書・立政》："迪惟有夏，乃有室大競，籲俊尊上帝。"孔穎達疏："招呼賢俊之人，與共立於朝，尊事上天。"

⑩ 興：底本作"與"，據柳川本改。

⑪ 展敬園陵：祭拜園陵。《世説新語・德行》"桓公北征"條，劉孝標注引《桓温别傳》："温親勒郡卒，建旗致討，清蕩伊洛，展敬園陵。"此謂光復天下後，祭拜明朝歷代皇帝的園陵。

⑫ 灑泣於新亭：用"新亭之淚"典故。事見《世説新語・言語》："過江諸人，每至美日，輒相邀新亭，藉卉飲宴。周侯中坐而嘆曰：'風景不殊，正自有山河之異。'皆相視流泪。唯王丞相愀然變色曰：'當共戮力王室，克復神州，何至作楚囚相對！'"此處表達優思故國的悲憤心情。

⑬ 屏營：書信中謙辭，表示惶恐。《國語・吴語》："王親獨行，屏營仿偟於山林之中。"

一、敕書

欲將原敕奉覽，恐一時舟行倉卒，又煩來人往返，故録上。

監國魯王敕諭貢生朱之瑜。昔宋相陳宜中[①]托諭占城，去而不返，背君苟免，史氏譏之。蓋時雖不可爲，明聖賢大道者當盡回天衡命[②]之志。若恝然[③]遠去，天下事伊誰任乎？予國家運丁陽九[④]，綫脉猶存，重光可待。况祖宗功德不泯人心，中興局面應遠過於晋、宋，且今陜、蜀、黔、楚悉入版圖，西粤久尊正朔，即閩、粤、江、浙亦正在紛紜舉動間。非若景炎[⑤]之代，勢處其窮，故宜中不復亦不聞有命往召其還也。爾矯矯不折，遠避忘家，陽武之椎[⑥]，尚堪再試；終軍之請[⑦]，豈竟忘情？予夢寐求賢，延佇以俟，兹特專敕召[⑧]，爾可即言旋前來佐予，恢興事業。當資爾節義文章，毋安倖免，濡滯[⑨]他邦。欽哉特敕。

---

① 陳宜中：生卒不詳，字與權，南宋末温州永嘉人。景定三年(1262)進士，歷官禮部侍郎、中書舍人、刑部尚書，後依附賈似道。起爲左丞相，元將伯顔迫近臨安，求和無果，遁逃回鄉。又與陸秀夫、文天祥、張世杰立趙昰爲帝。端宗景炎二年(1277)冬獨走占城(今越南南部)而不返，後死於暹國(今泰國)。

② 回天衡命：回天，以神奇力量扭轉敗局、挽回頽勢。《新唐書・張玄素傳》："(魏徵)嘆曰：'張公論事，有回天之力，可謂仁人之言哉。'"衡命，謂違逆命令。語出《孔子家語・弟子行》："有道順命，無道衡命。"王肅注："衡，横也。謂不受其命而隱居者也。"此處謂逆轉局勢、與天抗命。

③ 恝然：澹然，語事不關己、無動於衷之狀。

④ 陽九：古代術數家之説，謂逢陽九、百六當有厄運。語出《漢書・王莽傳》："予受命遭陽九之厄，百六之會，府帑空虚，百姓匱乏。"又張世南《游宦紀聞》卷七："陽九，奇數也，爲陽數之窮。百六，偶數也，爲陰數之窮。大抵歲運值之，終有厄會。"此處言正當國運傾危之際。

⑤ 景炎：宋端宗的年號(1276—1278)。趙昰(1269—1278)是宋朝第十七位皇帝，南宋第八位皇帝，宋末三帝之一，在位僅兩年。德佑二年(1276)正月十八日，元軍攻克臨安，宋恭帝被俘。趙昰於破城前被護送潜逃出城，同年五月在福州稱帝，改元景炎。此後在元軍追擊下顛沛流離，景炎三年(1278)四月十五日，病死在硇洲荒島(今廣東湛江硇洲島)，享年不滿十周歲。監國魯王在敕書中説"非若景炎之代，勢處其窮"，意思是大明還未到窮途末路之境，以此提振士氣。

⑥ 陽武之椎：用漢代張良事。張良與力士在秦始皇往陽武縣途中的博浪沙用鐵椎狙擊秦始皇，却不料誤中副車，行刺失敗，事見《史記・留侯世家》。此處激勵義士采取刺殺手段反抗清軍。

⑦ 終軍之請：用漢代終軍事。終軍自動請纓前往説服南越王内屬於漢朝，事見《漢書・嚴朱吾丘主父徐嚴終王賈傳・終軍》。此處激勵義士廣結盟友(當然也包括乞師日本)，聯手反清復明。

⑧ 召：底本誤作"名"，此據柳川本改。

⑨ 濡滯：遲滯，淹留。語出《孟子・公孫丑》："三宿而後出晝，是何濡滯也！"趙岐注："濡滯，淹久也。"

監國
之寶

監國魯玖年叁月 日

此召德望宰相制敕也。若部院卿貳[①],則無此體。尋嘗宰相起復,亦不如此。之瑜庸劣,何以堪此。

一、前來舟中事

惟相知纔可面言,若形之筆札,疑涉怪誕,承諭亦不敢及。謹將《庚寅年告天文》[②]録上。

帝載亦有何奇,祇此赫赫明明,照臨下土;鬼神無所爲德,要使愚夫愚婦,惕息嚴威。善惡之報反,則中人不勸;彰殫[③]之權失,則天地不靈。

南直隸松江府恩貢生朱之瑜,原籍浙江餘姚人,生無欺僞,念切恫瘝[④]。自耻炎劉[⑤]之多士,欣忻[⑥]有新[⑦];寧爲周室之頑民[⑧],皇皇洛邑。雖愧非才非藝,實亦無罪無辜。昨者身陷大澤,進退皆觸網羅;今日蕩洪波,前後都無畔岸。吐吞鯨穴,玩弄虎牙。之瑜一身不足惜,深明於"生寄死歸"[⑨];劉文高等七人其何辜,乃使之爲善蒙禍!保殘賊而棄善良[⑩],殲信

① 卿貳:卿,指大理寺正卿等官;貳,指各部副職之侍郎等官,皆是二、三品之高官。

② 《庚寅年告天文》:庚寅年,當明永曆四年、魯監國五年、清順治七年(1650)。此文《朱舜水文選》(臺灣銀行排印本,1972)題作《庚寅年陷難告天文》,據文中"三月初七日,焚香盥手"表述,可知具體撰寫時間。

③ 彰殫:亦作"彰癉",指彰善癉惡、懲惡揚善。語出《尚書·畢命》:"彰善癉惡,樹之風聲。"按:此處《朱舜水文選》(臺灣銀行排印本,1972)作"彭殤"。

④ 恫瘝:病痛,疾苦。《尚書·康誥》:"嗚呼,小子封,恫瘝乃身,敬哉。"孔傳:"恫,痛;瘝,病。治民務除惡政,當如痛病在汝身欲去之,敬行我言。"按:此處《朱舜水文選》(臺灣銀行排印本,1972)作"痌瘝"。

⑤ 炎劉:指以火德而王的劉氏漢朝。趙岐《〈孟子〉題辭》:"遭蒼姬之訖録,值炎劉之未奮。"

⑥ 欣忻:歡喜貌。底本無"忻"字,批校作"欣下恐脱欣字",據柳川本補。曾鞏《答葛蘊》:"得子百篇作,讀之爲欣忻。"

⑦ 有新:指王莽建立的新朝。

⑧ 頑民:指殷代遺民中堅决不服從周朝統治的人,周王朝將其遷移至洛邑。語出《尚書·畢命》:"毖殷頑民,遷於洛邑,密邇王室,式化厥訓。"孔傳:"惟殷頑民,恐其叛亂,故徙於洛邑,密近王室,用化其教。"

⑨ 生寄死歸:視生如寄,視死如歸,表示豁達生死之辭。《淮南子·精神訓》:"禹南省,方濟於江,黄龍負舟,舟中之人,五色無主。禹乃熙笑而稱曰:'我受命於天,竭力而勞萬民。生,寄也;死,歸也。何足以滑和?'視龍猶蝘蜓,顔色不變,龍乃弭耳掉尾而逃。"

⑩ 保殘賊而棄善良:殘賊,底本作"殘賤",據柳川本改;善良,《朱舜水文選》(臺灣銀行排印本,1972)作"忠良"。

義以長奸宄[①]。竊恐報應爽[②]而兩儀敝,人心死而三綱絶矣!

李靖有言曰:"倘三問而不對,亦何神之有靈?"[③]誠哉,是言也!三月初七日,焚香盥手,書付龍王水府諸神、直日[④]功曹、符敕使者,上達天聽:"倘之瑜得罪於天,伏乞立敕風雷,傾舟破楫,船中無舵師,乏篙工。毋作此夢夢,罔有視聽也。"

一樣書三紙:一焚之爐,一投之於水,不佞拜畢自讀,讀畢焚之。因三面皆虜地,惟一路通舟山,南北東西茫然不辨,天色晴朗,不見一山,舟人危懼。故爲此,不佞拜訖,讀訖,因謂七人并家僮復周曰:"儞們也來拜。"八人叩首,未起而余山[⑤]已見於艫後矣。舟人大詫,以爲奇事。此即被虜劫,剃頭脱歸時文也。

不佞書文,强半無稿,即有之亦爲或東或西,什九散失。來書幸留之。尚有《祭馬伏波將軍文》,有暇録上,當以賢契齋頭[⑥]爲石室也。明德下學之意甚好,此意宜存而勿失。

某之專人留先生寓館一宿。累幅之書與此八條,一晝夜所就,可見其文章如涌泉也。及相見,從容筆語,俄頃數紙颯颯而成。後之所録,除書柬及家禮圖批、棺圖,皆面時之筆語也。文思敏速,雖中國亦不多。東坡曰:"吾文如萬斛泉源,不擇地皆可出。在平地滔滔汩汩,雖一日千里無難及。"[⑦]某於先生亦云。

守約初見時筆語[⑧]守約問,先生答。

大明全盛之時,老師必端銓揆之位,居寅亮之司[⑨]。門生守約謭劣無

---

① 奸宄:奸邪、作亂。《説文》:"宄,奸也。外爲盗,内爲宄。"

② 恐報應爽:《朱舜水文選》(臺灣銀行排印本,1972)作"竊恐降鑒乖"。

③ 此段引文,出自李靖《上西岳書》。

④ 直日:《朱舜水文選》(臺灣銀行排印本,1972)作"值日"。

⑤ 余山:島名,位於福建霞浦。

⑥ 齋頭:書齋。此處言願以安東守約之書齋爲藏書之石室,請托保存自己的文稿。後問文《語録》云"今欲將所有筆札盡藏之賢契家",可謂用心良苦。

⑦ 此段引文出自蘇軾《文説》。

⑧ 此處雙方筆語,凡安東守約之語低二字,朱舜水之語頂格。

⑨ 銓揆之位,寅亮之司:皆指宰相之位。銓,選拔官吏;揆:管理、統領。寅亮,原意爲恭敬信奉。《尚書·周官》:"貳公弘化,寅亮天地,弼予一人。"孔安國傳:"敬信天地之教,以輔我一人之治。"

似，何能陪侍光儀？幸得叨承教誨，秖有肝鬲[①]銘之耳。

不佞亦功名之士，緣時事多艱，是以退伏草莽，不圖賴賢契之厚情，得遂留住之願。又願覓數畝之地，抱甕灌園[②]，科頭敝衣[③]，有閑閑十畝之樂。賢契來，則相與尚論[④]古人，考究疑義，飯脱粟，摘園蔬，酌酒談心，更無餘事，未知天意如何已？

師於弟子，猶君父於臣子。守約雖不知中國之禮，豈不知本國之禮乎？初見以來，過於優待，然教愛勤惓，頓忘輶褻[⑤]。且以言語不通，屢請[⑥]不許，若强之則恐勞老師，故每事從尊命耳。

師道誠尊重，《禮》曰："父生之，師教之，君成之。"三者并尊於天地之間，故"事父有隱無犯"，"服勤至死，致喪三年"；其"事君有犯無隱"，"服勤至死，方喪三年"。方喪者，與父同致其喪也；其於師"無犯無隱，服勤至死，心喪三年"，此受業之師也[⑦]。此古道也，行之於今，如龜毛兔角[⑧]矣。今賢契爲兩國之人，崇儒重道，再三諄諄，不佞方以師生爲稱，亦何可遽尊皐比[⑨]之位，使足下僕僕[⑩]拜於床下哉？非矯飾也，非虚僞也。他日相與

① 肝鬲：亦作"肝膈"，猶言肺腑，比喻内心。

② 抱甕灌園：喻指安於守拙的淳樸生活。傳説孔子的門生子貢游楚返晋，路經漢陰時遇見一位老人，一次又一次地抱着甕去澆菜，就建議他采用更高效的機械汲水，老人回答説，這樣做爲人就會有機心，"吾非不知，羞而不爲也"。典出《莊子・天地》。

③ 科頭敝衣：科頭，謂不戴冠帽，裸露頭髻。葛洪《抱朴子・刺驕》："或亂項科頭，或裸袒蹲夷……此蓋左衽之所爲，非諸夏之快事也。"敝衣，指破舊的衣服，或喻衣着隨意。

④ 尚論：追溯古昔、演繹過往。"尚"用作副詞通"上"，《廣雅》："尚，上也。"《孟子・萬章下》："以友天下之善士爲未足，又尚論古之人。"

⑤ 輶褻：簡慢、褻瀆。安東守約説"頓忘輶褻"，自責禮數不周。

⑥ 請：底本作"講"，據柳川本改。

⑦ 這段話取義於《禮記・檀弓上》："事親有隱而無犯，左右就養無方，服勤至死，致喪三年。事君有犯而無隱，左右就養有方，服勤至死，方喪三年。事師無犯無隱，左右就養無方，服勤至死，心喪三年。"介紹侍奉父親、君主、師長的三種不同方式及相應的服喪方式。

⑧ 龜毛兔角：龜無毛、兔無角，喻子虚烏有之事。《楞嚴經》卷一："汝不著者爲在？爲無？無則同於龜毛兔角，云何不著？"朱舜水用此典故，不是説"古道"不存在，而是嘆息"行之於今"名存實亡。

⑨ 皐比：即虎皮，古人坐虎皮講學，後因以指講席。《左傳・莊公十年》："公子偃曰……自雩門竊出，蒙皐比而先犯之。"

⑩ 僕僕：偞，"僕"本字。僕僕，勞頓、急切貌。

有成,或者酌量古今之道而處其中可耳。大明近日以制義[①]取士,鮮言行誼。弟子之視師如途之人,師之視弟子如賓客,未能如古之道也。賢契言之切切,豈有忘分不自簡處?不必過爲簡點,即成禮之後,師徒相與之際,亦宜以和氣涵育薫陶,循循善誘,非能如嚴父之於子也。

願聞師教弟子之法及弟子事師之禮。

師之教人,必因其材而篤焉,無所爲法也。弟子事師,惟以傳習敬信爲禮,其他皆末[②]務也。

問[③]:老[④]師姓朱,文公先生[⑤]之裔否?

寒族多爲此言。丙子、丁丑[⑥]年間得家譜,言文公子爲敝邑令,家於餘姚,惟一世不清楚,像、贊、誥、敕、國璽,班班可考也。闔族俱欲附會,獨不佞云:"只此一世便不足憑。且近不能惇睦九族,何用妄認遠祖?狄青[⑦]武人,尚不認狄梁公[⑧],何用如此?文公新安人,不佞餘姚人。若能自樹立,何必不自我作祖;若棄其先德,則四凶[⑨]非賢聖之裔乎?實墮其家聲,更不

---

① 制義:"八股文"的别稱,科舉考試時規定的應考文體,由破題、承題、起講、入題、起股、中股、後股、束股八部分組成,考試命題一律出自四書五經中的原文,應試者據以敷陳經義,有若代聖賢立言,故稱爲"制義"。《明史·選舉志二》:"其文略仿宋經義,然代古人語氣爲之,體用排偶,謂之八股,通謂之制義。"

② 末:底本作"未",此據柳川本改。

③ 問:柳川本無此字。

④ 老:底本作"先",據柳川本改。

⑤ 文公先生:指朱熹(1130—1200),"文"是其謚號,故後世尊稱其爲"朱文公"。

⑥ 丙子、丁丑:丙子,明崇禎九年(1636);丁丑,明崇禎十年(1637)。

⑦ 狄青(1008—1057):柳川本同底本,水户本作"狄武襄青"。按:狄青字漢臣,北宋名將,屢建戰功,死後追贈中書令,謚號"武襄"。

⑧ 狄梁公:指唐代名臣狄仁杰。狄仁杰死後追封梁國公,故稱。宋代名將狄青發迹後,有人拜訪其并以狄仁杰爲其遠祖,狄青自謙不敢附會梁公。事見《續資治通鑑》卷第五十六。"梁",底本作"粱",據柳川本改。

⑨ 四凶:相傳爲堯舜時代四個惡名昭彰的部族首領。事見《左傳·文公十八年》:"舜臣堯,賓於四門,流四凶族渾敦、窮奇、檮杌、饕餮,投諸四裔,以禦螭魅。是以堯崩而天下如一,同心戴舜以爲天子,以其舉十六相,去四凶也。"

聞欒、郤[1]之胄降爲皂隸乎?”

謹聞老師徵辟不就,大官不受,未知尊意如何?

不佞事與吴徵君[2]極相類。薦吴徵君者,忠國公石亨,權將也;薦不佞者,荆國公方國安,方擁[3]重兵,有寵於上也。吴至授六品官而辭之;不佞兩次不開讀而即授四品官不拜,其間稍異耳。(即,就也。非命之於廷,即其家而授之也。)吴徵君時,當國者李相公賢(謚文達),賢相也。英宗,復辟之後賢主也,尚有可就之理。徵不佞時,當國者爲馬士英,奸相也。彼時馬士英遣其私人周〇,同不佞之親家何不波(進士,名東平,河南解元,即小女之舅)到寓,再三勸勉,深致殷勤。若不佞一受其官,必膺異數[4];既膺異數,自當感恩圖報。若與相首尾,是奸臣同黨也;若直行無私,是背義忘恩也,是舉君自伐也,均不免於君子之議,天下萬世之罪。故不顧身家性命而力辭之。不然不佞亦功名之士,釋褐[5]即爲四品道官,兼京職監軍四十八萬,與國公、大將軍迭爲賓主,豈不烜赫[6]?而乃力辭之乎?要知不佞得見天下事不可爲而後辭之,非洗耳飲牛[7]、羊裘釣魚[8]者比也,亦非漢季諸儒閉門養高以邀朝譽也。

---

① 欒、郤之胄:欒、郤皆爲世家大族,後因家運衰落而淪爲奴僕。語見《春秋左氏傳》:“叔向曰:欒、郤、胥、原,降在皂隸。”

② 吴徵君:指吴與弼(1391—1469),初名夢祥,字子傅,號康齋,江西崇仁人。19歲即决心專治程朱理學,崇仁學派創始人。終生不應科舉,屢薦不出,人稱“吴徵君”。所著語録體《日録》,悉言生平所得,另有《康齋文集》12卷傳世。

③ 擁:底本原誤作“權”,批注改爲“擁”,柳川本亦作“擁”。

④ 異數:特殊禮遇。錢珝《代史館王相公謝加食邑實封表》:“無補艱難,方懷慚懼。詎謂聖慈,忽被異數。”

⑤ 釋褐:脱去平民衣服,喻始任官職。揚雄《解嘲》:“夫上世之士,或解縛而相,或釋褐而傅。”

⑥ 烜赫:顯赫。《爾雅》:“赫兮烜兮,威儀也。”烜:柳川本作“煊”。

⑦ 洗耳飲牛:此處合用“許由洗耳”“巢父飲牛”典故。傳説堯曾想禪位於許由,許由不就,後又想召他爲九州長,許由聽後到潁水邊洗耳以示厭惡;巢父在下游飲牛,知道此事後,怨水被污染而牽牛至上游。典出蔡邕《琴操・箕山操》。

⑧ 羊裘釣魚:用嚴子陵事。嚴子陵與劉秀曾是同窗,劉秀即帝位後,嚴子陵不願出山,身披羊裘在水澤邊垂釣隱逸。比喻人不慕榮利。事見《後漢書・逸民列傳・嚴光傳》。

監國魯王、永曆皇上出於何帝？

魯王，太祖高皇帝之孫。永曆，萬曆皇帝之孫。親則永曆，族屬之尊則魯王。監國於越而不稱帝，非不可稱帝也。大明之制，親王、太子不得外交士大夫，惟監國乃得與士大夫相接。太子、親王不敢用制、敕、誥、詔，止稱令旨。太子令旨，得頒天下；親王止行國中，不得出國門。太子令旨止稱敬此[①]、敬遵。今魯王監國，行天子事，故稱敕，稱欽此、欽遵、欽哉、故敕。王上加一字，謂之親王；王上加二字，謂之郡王。郡王一概不得行監國，亦如親王行事。其年天下大亂，人情沸然，故魯國主未知我三詔特徵之事。不佞又弢[②]藏謹密，止稱恩貢生。設使彼時知其詳，敕書當更鄭重，不止於如此矣。然彼時知其詳，我必與舟山同死，不得來此有今日之事矣。可見萬事皆有倚伏也。詔書特徵，古今重典，比[③]中進士，萬分隆重。溥天之下，莫不聞知。祇緣彼時大亂，道途梗塞，故有不知耳。

奉詔　特徵

二面一同硃紅金字牌

魯王行在，所在[④]何地？老師得見否？

前在南澳[⑤]，故至厦門而不得朝見。舊年已在金門，去厦門一潮之隔。

---

① 敬此：底本原脱此二字，批校作"敬此，脱字"。兹據柳川本補録。
② 弢：底本字體殘缺，據柳川本補。
③ 比：底本作"此"，據柳川本改。
④ 所在：底本脱此二字，據柳川本補録。
⑤ 前在南澳：南澳，縣名，在廣東省汕頭市東部。按：底本此句前有"答可揭寫"四字，批校作"答可揭寫四字，批注誤入，可删"。

俗有言誠意伯[①]讖書之應者，未審真僞如何？

誠有之。不佞以人事爲主，其恍惚渺茫之事不入言論。即以讖言之，亦甚佳。“金明見水有奇緣，會合樵中非偶然。戡亂武功誠已異，克襄文治又中天”，何等親切，何等光大！此四句[②]，在“草頭鷄下一人耳”之下，草頭下加“酉”字，又“一”“人”字，右著一“阝”，合爲“鄭”字，是國姓入[③]南京之驗也。

比年老師在何地？中國猶無所住乎？

兩年在厦門、舟山，人人款留。留意非不堅也，但不佞心不安。兵部左侍郎張玄著[④]諱煌言者留之，不佞不肯留，云：“尚要過日本。”張云：“我們在此，年翁[⑤]一人留不住，我們在此作何事？日本人聞之，亦笑我等。”然不佞不能留也。何故？彼地無田[⑥]可耕，不能自食其力。此外惟漁亦可，然捕魚舵梢[⑦]與劫盗無二，不可爲也。若坐而日糜其餉，彼之來者，皆百姓之肉與血，甚者打糧。打糧者，打家劫舍、掠人質子而求物者也。焉有仁人日膳人之肉、膏人之血、食禦人之食、齩人之子之骨而可爲者？故决意來此。彼衆人大爲怫然，因曰：“年翁一人留不住，我等尚想做甚事！”但如此剥民而曰救民，吾弗信也！如此殘民而圖恢復，吾不知也！

---

① 誠意伯：指劉基（1311—1375），字伯温，青田人（今浙江青田）。博通經史，尤精象緯之學。輔佐明太祖成就帝業，官至御史中丞兼太史令，封誠意伯，死後追謚文成。有《郁離子》《覆瓿集》《犁眉公集》。

② 句：底本作“勺”，此據柳川本改。

③ 入：底本作“人”，據柳川本改。

④ 張玄著：即張煌言（1620—1664），字玄著，號滄水，浙江鄞縣人（今浙江寧波）。崇禎舉人。弘光元年（1645）起兵抗清，奉魯王監國，力圖恢復，官至兵部侍郎。永曆十三年（1659）與鄭成功合力，圍攻南京，後因鄭成功兵敗，孤立無援而退。魯王政權覆滅後，又與荆襄十三家農民軍聯合抗清。清康熙三年（1664）解散餘部，隱居南田懸嶴島（今浙江象山南），未幾被俘，被害於杭州。有《張蒼水集》。

⑤ 年翁：科舉時代，稱同年、同輩的父親，是對長輩的敬稱。

⑥ 田：底本作“由”，據柳川本改。

⑦ 梢：底本誤作“稍”，據柳川本改。

朱、陸是非，衆論紛紛，無知適從。竊惟“尊德性，道問學”[①]，陸説[②]似親切，奈何？

“尊德性，道問學”不足爲病，便不必論其同異。生知、學知、安行、利行[③]，到究竟總是一般。是朱者非陸，是陸者非朱，所以玄黄水火，其戰不休[④]。譬如人在長崎往京，或從陸，或從水，從陸者需一步步走去，繇水程者一得順風迅速可到。豈得曰從水非，從陸非乎？只以到京爲期，然陸自不能及朱，非在德性、問學上異也。此種素有文望之人，不可言其短，只自知可也。然亦君子之道，毁人以自益，非禮也。[⑤]

陽明之學近異端，不免有陽儒陰佛[⑥]之議也，奈何？

王文成[⑦]亦有病處，然好處極多。講良知，創書院，天下翕然有道學之名。高視闊步，優孟衣冠[⑧]，是其病也。出撫江西，早知寧王[⑨]必反，彼時

---

① 尊德性，道問學：分别强調道德修養的兩個方面，“尊德性”即發揮人性中與生俱來的善的一面，“道問學”即由學習典籍，修養自身。這兩種修養方法引起了後世很多争議，其中最有名如朱熹與陸九淵鵝湖之會。語出《禮記·中庸》：“君子尊德性而道問學，致廣大而盡精微，極高明而道中庸。”

② 陸説：陸九淵之説。朱熹、陸九淵均肯定“尊德性”與“道問學”的重要性，但先後順序却有不同。朱熹認爲“性即理”，强調先“道問學”而後“尊德性”；陸九淵則認爲“心即理”，先“尊德性”而後“道問學”。

③ 生知、學知、安行、利行：最佳是“生知”，即生而知之，不必經後天學習；次等是“學知”，即經後天學習獲得知識；再則是“安行”，即無所圖謀，安静從容追求；最差是“利行”，指貪圖利益而追求。語出《禮記·中庸》：“或生而知之，或學而知之，或困而知之，及其知之，一也。或安而行之，或利而行之，或勉强而行之，及其成功，一也。”

④ 休：柳川本同底本，水户本作“息”。

⑤ 朱舜水此段答文，水户本文脉錯亂，異處甚多，有失原貌。

⑥ 陽儒陰佛：對陸王心學、陽明學的批評。見於陳建《學蔀通辨》自序：“有宋象山陸氏者出，假其似以亂吾儒之真，援儒言以掩佛學之實，於是改頭換面，陽儒陰釋之蔀熾矣。”

⑦ 王文成：即王守仁（1472—1529），字伯安，别號陽明，浙江餘姚人。“文成”是其謚號。

⑧ 優孟衣冠：比喻生硬模仿。楚相孫叔敖死，優孟著孫叔敖衣冠，摹仿其神態動作，楚莊王及左右不能辨，以爲孫叔敖復生。事見《史記·滑稽列傳》。

⑨ 寧王：即朱宸濠（1479—1521），明宗室，太祖子朱權玄孫。弘治中襲封寧王，交通宫廷，廣蓄亡命黨羽甚衆。正德十四年（1519）詭稱奉太后密旨，自南昌起兵，攻南康、九江、安慶，謀取南京。巡撫南贛都御史王守仁俟其出兵，進攻南昌，宸濠回救，兵敗被擒，誅於通州。

宸濠勢焰熏天，滿朝皆其黨羽，王獨能與兵部尚書黄瓊[①]先事綢繆，一發即擒之。其剿横水、桶岡、浰頭之方略與安岑之書[②]，折衝樽俎，亦英雄也。其徒王龍溪有《語録》，與今和尚一般，且其書時雜佛書語，所以當時斥爲異端。

方正學[③]先生幼時，人謂之"小韓子[④]"。玩其集，格言確論，滚滚無窮，真可比於昌黎先生否？

韓昌黎[⑤]大而有用，方先生執而不化，大不如韓。韓昌黎惟撰《淮西碑》[⑥]，譽宰相裴晋公度而抑李愬[⑦]，不足以服人耳，餘事俱可。後人又尤[⑧]其《上宰相書》爲干進[⑨]，未亮也。靖難之激，方先生得君之專，彷彿齊、黄[⑩]，而不能運籌决勝，似非通才。

---

① 黄瓊：中華書局本"黄"作"王"，當是。王瓊(1459—1532)，字德華，太原人。成化進士，官工部郎中，出治漕河，頗有政績。正德中，歷任户、兵部尚書。兵部尚書任上對寧王朱宸濠之亂早有察覺，後又平定叛亂，立有殊勛。嘉靖七年(1528)，以兵部尚書兼右都御史督陝西三邊軍務，功最多。死後贈太師，謚恭襄。

② 安岑之書：有關安定明嘉靖年間廣西田州爲亂地方的土官岑氏一族之書策。事詳見《王文成公全書》卷三。

③ 方正學：即方孝孺(1357—1402)，字希直、希古，號遜志，浙江寧海人。因其故里舊屬緱城，故稱"緱城先生"；又因在漢中府任教授時，蜀獻王賜名其書齋爲"正學"，亦稱"正學先生"。死後追謚文正。

④ 小韓子：韓愈(768—824)，唐代傑出的文學家、思想家，後人尊稱他爲"韓子"。稱方孝孺爲"小韓子"是稱贊他的才學。

⑤ 韓昌黎：韓愈自稱"郡望昌黎"，世稱"韓昌黎""昌黎先生"。

⑥ 《淮西碑》：全稱《平淮西碑》，又名韓碑，韓愈撰文，記述唐憲宗元和十二年(817)裴度平定淮西(今河南省東南部)藩鎮吴元濟的戰事。

⑦ 李愬(773—821)：字元直，洮州臨潭縣(今甘肅省臨潭縣)人，唐朝中期名將。元和十一年(816)出任唐鄧節度使，隨裴度討伐割據淮西的吴元濟叛亂，次年(817)雪夜襲蔡州，生擒吴元濟，平定淮西。韓愈《平淮西碑》對李愬着墨不多，朱舜水故有"譽宰相裴晋公度而抑李愬"之語。

⑧ 尤：怨恨、歸咎、質疑。

⑨ 干進：謀官職，求仕途。《楚辭·離騷》："既干進而務入兮，又何芳之能祗。"

⑩ 齊、黄：當指齊泰、黄子澄。齊泰(？—1402)，初名德，溧水(今屬江蘇)人。洪武十七年(1384)舉人。次年進士。歷任禮、兵二部主事。二十八年以兵部郎中提升爲左侍郎。爲朱元璋器重，賜名泰，受顧命。建文帝即位，與黄子澄同參國政，任尚書。黄子澄(1350—1402)，名湜，分宜(今屬江西)人。洪武十八年(1385)進士，由編修升任修撰，伴讀太子，累升爲太常寺卿。建文帝即位，兼任翰林學士，與齊泰同參國政。齊泰與黄子澄二人均主張削藩，建文元年(1399)，燕王朱棣以"靖難"爲名舉兵，指泰、子澄爲奸臣。建文帝應戰失敗，二人均被逮，後被殺滅族。

宋太史[①]稱一代之文宗，然其學雜矣。方先生出其門，以正學爲已任，所謂青於藍者耶？

各有其妙。宋景濂之博洽，方先生之端肅，皆未易才也。其人品則宋不如方，故其後宋坐孫慎[②]而貶死。

及第之事，考諸書未詳，謹請詳悉教之。

答[③]：前者有日本人[④]來問射策，余答以試場中策題，雜舉他事甚多，盈篇累牘，其要只在二字、四字。譬如，射箭以侯爲主而中者稀，故曰"射策"[⑤]。彼曰："不然。用小弓架矢，對書籍射之，取其書閲之，因曰'射策'。"余曰："彼認射爲弓矢，策爲書籍，故强解之耳。"大明人至此，强不知爲知，强解以誤人，誠亦有之。昔時廉頗有"頃之三遺矢矣"，解作"一次射箭，三次落架"；又《左傳》"漆智伯之頭以爲飲器"，彼不知是溲溺之器[⑥]，解作飲酒之器，如此强解誤人儘多。不特此也，即刻本音注亦時有錯誤，前見湯霍林[⑦]《通鑑》注釋，此名公之書也，其地名遠近不考，事迹錯誤

---

① 宋太史：底本"太"作"大"，此據柳川本改。即宋濂(1310—1381)，字景濂，號潛溪，别號龍門子、玄真遁叟等。元末明初著名文學家、政治家，被明太祖朱元璋譽爲"開國文臣之首"，學者稱其爲太史公、宋龍門。

② 孫慎：即宋慎(1342—1382)，宋濂長子宋瓚之子。洪武十三年(1380)涉胡惟庸案被誅。家族貶至四川茂州，宋濂在流放途中病逝於夔州。

③ 答：柳川本無此字。

④ 日本人：指吉永太守加藤明友，詳見朱謙之《朱舜水集》卷十一"問答三"之《答加藤明友問八條》。

⑤ 射策：考試取士方法之一。《漢書・蕭望之傳》："望之以射策甲科爲郎。"顔師古注："射策者，謂爲難問疑義書之於策，量其大小，署爲甲乙之科，列而置之，不使彰顯。有欲射者，隨其所取得而釋之，以知優劣。射之言投射也。"朱舜水以射策爲"射侯"的説法可見於劉勰《文心雕龍・議對》："又對策者，應詔而陳政也；射策者，探事而獻説也。言中理準，譬射侯中的。二名雖殊，即議之别體也。"

⑥ 溲溺之器：飲器作溲溺之器解可參見《漢書・張騫李廣利傳》："時匈奴降者言匈奴破月氏王，以其頭爲飲器。"顔師古注："韋昭曰：'飲器，椑榼也。'晋灼曰：'飲器，虎子屬也，或曰飲酒之器也。'師古曰：'匈奴傳云以所破月氏王頭共飲血盟，然則飲酒之器是也。韋云椑榼，晋云獸子，皆非也。椑榼，即今之偏榼，所以盛酒耳，非用飲者也。獸子褻器，所以溲便者也。椑音鼙。'"

⑦ 湯霍林：即湯賓尹(1568—?)，字嘉賓，號睡庵，别號霍林，寧國府宣城人(今安徽宣城)。萬曆二十三年(1595)進士。授編修。爲攻擊東林黨人的"宣昆黨"之首。萬曆三十八年(1610)，以詹事府庶子充會試同考官，次年進國子監祭酒。以會試舞弊被劾，被吏部尚書孫丕揚置察典，褫官歸。有《易經翼注》《睡庵初集》。

不究，甚有可笑者。何況小儒、學究依樣畫葫蘆，訛以傳訛。彼亦誦習之而已，何處知其錯誤？惟獨立高岡之上，照徹遠近，方能知此處是，此處不是耳。射策即是對策，以其東西炫惑人，故命之爲“射”。

大明試士

八月初九日第一場。文七篇：四書義三篇，經義四篇，謂之制義，亦謂之舉子業。有破題、承題、起講、提股二、小股二、中股二、後股二（謂之八股）、結題、大結。制藝甚多，舉子三年精力不足以[①]讀文，所以於古學荒疏。

十二日第二場。論一篇，詔、誥、表（内科一道），判五道。

十五日第三場。策五道，所謂第一問、第二問者，策也，因不寫題，故曰“一問”“二問”。

第一場“七夫”“七蓋”“七甚矣”，不寫音、注，塗抹，俱貼出[②]；不完，貼；無束題，貼。

第二場表中擡頭、差一字便貼；犯諱，貼。貼出惟二場極多。

第三場 策五道。其貼出者，貼於至公堂，謂之堂貼。外人不得見。

取中者爲鄉試中式舉人。

子午卯酉四年爲鄉試四科。辰戌丑未四年爲會試四科。

鄉試鄉薦

試士於鄉，謂之鄉試。巡按監察御史代天巡狩，同提調、副提調[③]薦之天子，以謂之鄉薦，即一事也。提調謂之知貢舉官。

秀才今謂之生員，即所謂諸生，即所謂博士弟子員，異名而同實也。其中有廪膳，有增廣生，有附學生，有青衣，有社生，五者得科舉。以外更

---

① 以：底本脱此字，據柳川本補録。

② 貼出：科舉考試時，凡有夾帶、冒名頂替及試卷違式者被擯斥場外，不准考試。袁枚《隨園隨筆·貼出》：“元《選舉志》有試卷不考格，犯御名、廟諱及塗注一百五十字以上者不考。不考，即今之貼出也。”明清時期，鄉試、會試限用“夫”“蓋”“甚矣”等語氣詞次數，凡一文超過七次即遭黜落。

③ 副提調：底本脱此三字，據柳川本補録。

有鄉賢、守祠工、遼寄學等生，不與科舉之數。

秀才考中一、二、三，各補糧，謂之廪膳，曰學生。廪膳年滿，無過，試中得貢，此逐名挨貢。更有高者曰“選貢生”“恩貢生”，此合通學廪膳考中者也，二者一同[1]。更高者曰“拔貢”，此合通學之廪、增、附[2]，而超拔之者也。三者與計廪、歲貢不同。至於貢士，即鄉試中式之舉人也，故曰某科貢士。

鄉試

縣試士送府，府送督學，取科舉，送省會。鄉試謂之舉子。貢舉官二員，即調提官。

順天、應天，府尹、府丞；浙江、江西等省，布政、右布政。布政者，即古之方伯也。

監臨官，即知貢舉官。巡按監察御史，順天、應天各二員。外監臨二員，不在數内。浙江以下各省各一員。

考試官，即總裁，即主考。順天、應天用大翰林院官二員，如庶子、諭德之類。

浙江、江西、福建用翰林一員，修撰、編修、檢簡之類科官一員。

湖廣，翰林編檢一員，部屬官一員。四川、河南、山東、山西、陝西、廣東、廣西、雲南、貴州或通用部屬，或用中行評博一員，或別寺降官。

同考試官，即分考，即經房，此五經房也。推官、知縣、教諭、教授爲之。

會試

貢舉官爲禮部尚書、侍郎二員。知貢舉官爲御史。

考試官，即總裁官，或大學士(即宰相)，或侍郎二員。

同考試官，即分考官，爲翰林科中書博士、評士。少者十八房，多時二十房。

---

① 同：柳川本作“司”。

② 廪、增、附：即指前文之稟膳生、增廣生、附學生。

大概與鄉試同，但場期在二月初九、十二、十五日，中式者爲會試中式舉人。

三月十五日廷試，又謂之殿試。廷試策一道，宰輔讀卷，天子御筆標題。十八日傳臚，第一甲第一名爲狀元，第二名爲榜眼，三名爲探花，第二甲爲賜進士出身，三甲爲賜同進士出身。

狀元入翰林爲修撰，榜眼、探花入翰林爲編修，二甲第一名及會元不中鼎甲者，考館入翰林爲庶吉士。此鄉試、殿試之大略也。

老師之服，禮服否？

巾、道袍，大明謂之褻衣，不敢施於公庭之上。下者非上命不敢服此見上人，上人亦不敢衣此見秀才，惟燕居爲可耳。今來日本[①]，乃以此爲禮衣，實非也。大明宰相極尊，不敢坐受秀才一揖，不敢以便服見秀才。

大明衣冠之制，以文官言之，有朝冠，冠有簪，冠中有梁，有金綫分别官[②]職高下；武官以纓，纓有曲。〇有朝衣，不論大小，韍鞸、珮玉俱全。有圭有笏，拜則搢之。笏有牙，有板，五品以上用牙，謂之象簡；圭有五等，公、侯、伯、子、男有桓圭、躬圭、信圭、蒲璧、穀璧之别。〇有幞頭，著公服用之。〇有紗帽，著圓領用之。

公服有紅有青，五品以上紅公服，五品以下青公服。有軟帶，文武有别。〇圓領有紅，有青，有油緑[③]，有緑，有藍，有白。有蟒衣，有麒麟，有斗牛，有緋魚，有坐龍。以上五種惟一品、二品得賜，以下官不敢服，不賜不敢服。

補服圓領中之補子，一品仙鶴，二品錦鷄，三品孔雀，四品雲雁，五品白鷳，六品鷺鷥，七品鸂鶒，八品鵪鶉，九品練雀，雜職官黄鸝。

---

① 本：底本作“來”，據柳川本改。

② 官：此字柳川本僅存極少殘筆，據底本可知是“官”字。

③ 緑：底本作“緣”，據柳川本改。

武官不同。帶有玉[1],有犀,三品花金,四品光金,五品雕花影金,六品花銀,七品光銀,八九品并[2]雜職用黑角帶。武官稍異。有朝履,舄,有皂鞾,有忠靖冠,有忠靖衣,有截褶,有巾,不同,隨品職服之。○帽,有直裰、道袍、長衣、海青一種異名,高下皆得服,有裳,有行縢。其他弁冕、黈纊[3]之類更煩,尚不在此數。明朝制度極備,極精,極雅,比前代製不同,所以不用。即書中見宋朝制度,如前覆、後覆、披脚之類,亦不甚解,須得《文獻通考》詳察而後明。

爲學初時貴博,後來漸漸貴約;初時五經,後來有專經。一經之中,得力止在數語。譬之水,海極浩瀚矣,觀乎海者難爲水,游於聖人之門者難爲言,若不窮極河源,未爲知水之本也。賢契當取數種書,熟讀精思,後來漸到至一、至約上去爲妙,若生吞活剥,雖窮萬卷,與不讀所争不遠。又重在踐履,所謂"身體而力行之",不然浮文無用也。然不極海之量,不可便溯河之源。

以下語録

爲學之道,外修其名者,無益也,必須身體力行,方爲有得。故子貢天資穎悟,不得與聖道之傳,無他,華而不實也。豈得以執一卷古書,口爲咿唔,即謂之好學乎?既不知古先哲主之可好,又何有於安定先生[4]耶?

雖有五事,孔子只説得一"仁"字,孟子入一"義"字,又因"仁""義"説出"禮""智"字,後又添出一"信"字,總來只得一個"仁"字。此文作法亦

---

① 玉:底本作"五"。柳川本亦原作"五",後改爲"玉",兹從柳川本改。

② 并:底本作"拜",此從柳川本改爲"并"。

③ 黈纊:黄綿所製的小球,懸於冠冕之上,垂兩耳旁。《文選·東京賦》:"夫君人者,黈纊塞耳,車中不内顧。"薛綜注:"黈纊,言以黄綿大如丸,懸冠兩邊,當耳,不欲妄聞不急之言也。"

④ 安定先生:即胡瑗(993—1059),字翼之,世稱安定先生,泰州如皋人(今屬江蘇南通),一作海陵人。仁宗景祐初,更定雅樂,以范仲淹薦,與阮逸同校鐘律,分造鐘磬。慶曆中興太學,即取其法。皇祐中,遷國子監直講,其徒益衆,禮部取士,其弟子十居四五。嘉祐初,擢天章閣待制,仍治太學。以太常博士致仕。有《周易口議》《洪範口義》《皇祐新樂圖記》等。

是此意,不是五件平重也。

古人説書,惟在深奥處;不佞説書,惟在淺近處説,所謂深入而淺出也。

不佞見典籍,竊自傷心,每每淚下。不幸幼齡喪父,不知爲學之道,遂昧昧至此。劉元海[①],異國人,猶曰:“一物之不知,君子之羞也。”不佞竊自耻其言,若老者一日不放鬆,少者更力加精進,自然足以揚名,必不若不佞之老大無成也。〇不佞往來播遷,文字一概遺失,如《祭王侍郎文》有八篇,今止存三四首,前有一二篇稍佳,遍覓不可得,甚爲可惜。今欲將所有筆札盡藏之賢契家。〇廿年荒廢,兼之國亂家亡,憂憤勞瘁,胸中竟無一字,即少有記憶,又多遺此失彼,不足以中大觀。若得安閑一年半年,稍加温習,或者稍有可觀耳。

天下典籍,除佛經、外道之書,書皆有益,只是讀不完。若一覽成誦,博涉亦自不妨,然又懼於淆雜,何如精研數部,待融貫而後游藝爲得。漢儒於五經不兼治,治一經而已,故得專門名家。是以有《大戴禮》《小戴禮》《毛詩》等名,即《毛詩》之中尚有爲雅、爲頌,不兼治也。明興取士,一家止治一經。每科舉試士,必書曰:“習某經,不兼也。”後有兼五經者,場屋中不貴也,既入翰林則兼一經。

《四書大全》[②]《五經大全》[③]當備參考,若真能得書理精明并訓詁,俱用不著;若執《大全》來看書,雖皓首窮經,終歸混沌,此不佞平素所謂理障者是也。

《左傳》者,漢時以爲大經,漢史稱“公車貼大經十道”即此也。用《杜

---

① 劉元海:即劉淵(? —310),字元海,新興(今甘肅武山西)人。匈奴左部帥劉豹子。幼好學,以上黨人崔游爲師,博涉經史,尤好《孫子》,善騎射,膂力過人。父死,襲職左部帥。永興元年(304),爲匈奴大單于,稱漢王,都離石(今屬山西),起兵反晋。永嘉二年(308)稱帝,國號漢,遷都平陽。謚光文皇帝,廟號高祖。

② 《四書大全》:明永樂年間翰林學士胡廣等奉敕編撰,在倪士毅《四書輯釋》基礎上編修而成,成書於永樂十三年(1415),共 36 卷,爲有明一代的科舉必讀之書。

③ 《五經大全》:明永樂年間翰林學士胡廣等奉敕編撰,成書於永樂十三年(1415),計有《周易大全》24 卷、《書傳大全》10 卷、《詩經大全》20 卷、《禮記大全》30 卷、《春秋大全》70 卷,合稱《五經大全》。

林合注》[1]極得，合胡傳[2]更妙。杜襄陽[3]一生精力獨在《左傳》，或者遠勝孔氏疏[4]耳。

《前漢書》《後漢書》熟讀極佳。文章要典雅，不讀先秦、兩漢，覺無古奥之致。文章自襯之句爲杜撰，有半句没半句爲軿凑，用近世之語爲軟弱，俱是病。

班史[5]矩矱整齊，子長[6]出奇無窮。若不能有兩《漢》，有《史記》《前漢》亦可，倘有力能爲之者，終不若得兩《漢》爲妙。若不佞力能爲之，陳、張、鍾三部俱當備，可參看各人手段，見人優劣。鍾本無他妙，乃凌稚隆[7]集名家之評爲妙耳。《前漢書》係監本，殊不佳，閲之使人昏睡[8]。○闐某看《綱鑑》[9]，曰："經學多迂而不合於事情，質美者多野而不中於道理，此書可折其中，經史合一，其爲至乎。"

讀書如酒量，有能飲一石者，有不勝一勺者，各當自量其力。若騖多而不精熟，與不讀一般，不如簡約爲妙。倘過目[10]成誦，自當博極群書。

書讀得多，讀得熟，自然筆機純熟。不見夫蠶乎？功候既足，絲緒抽

---

① 《杜林合注》：全稱《左傳杜林合注》，計 50 卷。王道焜、趙如源同輯。此書合杜預《春秋左氏經傳集解》與林堯叟《春秋左傳句解》二書之注纂輯而成，故名《杜林合注》。

② 胡傳：即胡安國所著《春秋傳》。胡氏撰述此書歷經三十多年，紹興六年(1136)完成并呈送宋高宗。此書對後世《春秋》學産生深遠影響，如《五經大全》中《春秋大全》即以《春秋傳》爲依據，又爲明清科舉取士指定教科書。

③ 杜襄陽：當指杜預(222—285)，字元凱，京兆杜陵(今陝西西安市)人，魏晋時期著名政治家、經學家。西晋建立後，歷任河南尹、安西軍司、秦州刺史、度支尚書，遷鎮南大將軍，鎮守與孫吴對峙的軍事重鎮襄陽，成爲晋滅吴之戰的統帥之一。杜預博學多通，著有《春秋左氏傳集解》及《春秋釋例》等，成爲明朝之前唯一同時進入文廟和武廟之人。

④ 孔氏疏：即孔穎達所撰《春秋左傳正義》。

⑤ 班史：指《漢書》，因班固所著，故稱。

⑥ 子長：指司馬遷，字子長。

⑦ 凌稚隆：生卒年不詳，字以棟，號磊泉，浙江烏程人。明代學者、出版家。撰纂并刻印了如《史記評林》《漢書評林》《史記纂》等大量書籍，雕製精良，爲後世藏書家所珍視。晚年輯《三才統志》，未竟而卒。

⑧ 睡：底本作"睦"，據柳川本改。

⑨ 《綱鑑》：即《通鑑綱目》，朱熹撰，正文 59 卷，序例 1 卷，共 60 卷，成書於南宋孝宗乾道八年(1172)，實創"綱目體"範例。依據司馬光《資治通鑑》《舉要曆》和胡安國《舉要補遺》等書，綱爲提要，模仿《春秋》，由朱熹撰寫；目爲叙事，模仿《左傳》，由門人趙師淵撰寫。

⑩ 目：底本作"日"，據柳川本改。

之不窮，自然之理也。

蘇子瞻[①]聰明絶世，讀書每百過或數百過。今人聰明不及子瞻十分之一，乃欲以涉獵游戲讀書，如何得工夫純熟？工夫純熟，則古人精意皆在心口中、筆頭上，揮灑[②]立就。

張睢陽[③]忠節震世，其才一覽成誦，終身不忘。人有問之者，某事在某卷第幾板，展卷即是。然其文亦不多見，一臠[④]足矣。

韓文公[⑤]雖有可譏，然其功甚大，則其小者可原。文公處六朝之後，擒章繪句，獨能起八代之衰，使後人知有聖學，其小疵不足推也。

明道先生[⑥]甚渾厚寬恕，伊川先生[⑦]及晦庵先生[⑧]但欲自明己志，未免有吹毛求疵之病。

大凡作文，須根本六經，佐以子史而潤澤之以古文，内既充溢，則下筆自然凑泊[⑨]，不期文而自文；若有意爲文，便非文章之至也。譬如貧兒開筵，不少器具，便少醯醬[⑩]，如何稱意？而性靈尤是作文之主。〇凡作文宜相題立意，先使規模大定，中間起伏布置要有法有情。一篇脉絡要使一氣，若斷續不貫，先後倒置，雖文詞秀麗，亦不入格。〇題目中字字俱要安頓，有大力者索性[⑪]將題目掀翻，另出議論，此又是一格。〇字義俱要的確，若字義不明，讀時不解，用處便錯。〇文字最難是單刀直入，然直入須

① 蘇子瞻：即蘇軾(1037—1101)，字子瞻、和仲，號"東坡居士"，因此也稱"蘇東坡"。
② 灑：底本、柳川本皆作"麗"，此據水户本改。
③ 張睢陽：即張巡(709—757)，蒲州河東(今山西永濟)人。開元進士。安史之亂時，官真源令，率兵保雍丘，以拒安禄山。至德二年移鎮睢陽，與太守許遠共同抗擊叛軍，堅守長達十月。因援絶糧盡，城陷被殺。韓愈《張中丞傳後叙》："(張)巡曰：'吾於書讀不過三遍，終身不忘也。'因誦嵩所讀書，盡卷不錯一字。"唐宣宗大中二年(848)，繪像凌烟閣，後人尊稱爲"張睢陽"。
④ 一臠：肉的數量詞，一塊。喻據個别而推知全體，以小見大。語出《淮南子・説山訓》："嘗一臠肉而知一鑊之味，懸羽於炭而知燥濕之氣。以小見大，以近喻遠。"
⑤ 韓文公：指韓愈。
⑥ 明道先生：即程顥。
⑦ 伊川先生：即程頤。
⑧ 晦庵先生：即朱熹。
⑨ 凑泊：凝合，緊凑。
⑩ 醯醬：醋和醬，佳餚必備之佐料，《魏書・胡叟傳》："飯菜精潔，醯醬調美。"
⑪ 索性：此處柳川本有批注："《語録解義》曰：'索性，猶言窮源。'"

要有力，一聲便要喝得響亮。〇文字有增不得一字，減不得一字，所謂鶴脛雖長，斷之則悲；鳧脛雖短，續之則憂也[①]。〇文字要用古，但要化耳，如餐美饌，若不化便成病矣。〇明朝文集極多，好者亦寥寥，一家之言不必勞神，如楊升庵[②]、李空峒[③]集極佳。〇不佞文字無甚佳致，只是一字不杜撰，一字不落套，一字不剿襲他人唾餘。信手作百篇，其間格局、句語少有同者而已。更長短俱成格局，無有潦草塗塞、勉强湊搭之病。〇古人不爲人作墓志碑銘者，誠慮聞見不實，涉於虛僞，以至損德。韓文公多作墓志碑銘，亦爲當世及後代所譏，豈有不知平素之人輒爲紀傳者？傳信乎？傳疑乎？〇詩李、杜齊，究竟李不如杜。李秀而杜老，李奇險而杜平淡，李用成仙等語，更不經煉丹等，殊不雅，不若杜家常茶飯有味也。然不奇奧之極造不得平淡，有意學平淡便水平箭[④]、豆腐湯矣。〇詩云："人烟寒橘柚，秋色老梧桐。"[⑤]後人改之云："人家寒橘柚，秋色到梧桐。"所改止一字耳，便不成文。王元美[⑥]曰："此公真有點金作鐵手段。"[⑦]〇詩貴秀、貴逸，

---

① 此句意謂事物各有長短，天性使然，不可隨意損益。語出《莊子・內篇》："故合者不爲駢，而枝者不爲跂；長者不爲有餘，短者不爲不足。是故鳧脛雖短，續之則憂；鶴脛雖長，斷之則悲。故性長非所斷，性短非所續，無所去憂也。"

② 楊升庵：即楊慎（1488—1559），字用修，號月溪、升庵，又號逸史氏、博南山人等。四川新都（今成都市新都區）人，祖籍廬陵。正德六年（1511）狀元及第，官翰林院修撰，參與編修《武宗實録》。嘉靖三年（1524），因"大禮議"受廷杖，謫戍於雲南永昌衛，終老於永昌衛。明熹宗時追謚"文憲"。能文、詞及散曲，後人輯有《升庵集》。

③ 李空峒：即李開先（1502—1568），字伯華，號中麓，山東章丘人。嘉靖八年（1529）進士，授户部主事，官至太常寺少卿，并提督四夷館。二十一年（1542）罷歸返鄉，此後家居近三十年，徵歌度曲，製新聲小令，作《寶劍記》《詞謔》《閑居集》。此處所云"李空峒集"，當指後人所輯《李開先集》。

④ 箭：底本作"煎"，柳川本作"箭"。

⑤ 此詩句出自李白《秋登宣城謝朓北樓》。

⑥ 王元美：即王世貞（1526—1590），字元美，號鳳洲、弇州山人，蘇州府太倉州人，明代著名文學家、史學家。

⑦ 此語見王世貞《藝苑卮言》卷四："獨李太白有'人烟寒橘柚，秋色老梧桐'句，而黃魯直更之曰：'人家圍橘柚，秋色老梧桐。'晁無咎極稱之，何也？余謂中只改兩字，而醜態畢具，真點金作鐵手耳。"王世貞（1526—1590），字元美，號鳳洲，又號弇州山人。太倉（今屬江蘇）人。明代"後七子"之一。嘉靖二十六年（1547）進士。歷官刑部郎中、刑部尚書。與李攀龍主持當時文壇，後獨主文壇二十年。才最高，地位名望最顯。其論主"文必稱西漢，詩必稱盛唐"，又主"真情説"。有《弇州山人四部稿》《弇山堂別集》《嘉靖以來首輔傳》《藝苑卮言》《觚不觚録》等。

著理學語須要脱得頭巾氣[①],不然便老學究,可厭可唾矣。前日佳作多有用此等,然不十分犯手[②]。

先生看《令義解》[③]曰:"前人文字自佳,序表皆妙,厘然一國之製。貴國文字但中衰耳,後之有志者自當振興之也。"

日本人氣質極美,性地極靈,可惜上與下俱不知學,自爲暴棄,而文習尚暗昧,但患無賢哲生於其間耳。今有之,移風易俗,駸駸乎造乎聖賢,大學之道無難也。

賢契好學,有倡而和之者乎?守約曰:"亦不多。"先生曰:"非不佞諄諄問此,今賢契志復聖學,亦利有和之者。《易》貴得朋[④],《詩》咏求友[⑤],所謂'德不孤,必有隣'[⑥]也。賈太傅[⑦]天下奇才,但只絳、灌[⑧]爲伍[⑨],所以終身抑鬱而不得志於時,獨不聞'王陽在位,貢禹彈冠[⑩]'乎?"

不佞無他長,只一誠耳。又曰:"不佞無他,過人者,惟是瑕瑜畢現,毫無掩飾妝點耳。"

昔有良工能於棘端刻沐猴,耳目口鼻宛然,毛髪咸具,此天下古今之巧匠也。若使不佞目炫玄黄,忽然得此,則必抵之爲砂礫矣。即使不佞明

---

① 頭巾氣:意謂讀書人的迂腐氣息。李東陽《懷麓堂詩話》:"秀才作詩不脱俗,謂之'頭巾氣';和尚作詩不脱俗,謂之'餕餡氣';咏閨閣過於華艷,謂之'脂粉氣'。能脱此三氣,則不俗矣。"

② 犯手:虚僞,矯飾。黄宗羲《明儒學案・浙中王門學案二》:"以篤信謹守,一切矜名飾行之事,皆是犯手做作。"

③ 《令義解》:日本《養老令》的官撰注釋書,共 10 卷。由清原夏野、小野篁等編成於天長十年(833)。

④ 得朋:意爲求得同道。《周易・坤》:"君字有攸往,先迷後得主。利,西南得朋,東北喪朋。安貞吉。"王弼注:"西南致養之地,與坤同道者也,故曰得朋。東北反西南者也,故曰喪朋。"

⑤ 求友:語出《詩經・小雅・伐木》:"伐木丁丁,鳥鳴嚶嚶,出自幽谷,遷於喬木。嚶其鳴矣,求其友聲,相彼鳥矣,猶求友聲。"

⑥ "德不孤,必有隣":語出《論語・里仁》:"子曰:'德不孤,必有隣。'"

⑦ 賈太傅:即賈誼。

⑧ 絳、灌:漢代絳侯周勃與潁陰侯灌嬰的并稱。

⑨ 伍:此處柳川本作"互"字。

⑩ 王陽在位,貢禹彈冠:比喻在位者援同道相識入朝爲官。典出《漢書・王貢兩龔鮑傳》:"吉與貢禹爲友,世稱'王陽在位,貢公彈冠',言其取捨同也。"顔師古注:"彈冠者,且入仕也。"

見其耳目口鼻宛然，毛髮咸具，不佞亦必抵之爲砂礫，何也？工雖巧，無益於世用①也。

《心喪集語》卷之上終

《心喪集語》卷之下

門生安東守約泣血稽顙百拜輯

問：大明講書及注否？

先生曰：大明講書，後來競出新奇，以苟功名，即傳注久已高閣，舉業家②久已不知集注爲何物。雖先輩、宗主傳注，亦不以入講，但讀本文可也，惟取集注爲依傍耳。舊時主意，惟《蒙引》③及江陵《直解》④、王觀濤《翼注》⑤爲不背傳注，惟詳之。

問：《易・繫辭》曰："範圍天地之化而不過。"注曰："圍，匡郭也。"匡郭二字無解，如何？

先生曰：兩耳之外稜亦曰輪郭，耳無稜曰聃⑥，所以老子名聃。可見輪郭者，外周之義。注錢者以孔方爲郭，亦非也。彼以輪爲圓轉之物，故以郭爲孔方耳。總之輪郭二字連讀爲是，郭必不可言在內也。"肉好"⑦二字亦然，言卍與文皆好也，注者之多訛如此，匡郭二字不連，或曰匡，或曰

① 用：底本作"周"，據柳川本改。
② 舉業家：稱應科舉考試而準備學業之人，明清時專指八股文考生。
③ 《蒙引》：全名《易經蒙引》，蔡清撰，共 12 卷。蔡清（1453—1508），字介夫，號虛齋，福建晋江人。成化進士，官至南京國子監祭酒。該書以發明朱子《周易本義》爲主，故其體例以《本義》與《經》文并行，再加蔡清本人見解。
④ 《直解》：即《四書直解》，張居正撰，共 27 卷，爲萬曆帝經筵、日講所用教育讀本。張居正生於江陵縣（今屬荆州），故時人稱之爲"張江陵"。
⑤ 王觀濤：字聖俞，江都（今屬江蘇）人。明萬曆三十五年（1607）進士，著有《四書翼注講意》等。
⑥ 聃：耳長而大。《説文解字・耳部》："聃，耳曼也。"段玉裁注："曼者，引也。耳曼者，耳如引之而大也。"
⑦ 肉好：古代圓形玉器和錢幣等的邊和孔。肉，邊；好，中間的孔。《爾雅・釋器》："肉倍好謂之璧，好倍肉謂之瑗，肉好若一謂之環。"

郭,總是外周也。○天地如物,而我之道爲匡;天地如人民,而我之道爲郭。範者,天地不能改於其度;圍者,天地不能越乎其[①]域。○匡,正也,此却不作"正"字解。《成人之歌》[②]曰:"蠶則績,而蟹有匡。"則蟹之大殼爲匡,所謂介也;器曰筐,目之四圍曰眶,均是周圍之義。郭者,錢之外圍也,曰輪、郭、肉、好。輪者,外面圓稜。郭者,内中方稜。肉者,錢之背。好者,錢之字。然城外之城爲郭,似非内中方稜。總之,匡與郭俱是外圍,但匡有外圍端整之義耳。[③] ○"一匡天下"只作正字解,亦未是桓公稱霸,則天下諸侯俱束於霸圖中而整肅之,則亦是外圍之義。

問:子南[④]之事

先生曰:子南之惡未甚,其子當諫之於初。上既能得君,則當調停於君父之際,何乃竢其父惡已稔,其君三嘆而泣,而後争於父耶?不已晚乎?争於父必賊於君,何可易言也!竊威福,攬事權,馴致滅族之禍[⑤]矣。諫之而能出奔乎?然此時但以漏君命於私人,亦非必誅之罪,何遂至於不可回乎?

問:雍姬[⑥]之事。

---

① 其:柳川本脱此字。

② 《成人之歌》:魯國成地某人,其兄死去而不爲之服喪,聽聞以孝聞名的子皋來成地爲官才服喪。因此成地之人作歌諷刺之。語出《禮記·檀弓下》:"成人有其兄死而不爲衰者,聞子皋將爲成宰,遂爲衰。成人曰:'蠶則績而蟹有匡,范則冠而蟬有緌;兄則死而子皋爲之衰。'"孔穎達疏:"蟹背殼似匡,仍謂蟹背作匡。"

③ 自"郭者,錢之外圍也"至"但匡有外圍端整之義耳":底本與柳川本文字差異較大,柳川本作:"郭者,錢之域爲郭,似非内中方稜。總之,匡與稜。郭者,内中方稜。肉者,錢之背;好者,錢之字。然城之外周也,曰輪、郭、肉、好。輪者,外面圓郭俱是外圍,但匡有外圍端整之義耳。"

④ 子南:此處當指楚國令尹子南。子南寵信無爵禄之人觀起,允許其僭越而擁有馬數十乘,楚人患之。子南之子棄疾爲楚康王衛士,楚康王打算處死子南而在棄疾面前再三哭泣,并向棄疾言明將處死其父。事後棄既自愧於見父死而不救,又不忍背父而侍奉仇敵(楚康王),因而自縊而亡。事見《左傳·襄公二十二年》。

⑤ 禍:底本作"福",據柳川本改。

⑥ 雍姬:鄭厲公忌憚權臣祭仲,與祭仲之婿雍糾密謀誅殺祭仲。祭仲之女雍姬得知此事,詢問母親"父與夫孰親",其母云:"人盡夫也,父一而已。"最終使祭仲知曉密謀後反而殺死了雍糾。事見《左傳·桓公十五年》。

先生曰：祭仲以封人[①]賤職躐躋[②]卿，貳立忽，立突[③]，專擅國威，其罪已不容誅矣。祭仲之女謀及於母而曰："父與夫孰親？"答曰："人盡夫也，父一而已。"遂以其事告之而殺其夫。雍姬之罪豈得以聖賢之道律之？且此但以不燕於其宫而燕於他室致，疑亦不可以已乎？總來二人者，不圖之於早，臨事而爲之，無一善者也。邵二泉論[④]亦未能盡其道也。

問：管仲、王、魏之事。[⑤]

先生曰：朱子借絲粟之説以爲委曲，出脱此道學先生之病。若子糾母貴當立，則諸兒之不當立明矣，何以立公子諸兒而議不及子糾？蓋僖公諸子均非嫡夫人之子，且鮑叔不肯傅小白，閉門辭疾，管仲明言小白無母而國人憐之，事未可知，非謂小白不當立也。王、魏之事，太宗事無可議。但唐之有天下，始終皆太宗之功，建成義不當立也。若王、魏果有大臣之風，則初立太子之時，便當告之以"世治先嫡長，世亂先有功。秦王英武功多，

---

① 封人：《周禮》中地官司徒的屬官，管理帝王社壇及京畿的疆界。《周禮·地官·封人》："封人掌設王之社壝，爲畿封而樹之。"

② 躐躋：躐，超越；躋，上升。此處謂越級晋升。

③ 貳立忽，立突：指祭仲先後兩次擁立鄭國太子忽、一次擁立忽的弟弟突爲鄭公，事見《左傳·桓公十一年》。

④ 邵二泉論：邵二泉，即邵寶（1460—1527），字國賢，號二泉，江蘇無錫人。成化二十年（1484）進士，授許州知州。弘治中，曆江西提學副使、湖廣布政使，修白鹿洞書院。著有《學史》《簡端録》《定性書説》《容春堂集》等。此指邵寶《容春堂集·前集》卷九《事難》之議論："父者，子之天也；夫者，婦之天也。國君殺大夫而專之，非法也。且命其婿以賊其舅，君非義令，臣非義共。君不可諫，夫可諫也。諫其夫以逃不義，一舉而全二天，此雍姬之道也。諫而不從，夫道絶矣，則告於父而自經焉，以明吾心，其亦可也。雍姬不明此義，乃泄其謀而視其夫被戮以死，豈不誤哉？"

⑤ 此條問管仲、王珪、魏徵舊事，疑問或來自於朱熹《論語集注·子路》："程子曰：'桓公，兄也。子糾，弟也。仲私於所事，輔之以争國，非義也。桓公殺之雖過，而糾之死實當。仲始與之同謀，遂與之同死，可也；知輔之争爲不義，將自免以圖後功亦可也。故聖人不責其死而稱其功。若使桓弟而糾兄，管仲所輔者正，桓奪其國而殺之，則管仲之與桓，不可同世之讎也。若計其後功而與其事桓，聖人之言，無乃害義之甚，啓萬世反覆不忠之亂乎？如唐之王圭、魏徵，不死建成之難，而從太宗，可謂害於義矣。後雖有功，何足贖哉？'愚謂管仲有功而無罪，故聖人獨稱其功；王、魏先有罪而後有功，則不以相掩可也。"朱熹同意程頤的觀點，齊桓公殺公子糾，以兄殺弟，管仲忠心桓公，有功無罪；而太宗殺太子建成，却是弟弑兄，東宫舊臣王珪、魏徵侍奉太宗，則是不忠。由此推斷，安東省庵所問焦點或爲："管仲、王、魏忘君事讎，緣何'管仲如其仁'而王魏害於義？"

必不能處殿下之下而安守臣節”。建成亦宜少知利害,建成能聽則事之,不能聽則去之,何至結納死士,賂諂宫婢,與元吉日夕圖謀,必欲構殺秦王,以致六月四日蹀血於禁門之事①。尚謂之有人心哉,何得以臣各事其主,盡忠所事爲解也?

問:書柬②式。

先生曰:副啓貳板爲一扣、二扣、三扣、四扣、六扣可用,惟五扣不用,乃殘紙耳。寸楮③舊無其制,兵興以來方有之,亦仿副啓之例,稍闊則爲帖。二扣者爲古柬,六扣者爲全柬,三扣、四扣、五扣皆不可用,俱爲殘紙。副啓盡而書不能盡,則復用一啓,續之其二、其三以至六、七俱可。粘連、不粘連隨意。粘連者用鈐縫④、印記,均不割去面葉,割去面葉則爲殘紙。所以謂之殘紙,總之慮其不敬也。寒舍子往來則不在此例。〇書面用拜帖、回帖,非也。上達者用手奏、奏記、手啓、副啓之類;平行者用副啓、如晤、談如晤言、代面等項;下交者用札諭、札諭帖等項。

奉書⑤求著喪、祭、禮書。

復書曰:喪祭之事,承諭自當著一書,但著書之事,前以質之古人,後以竢之後賢,其中有一毫不妥,目前雖人人識賞,而百世之後有一人議者便非完璧,故須遲遲耳。

又曰:國史⑥終是賢契事,不需急急,且此事關係重大,名之所歸,身

---

① 蹀血於禁門:指玄武門之變。唐高祖李淵立長子李建成爲太子,武德九年(626)六月初四日,淵次子李世民伏兵玄武門(長安太極宫北正門)發動政變,殺李建成等。高祖乃立李世民爲太子,兩月後李世民登帝位。

② 柬:底本作“策”,據柳川本改。

③ 寸楮:楮,紙的代稱。程登吉《幼學瓊林》:“連篇累牘,總説多文;寸楮尺素,通稱簡札。”此處指便函、短信。

④ 鈐縫:單據、契約、重要文書等鈐蓋騎縫章的地方。黄六鴻《福惠全書·莅任·文移諸式》:“凡上行文書,鈐縫處用印須在番面半中正用。”

⑤ 此處問用“奉書”、答用“復書”,爲了區别此前的當面問答的筆談,説明是書信形式的問答。

⑥ 國史:指德川光圀倡議編修《大日本史》一事。

家所係，何可苟且？慎之又慎，終是賢契事。昔日機、雲兄弟[①]草《三都賦》，聞左思爲之，直須以覆醬瓿[②]，及今惟左氏獨傳[③]，可見不争遲速也。況國書不足以傳遠，此中不須汲汲也。

又奉書言闢異端事。

復書曰：讀來翰知藴結憤發之概，表章羽翼之誠，敬羨賢契其將以身率末俗乎？抑將以口舌争之乎？中國大亂，至道晦蝕已久，即貴國亦在勾萌[④]初動之時。足[⑤]下但當與二三賢智噓息而滋培之，自然發生榮茂，慎勿以斧斤剥椓之也。前者稂莠長畝、嘉種間生[⑥]之説已殷殷危之，豈尚忽視之與？譬如人，膏肓之疾，尫羸[⑦]不支，近幸少有生意，且當寶嗇[⑧]精神，調和糜粥。明知二竪[⑨]之爲烈，然不敢攻之也。竢其元氣大復，則百邪俱退，養之以粱肉[⑩]，治之以藥石，宜無所不可。賢契何憤憤於一擊之力，急欲以將絶之息與二竪争衡乎？且此不可以口舌争也。争之而不勝，助彼

---

① 機、雲兄弟：指西晉陸機、陸雲，此兩人係孫吴丞相陸遜之孫、大司馬陸抗之子，才華出衆，人稱“二陸”。劉勰《文心雕龍・時序》：“岳湛曜聯璧之華，機雲標二俊之采。”

② 覆醬瓿：醬瓿，古代的一種器皿，用以盛醬的小甕。《漢書・揚雄傳》：“巨鹿侯芭常從雄居，受其《太玄》《法言》焉，劉歆亦嘗觀之，謂雄曰：‘空自苦！今學者有禄利，然尚不能明《易》，又如《玄》何？吾恐後人用覆醬瓿也。’雄笑而不應。”此處指用來覆蓋醬罎，比喻這些著作毫無價值、不被重視。

③ 此段文字從“昔日機、雲兄弟”到“左氏獨傳”共 28 字，柳川本缺損 15 字，僅作“□□□□□□□《三都賦》聞左思爲之直□□□□□□□□左氏獨傳”，幾乎不成句意。

④ 勾萌：草木初發的嫩芽，屈形稱爲“勾”，直形稱爲“萌”。梅堯臣《冬至感懷》詩：“自古九泉死，靡隨新陽生。禀命異草木，彼將羨勾萌。”此處謂中國因亂致使“至道”衰落，而在日本迎來萌發生機。

⑤ 足：底本作“兄”，據柳川本改。

⑥ 稂莠長畝、嘉種間生：稂與莠，都是形似禾苗的雜草；長畝，指整片田地；嘉種，優良的稻種。整句意思是，雜草叢生的田地裏，時或長出優良的稻苗。

⑦ 尫羸：尫同“尪”，尪、羸皆孱弱、病瘦之狀，亦指瘦弱之人。

⑧ 寶嗇：保養。李鵬飛《三元參贊延壽書》：“當寶嗇而不知所愛，當禁忌而不知所避，神日以耗，病日以來，而壽日以促矣。”

⑨ 二竪：兩個小人。語出《左傳・成公十年》：“公夢疾爲二竪子，曰：‘彼良醫也，懼傷我，焉逃之？’其一曰：‘居肓之上，膏之下，若我何？’醫至，曰：‘疾不可爲也，在肓之上，膏之下，攻之不可，達之不及，藥不至焉，不可爲也。’”後用以稱病魔。

⑩ 粱肉：以粱爲飯，以肉爲肴，指精美的膳食。《管子・小匡》：“食必粱肉，衣必文綉。”

江河日下之勢，足下任蕃、武之譏[①]；争之而勝，遂成狂瀾横决之憂，足下罹卓、紹之咎[②]。千古以來惟玄圭[③]之功爲不磨也。昌黎功侔神禹[④]，當時亦不肯口舌相争，萬希高明留意。

予嘗作《古今解》，先生之評可玩。

《解》曰：人皆以今爲衰世，而懈其勤。予特不以爲然也。蓋庖犧氏以降，謂之上古三代，謂之中古秦漢，以下謂之近古，乃天下之通論也。若以年數之遠近分上中下，則何上古之遠、中古之近、下古之無窮乎？自百世後視之，所謂下古爲中古，中古亦爲上古，何拘拘乎限以定名乎？古之聖人作萬世之法，莫孔子若也，其猶當衰周之時，删述六經以明古之道，常對群弟子嘆："今不若古也。"孔子所謂今者，今之所謂古也。厥後異端雜出，蠹乎斯道者極矣。程、朱諸大儒興於近古，續將墜之緒，聖賢之大道粲然復明乎世。今也距其時財六百有餘年，學者當有爲之時也，焉可以生於後者爲衰而懈其勤乎？且不聞元會運世之説[⑤]乎？以元統十二會，一會是一萬八百年也。堯舜之盛正當午會之中，今雖漸衰，未滿一會之半，倘以身爲後人，則望我者固多矣。况時有盛衰，理無古今，縱雖世衰，而志豈衰乎？學者有見於斯，則於所謂古之道猶有跂及。

先生批曰：今何以爲衰世？只是少却盛人[⑥]耳。若有一人振奮其間，便是上古，便是三代。若説運會使然，此言猶爲可恨，豈今日以後盡魑魅魍魎乎？快哉！桓宣武之怒袁宏甚，欲殺之而享士也。題亦奇，解亦奇，其自任以天下

---

① 蕃、武之譏：指漢靈帝時期的太傅陳蕃與大將軍竇武，二人曾謀劃翦除宦官，事敗而死。

② 卓、紹之咎：指東漢末年的董卓與袁紹，二人之争開啓三國亂世。

③ 玄圭：亦作"玄珪"，一種黑色的玉器，上尖下方，古代用以賞賜建立特殊功績的人，借指特大功業。鮑照《河清頌》："鶂鼎遷宋，玄圭告成。"

④ 神禹：夏禹的尊稱。《莊子・齊物論》："無有爲有，雖有神禹且不能知，吾獨且奈何哉。"成玄英疏："迷執日久，惑心已成，雖有大禹神人，亦不能令其解悟。"

⑤ 元會運世：簡稱"元會"，邵雍計算歷史年代的單位。雍著《皇極經世》，認爲"天地亦有終始"，此天地壞滅後，另有新天地繼之發生；天地的歷史，應以元、會、運、世計算時間：一元十二會，一會三十運，一運十二世，一世三十年，故一元之年數爲十二萬九千六百年。

⑥ 盛人：此處指聖人。

之重也如此。又批説：今人不如古人者，自暴自棄者也。説世間無好人者，賊世誣民者也。豪傑之生於斯世，要使自我作古[①]，何論邃古，何論輓近[②]，何論中華，何論四夷！若古今不能撑持世界，彼時不過莽莽蕩蕩一虛廓乾坤，何以有古，安論今也？又批：豪傑之生，倚不得墻，靠不得壁。若使隨人步趨，拾人牙瀋[③]，便不是天民[④]。先覺如何限得世數，限得世數便不是特立奇男子。又批：自古聖人之興，强半起於衰世，惟舜禹聖聖相承，其他若成湯起於夏衰，文王起於殷衰，孔子起於周衰。人特患不成湯，不文王、孔子耳，何必在世運盛衰上較量？若衰世便可歇却，天生此人何用！

予嘗以耻名齋。[⑤]

先生即書二大字，題其下云：人顧可以有耻乎？有耻則必其不若人也；人顧可以無耻乎？無耻則必其不若人而不爲耻也。狂夫之耻，自無而至於有；聖人之耻，自有而至於無。省庵之以耻名齋，有志哉！

《性理大全》[⑥]《家禮圖》批

《家禮圖》批：此廟制也，而顔曰："家禮圖，圖不足以該冠昏喪。"

《祠堂圖》批：圖或自東而西，或自西而東，或自上而下，或自下而上，錯亂紛雜不可曉。凡於起處用點以標之，後仿此。

《著深衣前兩襟相掩圖》批：裁處未曾明著衿式，此圖則有兩襟，且下裳每三幅綴衣一幅，衣四幅則十二幅之裳盡矣，又將何物綴於衿上？且衣

---

① 作古：謂不依舊規，自創先例。"作古"亦作"作故"，《國語・魯語上》："宗人夏父展曰：'非故也。'公曰：'君作故。'"韋昭注："言君所作則爲故事也。"

② 輓近：輓同"挽"，通"晚"。輓近，離現在最近的時代。《史記・貨殖列傳》："挽近世塗民耳目，則幾無行矣。"司馬貞索隱："挽音晚，古字通用。"

③ 拾人牙瀋：拾人牙慧。釋續法《賢首五教儀科注》："何意曾玄輩，遂拾牙瀋，逞狂盲，妄肆詆訶。"

④ 天民：指賢者，因其明乎天理，適乎天性，故稱。《莊子・庚桑楚》："人之所舍，謂之天民；天之所助，謂之天子。"陳師道《理究》："賢而在下謂之天民，賢而在上謂之天吏。"

⑤ 此句後，柳川本尚有"昔日機雲兄弟"6字，疑此處有脱漏。所脱之問或指晋代周處知耻而後師從陸機、陸雲兄弟之事。事見《晋書・周處傳》。

⑥ 《性理大全》：胡廣等奉明成祖命編撰，共70卷。所采120家宋儒之説，其中有自爲卷帙者如《太極圖説》《皇極經世》等，計9種，共26卷。第二十七卷以下，分門編纂爲理氣、鬼神、性理、道統、聖賢、諸儒、學、諸子、歷代、君道、治道、詩、文等13類。

前兩幅，綴裳三幅，如何可著？

《裁衣前後法圖》批：此是兩幅各半。

《深衣冠圖》批：大凡爲圖，俱極好看，依式制之，便自不同。其制與圖甚不相似。廣衺處俱説不清楚，當廣之上未有其旁半寸之上，於何處竅之？

《行冠禮圖》批：凡圖本自難看，而爲圖者又復煩雜錯亂，觀習者愈難通曉。何如各爲一圖，使易明白。〇國君率牲繫於碑，此處碑何用？

《昏禮親迎圖》批：此圖不可解。

《小斂圖》批：縱横布絞小斂，下注云："析其兩端爲三。"[①]而圖則或七或八，都無定式，總來圖不足憑。

《大斂圖》批：大斂縱絞三[②]，而圖云縱絞一。

《冠絰絞帶圖式》批：至成服乃絞，此豈未成服之前之服？

《本宗五服圖》批："孫不杖"下少一"期"字[③]。〇圖者所以曉比閭[④]族黨之人，不必專在學士大夫，故不須用字貫奧[⑤]。〇爲圖當使顯而易見，何必以原文爲美，而必仍《禮經》舊貫。

《三父八母服制圖》批：祖者父之父也，何以爲祖後則於父之母無服？爲君之長子，則齊衰三年；而爲女君則嫡子之母也，乃服不杖朞，何與君相

---

① 通行本《性理大全·家禮一》中《小斂圖》下注云："小斂先布絞之横者三。"

② 通行本《性理大全·家禮一》中《大斂圖》下注云："次布絞之縱者於其上。"未有縱絞三的説法。

③ 通行本《性理大全·家禮一》此處作"孫，適不杖；庶大功"，未有"期"字。適孫，即嫡孫。《儀禮·喪服》："何以期也？不敢降其適也。有適子者無適孫，孫婦亦如之。"鄭玄注："周之道，適子死則立適孫。是適孫將上爲祖後者也。長子在，則皆爲庶孫耳。"不杖，即不杖期，古時喪制，一年之喪，稱爲期服。期服有杖期、不杖期之分。凡夫爲妻服喪，如果自己的父母還在，就不能持杖，稱爲不杖期。《儀禮·喪服》："大夫之適子爲妻。傳曰：'何以期也？父之所不降，子亦不敢降也。何以不杖也？父在則爲妻不杖。'"大功，喪服五服之一，服期九月。其服用熟麻布做成，較齊衰稍細，較小功爲粗，故稱大功。舊時堂兄弟、未婚的堂姊妹、已婚的姑、姊妹、侄女及衆孫、衆子婦、侄婦等之喪，都服大功。已婚女爲伯父、叔父、兄弟、侄、未婚姑、姊妹、侄女等服喪，也服大功。

④ 《周禮》中以五家爲一比，以五比爲鄰。後泛指鄉閭。《周禮·地官·大司徒》："令五家爲比，使之相保，五比爲閭，使之相受。"蘇洵《議法》："比閭小吏奉之以公，則老奸大猾束手請死。"

⑤ 奥：底本脱此字，據柳川本補録。

去甚懸絶?

通禮[1]篇祠堂注[2]批：祠堂三棟，圖已自難解。祠堂一間以至五間、七間，俱易解，惟三棟者不易解。蓋三棟者，三間也，不論五架、七架，東偏、西偏各立五柱、七柱，中棟之下，東西各立四柱七架者，門[3]與牖俱在第六桁之下，第三柱嵌於墻與中門之中，中門之外有廊，即杜詩所謂“步檐倚杖看牛斗”者是也。五架者，第三柱二條直立於堂中，至第二柱。不論五架、七架，俱直立於祠堂之中，若曰近北一架爲四龕室，則龕之前適在兩柱之間與兩柱之東西耳。以三間而四分之，則曾祖考面隔西柱，祖妣面隔東柱，即如申相公之圖：高祖考面對東柱，曾祖妣面對西柱。有此制度乎?設使居中一間爲高曾，二龕室則祖考與考及獨櫝東西各一室，理亦未安，而圖下又未曾注明，故曰:“爲此書者但言之耳，未嘗身自行之，故其制作多有隔閡不通之處。”舉此小事，人所最易忽略者，拈出以示知者。予家祠堂有七間者，有三間者，與此制不同，亦未嘗身爲之，但臆見如此，與知者商之耳。凡予所標出者，俱須按圖布置，方知其非，不然非最上之資不能別也。何也?讀書者止是順文讀去，不能實實知其義理所在耳。

“爲四龕”條注批：此等議論却是兩截。前之所言似乎宗法已行矣；後又云，要如宗法祭祀，須是在上之家，先就宗室及世族家行之，做個樣子，方可使士大夫行之。明乎宗法未之行也，豈不是兩截?總來宗法之行須是世爵之家，宗子主祭而支庶助祭，截然不爽，子孫世世觀法無有他意。今若欲於無禄之家實行宗法，必使宗子主事而舉宗聽之，已自不能行。若次嫡、庶子顯達，誰忍不祭其祖宗而一聽於宗子也?况後世帝王未嘗有支子不祭之禁乎。倘若宗子不肖，無賴而欲使舉宗之賢者、貴者，一一聽其約束，吾知其如龜毛兔角也。既曰支子不得祭其父，就河南程夫子一世而

① 通行本《性理大全・家禮二》:“通禮　此篇所著皆所謂有家日用常體，不可一日而不修者。”
② 通行本《性理大全》中祠堂僅有注而無圖。
③ 門：底本作“間”，據柳川本改。

論，則明道先生其嫡長也，伊川程子則支子也，己自不得祭其父矣，如何？又云："吾家却祭高祖。"何所言與所行不一乎？蓋宗法之行須是先有封建，而後宗法行之矣。若後世封建必不可行，則宗法與井田徒然膾炙人口，總屬必不能行之勢。宗法祭祀不必庶民之家不能奉行，其議不便者必始於士大夫，如何行得通？毋[①]徒曰尊祖故敬宗。此亦就其賢者、貴者而言耳。

"旁親之無後者"條注批：三段注作三樣話説，如何主意？曾祖兄弟爲太伯叔，父母却祔何處？自應不祭。補注批：不然。説得祭統甚嚴，此却舉旁親無後者一籠統滚[②]在一處祭，可笑可笑，祔祭之説云何，此斷斷不可行。

"正至朔望則參"條下補注批：此條及前條須各設虛牌，依次排列，方知其謬，若徒托之空言，未免驚世駭俗，况日本未知就裹，驟聞之必大駭聽矣。如此則正位與祔位何别？且孫祔於祖及昭祔昭、穆祔穆之義何居？

"裳交解十二幅"條補注批：裳交解下注："上多三寸，下多一尺九寸，即截去之。"此語作何解？若截於未合之先，即不應有七寸三分、一尺四寸六分之裁法矣。若截於即合縫之後，上截三寸，止餘三寸三分矣，猶存强半。若下截去一尺九寸，除截完本幅之外，又將次幅截去五寸四分，有此理否？即云合處二幅各截之，亦非應十二月之義矣，數不明白，照下注。前後各去一寸，尚有八尺六寸，兩腋之縫在袂，何得於此算數，是每縫止除半寸，即截去之？即截去之，亦截去之，甚可笑。衣長二尺二寸，裳長四尺四寸，又云其長及踝，何不於人身量之？即將其布三分，一分爲衣，二分爲裳，豈不簡便？乃必指尺，周尺、三司布帛尺[③]，爲此紛紛哉。即以瑜身論

① 毋：底本脱此字，據柳川本補録。

② 滚：柳川本作"緄"。

③ 三司布帛尺：北宋時通行的一類官尺，最初由官府制定用來征收布帛的賦税，因賦税由三司使負責，故得名。司馬光與程頤等討論深衣制度，以周尺换算，云"凡尺寸皆當用周尺度之，周尺一尺當今省尺五寸五分弱"。詳見司馬光《書儀》。

之，中指節得裁衣尺八分，六尺二寸該得四尺九寸六分，比瑜嘗所服已長一尺許矣。朱子曰："去古益遠，冠服制度僅存而可見者，獨有此耳。"[①]如此先生幸其制之尚存，必親制之，久爲祭服、燕居之服。制度毫無可疑，及門之徒常所習見熟識，亦是其所服也，何煩猜疑臆度家自爲説乎？蔡氏淵[②]曰："司馬所載方領與續衽[③]鈎邊之制，引證雖詳而不得古意。"先生病之，則是先生未嘗有定制也，未嘗得爲祭祀、燕居之服也。止此一衣之制耳，先生常所服習是門人日常所見，亦是門人人人所得服。數年之後遂失其制，此是彼非，左塗右抹。又曰："先生易簀[④]之後，其書[⑤]始出。"至於道德精微之妙，又安望其傳而弗失？又安望其發明先生之藴奥耶？吾深爲先生之徒惜之。

"昏禮篇明日夙興[⑥]"條注批：主婦升降皆自西階，未有自東階者。惟笄禮迎賓二暫爲之。今新婦至，乃授之室[⑦]而著之代，及若過於主婦者，何義？若云授室，則未授之先，新婦不應自阼階升拜矣。

"喪禮篇及哭"條批："喪，與其易也，寧戚。"[⑧]哀戚所至，自不容已。嘗嘆吾女甫十齡，其居喪也，步步合於規矩而哀傷爲甚，此自得之天性，非繇書本中按腔捉板做來。若在書本中按腔捉板做來，此何異傀儡登場，其

---

① 此句見朱熹《答顔魯子》。朱熹收到其友顔度寄來的深衣、幅巾、大帶後去書兩通，指出其中雖有瑕疵，但還是肯定"冠服制度僅存而可見者，獨有此耳"。

② 蔡氏淵：即蔡淵(1156—1236)，字伯静，號節齋，建州建陽(今福建省南平市建陽區)人，蔡元定長子，南宋理學家。蔡淵承家學，又兼師朱熹，清修苦學有父風，尤邃於《易》，有《周易訓解》《易象意言》《詩思問》《論孟思問》等。

③ 衽：底本誤寫爲"衤社"，據柳川本改。

④ 易簀：簀，用竹編織的席子。古時禮制，簀只用於大夫，曾參未曾爲大夫，不當用，所以臨終時要求更换。後因以稱人病重將死爲"易簀"。典出《禮記・檀弓上》。

⑤ 其書：即《朱子家禮》。朱熹弟子楊復云："先生服母喪，參酌古今，咸盡其變，因成喪葬祭禮。又推之於冠昏，名曰《家禮》。既成，爲一童行竊之以逃，先生易簀，其書始出行於世。"見《朱子家禮・附録》。

⑥ 明日夙興：成婚之後第二日早起。《禮記・昏義》："夙興，婦沐浴以俟見。"孫希旦《集解》："夙，早也，謂昏明日之早晨也。興，起也。"

⑦ 授之室：謂把家事交給新婦。語本《禮記・郊特牲》："舅姑降自西階，婦降自阼階，授之室也。"孔穎達疏："舅姑從賓階而下，婦從主階而降，是示授室與婦之義也。"

⑧ 此句出《論語・八佾》。林放詢問孔子禮的根本，孔子説："就禮而言，寧可簡樸不要奢侈；喪禮而言，寧可悲傷不要鋪張。"

哀戚之所存者幾希矣，故曰《禮》與《家禮》爲中下之人設也，故曰："形而上者，道也；形而下者，器也。"

叙立注批：集中左右概多錯誤，不止一端，當以司馬氏《居家雜儀》[①]中左右爲凖，此但同於《曲禮》："主人入門而右，客人入門而左耳。"一書中不得互有同異，使習者難辨。古人三昭三穆之制[②]只説得七廟。初備之時至於第一昭廟始祧，載籍中未見説得詳細。若是昭穆遞遷有何難處？既云"昭常爲昭，穆常爲穆"，設使第一昭廟初祧，當以第二昭廟之主躋於第一昭廟，而新祔之昭居於第三昭廟。直是子居父之右，如何可通？若既祧之廟虚而不補，而置新祔之昭於第三昭廟之下，於禮爲順而廟制參差不齊，直待第一穆廟祧後方得齊整，惜無明文可考耳。此就天子言，其下可推也。朱子入此廟之漸之説差爲近之，然亦未是，孫無躐躋祖廟之理。若補注告新死者以當入此廟也，甚爲不通。宋制廟以西爲上，新死者於遞遷之後，但居禰廟[③]耳，何得居祖廟？即如昭穆之舊，亦不得居祖廟也。且太廟之制又不可，若是其拘也。自漢以來多建四親廟，以宋言之，至真宗而七廟已備，始祖與始祖所自出之帝不與焉。仁宗升祔[④]之時，將祧太宗乎？必於四親之中祧其一也。以明朝言之，至仁宗而七廟已備，始祖與自出之帝亦不與焉。宣宗升祔之時，成祖不可祧，無祧仁宗之理，仁宗乃章皇帝[⑤]

---

① 《居家雜儀》：司馬光所著，二卷，内容多以訓誡、規勸的形式要求其子孫、家人敬老愛幼，和睦家人，爲人忠信仁義等。

② 三昭三穆之制：古代天子爲祭祀祖先而設的祖廟。《禮記・王制》："天子七廟，三昭三穆，與太祖之廟而七。"《周禮・春官・小宗伯》："辨廟祧之昭穆。"鄭玄注："父曰昭，子曰穆。"太廟居中，二世、四世、六世之廟設於左，稱三昭；三世、五世、七世之廟設於右，稱三穆。按：之，底本作"三"，據柳川本改。

③ 禰廟：父廟，或稱考廟。《左傳・襄公十二年》："凡諸侯之喪，異姓臨於外，同姓於宗廟，同宗於祖廟，同族於禰廟。"杜預注："父廟也。同族謂高祖以下。"《左傳・襄公十三年》："所以從先君於禰廟者。"杜預注："從先君代爲禰廟。"孔穎達疏："《祭法》云：諸侯立五廟，曰考廟、王考廟、皇考廟、顯考廟、祖考廟。此云禰廟，即彼考廟也……禰，近也。於諸廟，父最爲近也。"

④ 升祔：升入祖廟附祭於先祖。龐元英《文昌雜録》卷四："伏請升祔太廟，以時配享。"

⑤ 章皇帝：即明宣宗。蘇洵《謚法》："法度明大曰章，敬慎高亢曰章，出言有文曰章。"

之父也,必於懿、淳、禧、德[①]四祖中祧其一也。故"昭常爲昭"之説亦自難解。萬一祧一穆廟,則新祔者乃穆之子也,又將何躋?且如宋朝太祖、太宗,昭則二昭,穆則二穆,其位次又何如?故不可以經生之見拘泥而論也,要在明其大耳。

祭禮篇前一日注批

按祔位,孫祔於祖,則高祖兄弟、曾祖兄弟已無可祔,蓋高祖以上祀典已窮也。若曰高祖兄弟在高祖左右,亦南向;曾祖兄弟在曾祖上下,則是兄祔於弟,弟祔於兄,非孫祔於祖矣,其謬一也。祭及於旁親無後者,繇吾祖宗之心推之也。今支子不得祭其父,支子之子不得祭其祖,孝子慈孫之意爲法所屈而不得伸。祭法何等森嚴,父祖久不得饗有後之祀,而無後之蒸嘗反四世而弗絶,則本輕末重,人心拂鬱,濫觴顛倒,其謬二也。高曾祖禰,四廟八位而祔位者,但祔食於祖耳。今旁親無後及長、中、下殤,總曾祖以下三世而言,少不下十餘,多或至於二十位,及曾祖考,祖考、考[②]折中嘗十五六位,則三間五架之廳堂能容之否?總計正祭、祔祭、考妣、父母、姑、兄弟姊妹不下四十、五十[③]位,孝孫之意能專一否?大夫特羔,士特豚[④],且祭有先脾、先肺、先心、先腎之獻,則一特牲能給之否?上下雜糅,親疏無别,其大謬三也。愚謂古人特言之耳,未嘗身行之也。假令使身行之,排列位置則立見其謬戾。雖愚不肖,亦知其不可行,而賢知者乃爲之乎?必不然也。每位一桌,每桌三尺,又留獻酒、獻茶、進饌之地,并高祖南向之位,非十丈不可,寢廟皆五架,除一架作室,南雖四架,實叁架

① 懿、淳、禧、德:指朱元璋父祖輩。明太祖朱元璋即位後追謚父親朱世珍爲淳皇帝,廟號仁祖;祖父朱初一爲裕皇帝,廟號熙祖;曾祖父朱四九爲恒皇帝,廟號懿祖;高祖朱百六爲玄皇帝,廟號德祖。

② 考:底本脱"考"字,據柳川本補録。

③ 四十、五十:柳川本作"四五十"。

④ 士特豚:指迎接新生子時之禮,按《禮記·内則》,庶人使用特豚,士使用特豕。此處引用與《禮記》有出入,其意只在説明上下有别而已。

也。若曰重行北上，又與上下之文相戾，即使重行亦不能列也，謬矣謬矣。故曰未嘗身自排列之也。

問棺製，作圖賜之。

棺横圖：一蓋、一底、兩墻、兩和，凡用板六塊。板取堅緻不爛不蠹者爲佳，不必定取油杉、油松[①]也。惟梓與黄腸，法之所禁，非士大夫之所得用者[②]。（史注云："黄腸爲松木之油心"，此儒生不通理、不暗世務者之注，誤人不淺，甚爲可笑。）鐵環防變事，四索備而不用，非謂喪舉中用環與索也。

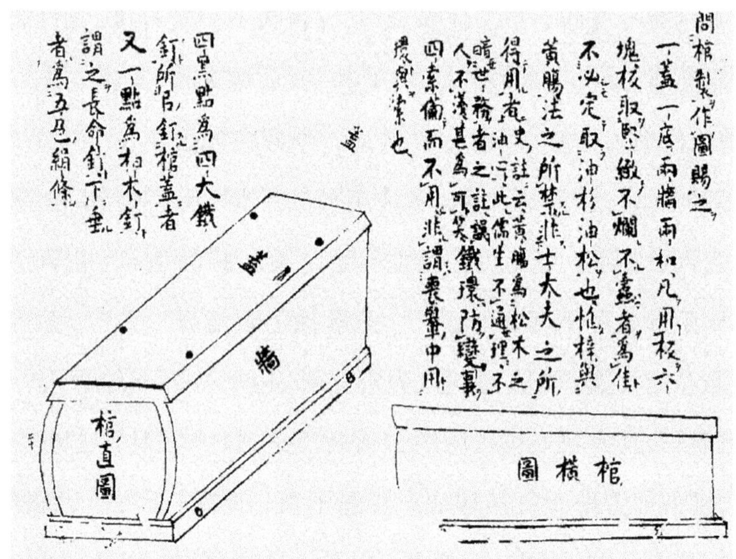

① 松：底本作"法"，據柳川本改。

② 此段解説葬禮。《禮記·喪大記》："君松椁，大夫柏椁，士雜木椁。"鄭玄《禮記正義》："正義曰：此一經明所用椁木不同。'君松椁'者，君，諸侯也。諸侯用松爲椁材也。盧云：'以松黄腸爲椁。'盧云：'黄腸，松心也。''大夫柏椁'者，以柏爲椁，不用黄腸，下天子也。'士雜木椁'者，士卑，不得同君，故用雜木也。"可知黄腸確非士大夫可用。然而《儀禮正義·喪大記》："大棺，棺之在表者也……然則大棺及屬用梓，椑用杝，以是差之，上公革棺不被，三重也。諸侯無革棺，再重也。大夫無椑，一重也。士無屬，不重也。庶人之棺四寸。"可見庶人可用梓製大棺，朱舜水所言"梓，法之所禁"存疑。

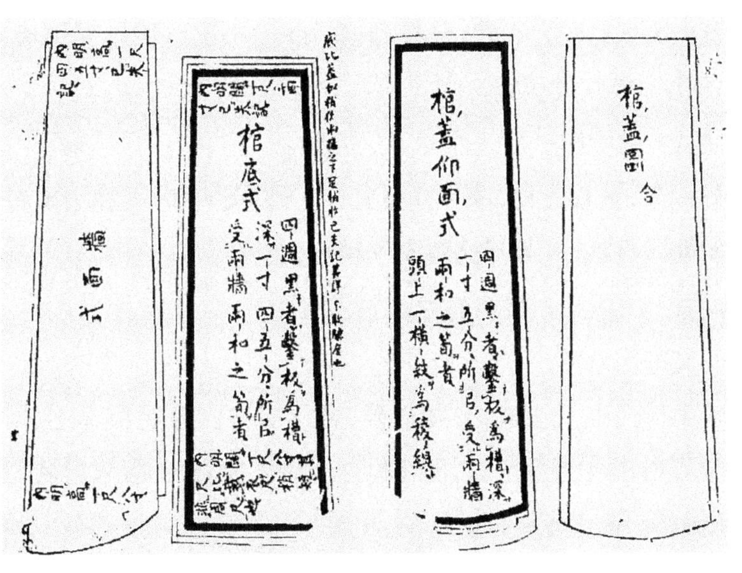

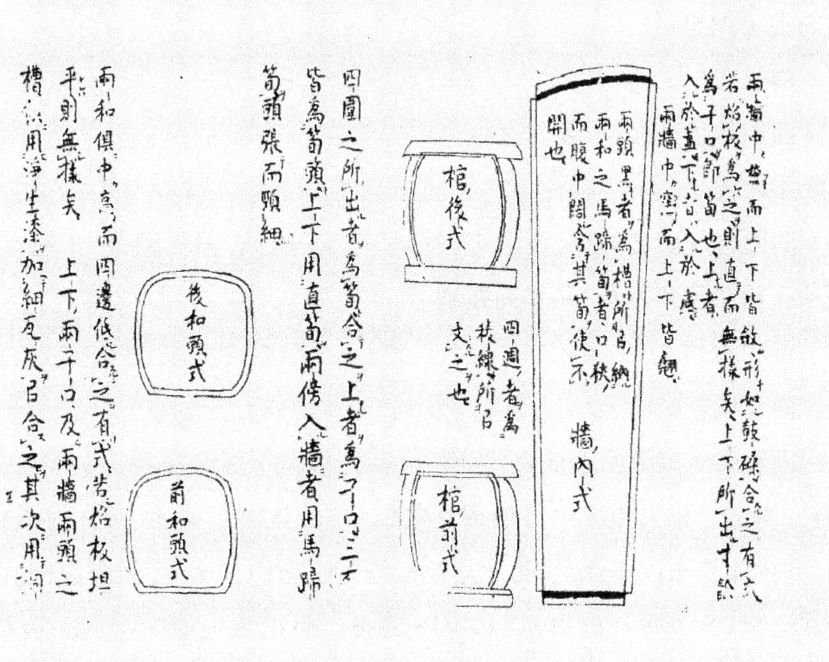

棺直圖：四黑點爲四大鐵釘，所以釘棺蓋者，又一點爲柏木釘，謂之長命釘，下垂者爲五色絹條。

棺蓋圖（合）

棺蓋仰面式：四周黑者，鑿板爲槽，深一寸五分，所以受兩墻、兩和之筍者。頭上一横紋爲稜綫。

棺底式：内明闊一尺三四寸，已失記。

四周黑者，鑿板爲槽，深一寸四五分，所以受兩墻、兩和之榫者。

内明闊一尺八寸，其尺比裁衣尺稍短，非周尺也。[①]

墻面式：内明高一尺四五寸，已失記。

内明高一尺八寸。

兩墻中橋而上下皆斂，形如鼓礫，合之有式。若照板爲之，則直而無樣矣。上下所出寸餘爲子口，即筍也。上者入於蓋，下者入於底。

兩墻中窪[②]而上下皆翹。

墻内式：兩頭黑者爲槽，所以納兩和之馬蹄筍者，口狹而腹中闊，含其筍使不開也。

棺後式

四周者爲稜綫，所以文之也。

棺前式

四圍之所出者爲榫，合之上者爲子口，三面[③]皆爲榫頭，上下用直榫，兩傍入墻者用馬蹄榫，頭張而頸細。

後和頭式

前和頭式

兩和俱中高而四邊低，合之有式，若照板坦平則無樣矣。上下兩子及兩墻、兩頭之槽俱用净生漆加細瓦灰以合之；其次用桐油、石灰内底縫一周，亦生漆夏布以牽合之；其次用桐油、石灰；棺内，《家禮》用瀝青，近古亦有用之者，今人多不肯用，其必有所試矣。伊川先生謂"久則堅，及化琥珀"之説不敢信。一棺止用四釘，一釘不敢多用，蓋日久遇濕則一釘爛一

---

① 此圖右上，柳川本另有注文曰："底比蓋似稍狹，兩墻之下足稍收，已失計其詳，不敢□□也。"
② 窪：柳川本作"空"。
③ 面：此字柳川本殘缺。

大孔，蟻蚋[①]循之而入故也。近世并鐵環亦不用，亦爲此耳。

（柳川本批注：此以下二十五葉至晚年削去。）

先生嘗作《送玄庵序》[②]，草書有法。予題其後以爲遺墨，轉傳繕寫，竟失其真，今只録其序、跋於左。

序曰：梗、楠、杞、梓[③]産於鄧林[④]，未爲材也；明月、夜光[⑤]生於合浦[⑥]，寶則寶已，未爲奇也。十尋之豫章[⑦]喬喬吴越之麓，如意珠熠熠江漢之濱，鮮不爲匠石之所顧而蛟龍[⑧]之所搏矣。余於庚、辛間[⑨]至日本，見福清林子玄庵[⑩]於東明山房[⑪]。此時方在髫齔[⑫]，顧其視瞻矞矞，步履犖犖，固已

---

① 蚋：蚊蟲。服虔《通俗文》："小蚊曰蚋。"

② 《送玄庵序》：全稱《送林道榮之東武序》，作於辛丑年(1661)，朱謙之《朱舜水集》所載文字略異。

③ 梗、楠、杞、梓：皆爲木名，比喻良才。《左傳・襄公二十六年》："晋卿不如楚，其大夫則賢，皆卿材也。如杞梓、皮革，自楚往也。雖楚有材，晋實用之。"杜預注："杞、梓皆木名。"

④ 鄧林：傳説中的樹林。《山海經・海外北經》："夸父與日逐走，入日；渴，欲得飲，飲於河渭；河渭不足，北飲大澤。未至，道渴而死。棄其杖，化爲鄧林。"

⑤ 明月、夜光：皆爲珍貴的寶珠。程登吉《幼學瓊林・珍寶》："可貴者明月、夜光之珠，可珍者璠璵、琬琰之玉。"

⑥ 合浦：古郡名，漢置，郡治在今廣西合浦縣東北，縣東南有珍珠城，又名白龍城，以産珍珠著名。《後漢書・循吏列傳孟嘗傳》："(合浦)郡不産穀實，而海出珠寶。"合浦所産珍珠，圓潤碩大，色澤純正，享譽古今，人稱"合浦珠"。

⑦ 十尋之豫章：尋，長度單位，一尋等於 8 尺，十尋即是 80 尺，約合 26 米；豫章，亦作"豫樟"，木名。《史記・司馬相如列傳》："其北則有陰林巨樹，楩柟豫章。"張守節正義："案：《活人》云：'豫，今之枕木也。章，今之樟木也。二木生至七年，枕樟乃可分别。'"

⑧ 龍：柳川本作"然"。

⑨ 庚、辛間：指庚寅年(1650)、辛卯年(1651)之間。朱舜水第一次赴長崎是乙酉年(1645)，第二次至長崎是辛卯年(1651)十月，梁啓超《朱舜水先生年譜》"辛卯"條云："先生去舟山赴安南，旋適日本，有避地久居意。而日人鎖國正嚴，不許逗留，乃以一揭帖上長崎鎮官。"作於"辛卯歲十月"的《上長崎鎮揭》云："今瑜歸路絶矣！瑜之師友三人，或闔室自焚，或賦詩臨刑，無一存者矣！故敢冒死上書，惟閣下裁擇而轉達之執政：或使瑜暫留長崎，編管何所，以取進止；或附船往東京、交趾，以聽後命。"期間與林道榮交際事不見他書。

⑩ 林子玄庵：即林道榮(1640—1708)，名應采，字欵雲，號墨癡老人、玄庵、官梅，通稱道榮。祖籍中國福清，其父明末時移居日本。林道榮出生於長崎，擅長書法，當時與深見玄岱齊名；精通中日語言，寬文三年(1663)任大通事，元禄十二年(1699)升爲風説定役(唐通事中的高級官員)，同年以雅號"官梅"改爲日本姓。著有《江户紀行》1 卷、《小學卮言》2 卷、《海外異聞録》6 卷、《東閣吟草》1 卷、《墨癡存稿》12 卷等。

⑪ 東明山房：指長崎著名唐寺興福寺，屬禪宗黄檗宗，東明山是其山號，奉隱元禪師爲開祖。朱舜水客居長崎期間，得到諸唐寺的多方襄助。

⑫ 髫齔：亦作"髫亂"，謂幼年、孩童。《後漢書・文苑傳下・邊讓》："髫齔夙孤，不盡家訓。"

心異之，如鷄群一鶚矣。壬辰[①]秋復過日本，適當作《報國藩》及《答定西侯張侯老》兩書，病困不能搦管，而舟行甚迫，日夕促報書。或有言林子能作小楷者，延之即至。授之草，即濡毫疾書，氣度冲融，旁若無人，如孔文舉[②]當年；兔起鶻落，筆不可捉，如小王令[③]家法，益知其爲國器矣。其後潛心學業，詩辭益清俊，筆意益閎肆。戊戌[④]冬，向予嘆曰："居此地而讀書，奏雅樂於重澤[⑤]、表龍章於裸壤耳！奈家貧不能作别業何！"余廣之曰："孳孳力田，必將逢年[⑥]。但患不讀書，不患讀書無所用也，子其勉之矣。"去年冬，妻木鎮公來鎮兹土，能遴才好士，羅致幕下，朝夕括磨之，豈患匠石之弗顧，暗投道路而爲人按劍[⑦]哉？今鎮公以任滿當報命，因欲携之往東武而問序於余。夫東武固材賢之藪而問[⑧]璣璧之淵也。吾素聞日國有古燕、趙之風，燕、趙古多悲歌慷慨之士，今悲歌之聲形震吾耳、溢吾目久矣。其亦聞有慷慨之士乎？有則[⑨]子爲我告之，無則子爲我博訪之也。其有若黄金五百斤買駿馬之骨，來千里馬者三乎[⑩]？其有若振垂絶之

---

① 壬辰：當明永曆六年、清順治九年(1652)，此是朱舜水第三次前往日本。

② 孔文舉：即孔融(153—208)，孔子的第19世孫，漢末文學家，"建安七子"之一。曾爲北海相，故人稱"孔北海"。能詩善文，曹丕《典論・論文》稱其"揚(揚雄)、班(班固)儔也"。明人張溥輯有《孔北海集》。

③ 小王令：即王珉(351—388)，東晋琅邪臨沂人，字季琰，小字僧彌。王珣弟。有才藝，善行書，名出珣上。代王獻之爲中書令，二人素齊名，時稱獻之爲"大令"，珉爲"小令"。

④ 戊戌：明永曆十二年、清順治十五年(1658)。是年夏，朱舜水第六次赴長崎，同年十月離開長崎往廈門，與林道榮交集當在此時。

⑤ 重澤：澤，柳川本同底本，然朱謙之《朱舜水集》録作"譯"(第477頁)，似更妥。即與"裸壤"對應，指九夷之地。

⑥ 孳孳力田，必將逢年：意爲只要辛勤耕耘，一定會遇到豐年。化用自《史記・佞幸列傳》："諺曰'力田不如逢年，善仕不如遇合'，固無虚言。"

⑦ 暗投道路而爲人按劍：指寶物突如其來出現眼前反而令人疑惑。語出《史記・魯仲連鄒陽列傳》："臣聞明月之珠、夜光之璧，以暗投人於道，衆莫不按劍相眄者，何則無因而至前也。"此處使用反問句，意即身懷絶技者必會爲世所用。

⑧ 問：柳川本脱此字。

⑨ 則：底本脱此字，據柳川本補録。

⑩ 此處引用戰國時郭隗游説燕昭王時所引用的千金買馬骨故事，事見《戰國策・燕策一》："臣聞古之君人，有以千金求千里馬者，三年不能得。涓人言於君曰：'請求之。'君遣之。三月得千里馬；馬已死，買其骨五百金，反以報君。君大怒曰：'所求者生馬，安事死馬？而捐五百金！'涓人對曰：'死馬且買之五百金，况生馬乎？天下必以王爲能市馬。馬今至矣。'於是不能期年，千里之馬至者三。"

弱燕殄二萬乘之强齊，返磨室之鼎、植汶篁之竹者乎[①]？其有立義不侵、然諾爲行，不使人疑之田光[②]先生乎？其有風飄易水、日貫[③]白虹之荆卿乎？座[④]客泣下沾襟，筑擊秦皇帝如高漸離者義烈也。亦有完希世之璧於虎狼秦之窟而自屈於廉頗者乎？亦有屋瓦盡震，解圍閼與之馬服[⑤]乎？穎脱囊中，不肯碌碌因人，定一言於强敵之前，左手奉盤盂，右手招同列，能如是者，亦國之光也[⑥]。東却林胡，北逐匈奴，大將若斯，亦國之幹也[⑦]。其有邯鄲旦夕且下，平原束手撟舌而義不帝秦，欲蹈東海若魯連[⑧]先生者乎？仲連非趙産，客於趙而能使趙焜煌至今，真人傑也！古者屠狗之徒慨慷激烈，使千秋萬世生載乘之光；豈今者鐘鳴鼎食之豪徒，品題於龍團、雀舌[⑨]，傳玩素甆[⑩]而已哉？其必有命世之英，如古人之炳炳琅琅者。又聞此地多博聞强識之士，胸羅今古，足以匡其君、華其國者。有則亦以告。恨吾匏繫[⑪]於此，不能一觀其盛。倘能身接之，亦足以慰十七年之饑[⑫]渴，

---

① 此處指樂毅大勝齊國而拯救燕國後，燕昭王中齊人反間計，樂毅被迫逃亡趙國，并向燕王上書，叙述往日功績云："大吕陳於元英，故鼎反乎厤室，齊器設於寧臺。薊丘之植，植於汶篁。自五伯以來，功未有及先王者也。"語出《戰國策・燕策二》。

② 田光（？—前 227）：戰國時燕國人，爲人智深而勇沉，以節俠自許。燕太子丹聞聽其賢能，想和他密謀報秦仇，他以衰老辭，并向太子丹推薦荆軻。臨别時，太子丹以"國之大事，願先生勿泄"爲囑，光遂自刎以明志節。

③ 貫：底本作"實"，據柳川本改。

④ 座：底本作"坐"，此據柳川本改。

⑤ 馬服：指趙奢，戰國時人。初爲田部吏，趙國平原君薦於王，治國賦，國庫充實。因罪一度居燕，後爲趙將，善用兵。趙惠文王二十九年（前 270），秦攻閼與，奢奉命往救，大敗秦兵，因功封馬服君。事見《史記・趙世家》。

⑥ 此處用毛遂"脱穎而出"典故，毛遂自薦隨行趙國平原君前往楚王談判，陳説利害，使楚王同意與趙合縱出兵救趙。事詳《史記・平原君虞卿列傳》。

⑦ 此處指戰國時趙國名將李牧大敗匈奴一事，詳見《史記・廉頗藺相如列傳》。

⑧ 魯連：或稱魯仲連。戰國時齊國人。趙孝成王七年游趙，適逢秦國圍困邯鄲，魏使新垣衍請尊秦昭王爲帝，仲連辯析利害，終不帝秦。之後齊將田單復齊地攻聊城不克。仲連爲燕守將陳説利害，不戰下之。田單言於齊王，欲行封賞，仲連拒絶，逃隱以終。

⑨ 龍團、雀舌：皆爲貢茶珍品之名。龍團，呈餅狀，上有龍紋，故稱；雀舌，取形似雀舌之嫩芽焙製而成。汪廷訥《種玉記・拂券》："玉壺烹雀舌，金碗注龍團。"

⑩ 素甆：甆，同"瓷"，此指白瓷，是高級茶具。

⑪ 匏繫：謂羈滯，語出《論語・陽貨》："吾豈匏瓜也哉！焉能繫而不食？"劉寶楠《正義》："匏瓜以不食，得繫滯一處。"後以"匏繫"喻閑居，此處則隱含不能施展才華之意。

⑫ 饑：底本作"譏"，據柳川本改。

而自信其耳目聊於子之行、致之意而已。其亦益自懋勉，至彼則無更患寡陋，特養其干霄之姿而發其徑寸之光，照車前後十二乘[①]以爲知己，榮哉！時歲次辛丑[②]十一月長至後二日[③]，明舜水朱之瑜書於長崎之溶霜書屋[④]。

跋云[⑤]：此文祖韓子《送董邵南序》，化成許多議論，無一語剽襲，亦無一字痕瑕，頓挫豪宕，有激昂感慨之氣，乃設材與玉以爲雙關，逐句相貫，首尾相照應。中間用"其有若乎"字者二次，用"其有乎"字者二次，用"亦有乎"字者二次，有法有度，有變化，有光焰，有神采。又用"其有乎"字者一，别占地步，此是魯仲連之事而歸著先生身上者，故稱先生，稱人傑，其最致意於節義可觀焉。末謂"其必有"者，蓋不止文章之小結，偶然興周道於東方之兆，其天意亦可觀焉。句有長短，文有抑揚，愈轉愈佳，一節緊於一節，筆力有萬鈞之勢，鏗鏗鏘鏘，當與韓文并奏也。先生昔謂余曰："我學與文者，僅僅咿唔塗抹而已，豈望見古人書法？無師承，無功力，又不足言矣。"然文如驚湍怒濤，字如奔蛇走虺，真足以爲珍奇也。獨恨不能摹寫其筆妙，聊存其體已耳。

己未歲[⑥]，先生令孫（名毓仁，字天生）爲省覲來長崎，先生贈書曰：日本禁[⑦]唐人已四十年，先年南京七船同住長崎，十九富商連名具呈懇留[⑧]，累次俱不准[⑨]。我故無意於此，乃安東省庵苦苦懇留，轉展央人，故留住在

---

① 此處比喻良才發揮才幹，照耀世間。語出韓嬰《韓詩外傳》："魏王曰：'若寡人之小國也，尚有徑寸之珠，照車前後十二乘者十枚，奈何以萬乘之國無寶乎？'"

② 辛丑：當明永曆十五、清順治十八年(1661)。

③ 十一月長至後二日：長至，指農曆十一月冬至日。《太平御覽・時序部・冬至》："後魏崔浩《女儀》曰：'近古婦人，常以冬至日上履襪於舅姑，踐長至之義也。'"白居易《冬至宿楊梅館》："十一月中長至夜，三千里外遠行人。"此處柳川本作"長至後二日"。按：十一月，柳川本"十"字漫漶不可讀；後二日，底本無此三字，此據柳川本補録。

④ 明舜水朱之瑜書於長崎之溶霜書：此句底本脱，據柳川本補。溶霜書屋：溶霜，朱舜水的齋號。《澹泊詩集》載："先生幼時夢一聯曰'夜暖溶霜月，風輕薄露冰'，不曉其意。及至崎港，風土氣候恍然如其夢，因以'溶霜'爲齋號。"

⑤ 跋云：此二字底本無，據柳川本補録。

⑥ 己未歲：清康熙十八年(1679)；柳川本無此三字，而作"腐朽也只是立言一事，願假神助九原。聞"，文義費解。

⑦ 禁：柳川本"禁"後補入"留"字。

⑧ 懇留：底本作"懇懇"，此據柳川本改。

⑨ 准：底本爲"準"。

此,是特爲我一人開此厲禁也。既留之後,乃分半俸供給我。省庵薄俸二百石,實米八十石,去其半,止四十石矣。每年兩次到崎省我,一次費銀五十兩(日本五百目),二次共一百兩,苜蓿先生之俸[①]盡於此矣。又土儀時物絡[②]繹差人送來,其自奉敝衣、糲飯[③]、菜羹而已。或時豐腆,則魚鰯數枚耳。家止一唐鍋,經時無物烹調,塵封鐵銹。其宗親朋友咸共非笑之、諫沮之,省庵恬然不省,日夜讀書樂道已爾。今來此十五年,稍稍寄物表意,前後皆不受,過於矯激,我甚不樂,然不能改也。此等人中原亦自少有,汝不知名義亦當銘心刻骨,世世不忘也。奈此間法度嚴,不能出境奉候,無可如何!若能作書懇懇相謝,甚好。又恐汝不能也。

此書訃[④]至後數日,敝相知渡邊氏自江户送來,求國字旁訓。既加[⑤]點了,灑涕題其後云:此書非爲守約看而作,不意得千里落手,蓋天使守約知[⑥]先生之真情也。往年賜書云:"賢契之於不佞,不佞生於越、貫三吴,賢契生長日本,地之相去遠也,國俗不相同也,言語、衣服不相通也,非有葭莩之親[⑦]、僑札之分[⑧],豈獨處北海、處南海[⑨]而已?豈獨秦人、越人[⑩]而已哉?但以不佞堅確一賦,遂結相知,萬里音容通於夢寐,此賢契忠愛性生,禮義天植也。"此言銘肝鬲也久矣,今并此家書,更成終天之慘也。先生與守約國異俗殊,固如此書所言,一旦定師弟子之約,愛情懇懇,始終如

---

① 苜蓿先生之俸:唐薛令之爲太子右庶子時俸禄微薄,便在墻上題詩云"朝日正團團,照見先生盤。盤中何所有?苜蓿長闌干。"後便以此典故指代教師或小吏的清貧生活。

② 絡:底本作"給",據柳川本改。

③ 糲飯:糲,糙米。韓愈《山石》:"鋪床拂席置羹飯,疏糲亦足飽我饑。"此處指粗飯。

④ 訃:高喪、死訊。朱舜水逝世於壬戌年(康熙二十一年,1682)四月十七日。

⑤ 加:底本作"如",據柳川本改。

⑥ 知:底本無此字,據柳川本補。

⑦ 葭莩之親:本義爲蘆葦桿中薄膜,喻指關係疏遠的親戚。《漢書·景十三王傳》:"今群臣非有葭莩之親,鴻毛之重。"此處喻二人没有絲毫親戚血緣關係。

⑧ 僑札之分:僑,指春秋鄭國公孫僑(子産);札,指吴國公子季札。季札到鄭國,與子産互贈縞帶、紵衣,喻朋友締交。事見《左傳·襄公二十九年》:"(季札)聘於鄭,見子産,如舊相識,與之縞帶,子産獻紵衣焉。"此處謂二人無朋友之誼。

⑨ 北海、南海:比喻天各一方,毫無交集。語出《左傳·僖公四年》:"君處北海,寡人處南海,唯是風馬牛不相及也。"

⑩ 秦人、越人:秦人與越人,天南地北,風俗迥異。語出韓愈《争臣論》:"視政之得失,若越人視秦人之肥瘠,忽焉不加喜戚於其心。"此處指朱舜水與安東守約國異俗殊,本不相識。

一，抑有何取所思慕[①]至此哉？自顧駿愚弗類，只好讀書，天憫其志，使大儒得相知也。所謂萬里音容永絶無通，將如之何？嗚呼！痛哉！九原[②]不可作無繇，諗我無限追憶之誠，捧誦不已，徒結幽冥之契於夢寐已爾。

奉悼朱先生文

天和二年[③]秋七月，今井公書至曰(公名弘濟，號知足軒)：四月十七日朱先生易簀，門生守約愁絶哭擗，謹置靈座[④]，設魂帛，揮淚告之曰：萬治二年[⑤]，守約自京歸鄉長崎，友人來授以鴻文二篇，其一所示交趾將相諸大臣節文，其一所賜守約也。友人曰："此是中國大人，年高德昭[⑥]，姓朱，字魯璵，崇禎十七年被徵二[⑦]次，不就，即授副使兼兵部郎中，復不拜。其不就、不拜者，非潔身亂倫，以國事日非、勢不可爲故也。及在安南，國王欲拜，長揖而退，王怒將殺，守禮不屈，且有魯王敕書在。子受知是人，榮逾於華衮。"守約不勝銘肝，即時奉謝書及拙稿，特恐稱呼失禮涉冒瀆，乃用弟子奉師之禮，且聞歸期之迫，獻俚言曰："遠避胡塵來海東，凛然節出魯連雄。勵忠仗[⑧]義仁人事，就利求安衆俗同。昔日名題九天上，多年身落四夷[⑨]中。鵬程好去圖恢復，舟楫今乘萬里風。"此時送文籍書札於通事所，公同封驗，不及裁答。翌年自中國賜累幅之書，書詞懇款，至千數百言，不敢以師自居，其略曰：

"讀來教，踊躍健羡。元定真吾老友，而乃謙以自牧，退就弟子之列。然而不敢辭者，亦有故焉。學術之不明、師道之廢壞，亦已久矣。世不聞

---

① 何取所思慕：底本作"何所取思慕"，據柳川本改。

② 九原：此處指九泉，黄泉。元好問《贈答劉御史雲卿》詩之三："九原如可作，吾欲起韓歐。"

③ 天和二年：日本年號，當康熙二十一年(1682)，

④ 座：底本作"坐"，此據柳川本改。

⑤ 萬治二年：日本年號，當明永曆十三、清順治十六年(1660)。

⑥ 昭：底本作"邵"，柳川本字形似"卲"，當是"昭"之異體字，出《類篇》《集韻考正》等。

⑦ 二：柳川本作"一"。上卷《履歷》有"崇禎十七年、弘光元年，二次詔徵，不就。"崇禎十七年、弘光元年爲 1644 年，故從底本作"二"。

⑧ 仗：底本作"伏"，據柳川本改。

⑨ 夷：柳川本原作"夷"，後改爲"邊"。

以仁義禮樂爲宗，况乎其言行而身化之！且子牙[①]之聖不過於周公，嘗[②]爲文武之師；尚父賤卒之智不逮於安平君[③]，亦爲田單之神師[④]。此其中未必無意矣。英材教育，古人樂得，至比[⑤]之天倫無恙、名德允孚。又曰：'王天下不與存焉。'[⑥]亦綦乎重且大矣。不肖性行質直，一無所長，惟此'與人爲善'[⑦]之誠，迫於饑渴，十四年惓惓望切[⑧]。而今一旦意外遇之，其敢阻進修之志哉？

畝冬畝春，俱非百全之舉。國主、國藩遠在南北，不肖一見之後即當告辭。擬於明夏專來貴國，與足下横經[⑨]往復，互爲開發。"此外，真摯之情溢筆盈紙，雖木石豈不感動乎？

明年果來崎賜書。招我時，寡君在東，不得私逾境，乃奉書曰："守約嘗讀文丞相'我亦東隨烟霧去，扶桑影裏看金輪'[⑩]詩，慨嘆以爲假令丞相來，則雖爲之執鞭，所忻慕焉[⑪]。然惜丞相不來，又不得同時也。今先生之來，蓋丞相之意而幸得同時，然不往見則向之所慕亦葉公之龍耳。"且引孟子原季任[⑫]之事，以請宥罪。自後，天假良緣得往見，遂定師弟子之約。

---

① 子牙：姜尚，姜姓，吕氏，一名望，字子牙，號飛熊，商朝末年政治家。

② 嘗：底本作"常"，柳川本同，此據朱謙之《朱舜水集》（第170頁）改。

③ 安平君：田單，戰國時齊國臨淄（今山東淄博市）人。齊國危亡之際，堅守即墨，以火牛陣擊破燕軍，因功被任爲相國，并受封爲安平君。

④ 神師：底本無"師"字，據柳川本補。

⑤ 比：底本作"此"，據柳川本改。

⑥ 此句出《孟子・盡心上》："君子有三樂，而王天下不與存焉。父母俱存，兄弟無故，一樂也。仰不愧於天，俯不怍於人，二樂也。得天下英才而教育之，三樂也。"

⑦ 此句出《孟子・公孫丑上》："取諸人以爲善，是與人爲善者也。故君子莫大乎與人爲善。"

⑧ 切：底本作"功"，據柳川本改。

⑨ 横經：横陳經籍，指受業或讀書。南朝梁何遜《七召・儒學》："横經者比肩，擁帚者繼足。"意爲共同學習，互爲開發。

⑩ 此詩出自文天祥《懷揚通州・其三》："仲連義不帝西秦，拔宅逃來住海濱。我亦東尋烟霧去，扶桑影裏看金輪。"金輪，喻宋端宗。

⑪ 此段話典出《史記・管晏列傳》："假令晏子而在，余雖爲之執鞭，所忻慕焉。"意爲即使替他執鞭駕馬，也樂意爲之。

⑫ 孟子原季任：孟子在鄒國時，季任送禮與其結交，孟子收下禮物而不回報。在平陸時，儲子一樣送來禮物，孟子還是收禮却不回報。一段時間後，孟子從鄒國到任國時，拜訪了季任，但從平陸往齊國國都時没有拜訪儲子。廬屋子詢問孟子，孟子認爲儲子的禮儀和禮物不相配，因此没有去拜訪他。事見《孟子・告子下》。按：此處"原"字，當作諒解、接納解。

彼時有欲留先生者，連署呈鎮公，鎮公許之。守約喜而不寐，歸家乃分禄之半以給日夕。先生辭以其多，答曰："先賢有以麥舟救朋友之急者[①]焉，守約初以師事之，古人稱師并君父，其所在致死，况其餘哉？然則義當悉獻年俸，自取其三之一。然愛情之深，恐不受之，故今取其中以分其半。若非其義、非其道，則奉者、受者猶之匪人。先生之節雖窮死而不受不義之禄，豈以守約之微忱爲不義之禄乎？守約百事不如人，惟於取與欲盡心以合理。若拒之，則是爲匪人也，豈相愛之理乎？"重諭以心不安，答曰："守約爲生，豐於先生則豈於心安耶？縱使壞[②]家奉之，志則在矣。難以致久，故酌其宜，以中分之，有餘則不在此限，不足則亦不必如此。敬丐[③]不過爲慮也。守約尊先生本非爲名，先生愛守約亦豈有私？惟欲斯學之明而已矣。"自是，書翰往來，慮其浮沈，書面題以杜詩爲一字號，互爲查考。先生以"瞿塘峽口"[④]之詩，守約以"白也詩無敵"[⑤]，蓋取諸"萬里風烟接素秋"與"春樹暮雲"也。兩詩已盡，繼以它詩，未嘗不出乎忠憤之咏，其流離顛沛之間不忘本可見焉。

嘗問中原致亂之繇及逆虜之兵勢，乃撰書一卷賜之，名曰《中原陽九述略》，卷末引申包胥[⑥]之事曰："孤臣飲泣十七載，鷄骨支離，十年嘔血，形容毁瘠，面目枯黄而哭無其廷、誠無所格！"言言句句，莫非中興之志也。其於忠誠，爲何如哉？或每相思，一葦航之，沐教愛有年於兹矣。寬文三

---

① 麥舟救朋友之急：事見惠洪《冷齋夜話》卷十，説范仲淹之子范純仁從姑蘇運送五百斛麥，舟過丹陽時，見石曼卿無錢歸葬親人，遂以麥舟相贈。此喻朋友間無私幫扶。

② 壞：底本作"壤"，於義不合，故據柳川本改。

③ 敬丐：丐，祈求、懇望。此處猶言"敬請"。

④ "瞿塘峽口"：此詩句取自杜甫《秋興八首・其六》："瞿塘峽口曲江頭，萬里風烟接素秋。花萼夾城通御氣，芙蓉小苑入邊愁。珠簾綉柱圍黄鵠，錦纜牙檣起白鷗。回首可憐歌舞地，秦中自古帝王州。"

⑤ "白也詩無敵"：此詩句取諸杜甫《春日憶李白》："白也詩無敵，飄然思不群。清新庾開府，俊逸鮑參軍。渭北春天樹，江東日暮雲。何時一尊酒，重與細論文。"

⑥ 申包胥：春秋時期楚國大夫，風姓，包氏，名胥，因封於申邑，故稱。公元前 506 年，吴國攻入楚都郢，楚昭王出逃到隨。申包胥赴秦國求援，在秦城墻外哭了七天七夜，終於感動秦國君臣，史稱"哭秦庭"。吴國在秦楚夾擊下退兵，楚昭王得以復國。

年[①],長崎大災[②],幾乎焦土,存者僅百分之一耳。人曰先生寄寓於皓臺寺[③]檐楹之下,風雨不蔽,盜賊充斥,饑在旦夕。守約曰:"我養先生,四方所俱知也。使先生餓死,則我何面目立乎世哉?將俱與先生。"即時赴之,幸而茅舍既成,書籍什器皆無恙,數日談論,盡歡而還。居二年,水户宰相上公[④]卑禮厚幣招先生,當其發軔,路出敝邑,謹邀行駕於蝸廬。雖惜千里之别,喜斯道之興隆。既到東武[⑤],寵遇日隆。

上公是不世出之明君,道德文章卓超千古,嘗命先生[⑥]斟酌古今,撰釋[⑦]奠之書,教諸士習其禮[⑧]。三代禮義悉備於斯時,見者、聞者無不稱賞,嘆服曰:"不圖禮儀之美,至於此矣!"[⑨]或曰:"一至此地,不嚴而肅,憍慢之氣,不覺銷鎔頓盡,其間老成人至有泣下者。明德之馨,使人薰陶。"興起者如此,誰不尊崇焉?奉别以往,自想先生既已升進,守約西鄙賤人,不以寒暄無用之談叨煩左右,且加以東關萬里乏便風,從此通信亦不如在崎,至有經年不奉書者[⑩]。先生不罪以疏節,動賜黄金及衣服等。守約領其輕,璧其重,縷縷諭以踽踽凉凉[⑪]匹夫之小諒[⑫],乃换金以絹帛,曰:"昔及相見,遂中分微禄,以其半贍不佞,而一年之中再至省問,所費不貲,土宜時物饋遺無虚月,是苜蓿先生之俸盡於此已。而賢契敝衣糲飯,樂在其

---

① 寛文三年:日本年號,當清康熙二年(1663)。

② 長崎大災:寛文三年(1663)三月八日,因浪人樋口惣右衛門縱火,長崎筑後町發生特大火災,燒毁民家二千九百餘户,包括長崎奉行所、朱舜水的寓所均毁於一旦。

③ 皓臺寺:位於長崎市寺町的曹洞宗寺廟,山號海雲山,是長崎三大寺(皓臺寺、本蓮寺、大音寺)之一。慶長十三年(1608)龜翁良鶴開創,初名洪泰寺,寛永十九年(1642)改爲今名。

④ 水户宰相上公:此指德川光圀(1628—1701),日本江户時代大名,水户藩第二代藩主。

⑤ 東武:日本地名,舊指武藏國,或特指武藏國東部;1603年德川家康在武藏國東部的江户城開幕府,遂成爲江户的别稱。

⑥ 先生:此二字柳川本缺損。

⑦ 撰釋:此二字柳川本缺損。

⑧ 禮:柳川本"禮"後有"矣"字。

⑨ 從"三代禮"至"至於此"凡二十九字,柳川本盡數脱漏。

⑩ 者:柳川本無此字。

⑪ 踽踽凉凉:孤單伶仃。語出《孟子·盡心下》:"行何爲踽踽凉凉?生斯世也,爲斯世也,善斯可矣。"

⑫ 匹夫之小諒:指小事上的信用。語出《後漢書·皇甫嵩朱儁列傳》:"蹈匹夫之小諒,卒狼狽虎口,爲智士笑。"

中，家徒一釜，往往生塵。此情此德舉世之所無，而中華之所未見也。富家大室之所難能，親知骨肉之所難能，而賢契慨然而行之，不惜其他，是何如曠達也！當其時，親戚故舊豈無阻撓之者？豈無嘲笑之者？而賢契奮焉不顧，是何如勇決也！蓋以我爲能賢、以爲道在是也，豈有有道之人而忘人之德者乎？賢契而忘之則可也，不佞而忘之尚得謂之人乎！大凡賢者處世，既當量己，又當量人。賢契自居高潔，則不佞處於不肖矣。不幾與初心相紕繆乎？况非所謂高潔乎？"其末曰："往年宰相上公親調鼎鼐，賜以美饌，一康侯[①]貺[②]以珍禽，又一儒醫惠以佳殽。一時三者并至，乃他人之所喜，不佞對之黯然神傷，不能下筯[③]。門人再三詰問，不佞但含糊應之。晦明風雨，無日不思；冗劇燕間[④]，無時不思。思之不得，將如之何？豈料地北天南，遼闊遂如斯乎；豈料匆匆一别，終身生不復相見乎？書札常通，徒虚語耳。不佞非中原廓清必不得歸，若得賢契千里相思，袪從前鄙俗之小見，慨然命駕，一旦[⑤]惠臨，無晝無夜，聯床話舊，則十三年之鬱積可以頓舒。不然，則中行穆子[⑥]之目，必不可得瞑而含終，不可入范巨伯之柩[⑦]，豈有及也？"讀之嗚咽，五内如裂，聞者亦爲流涕。嗚呼！痛哉！光陰如流，所謂十三年，今既十八年[⑧]。其在崎、在東武寄來書札累積如山。一一點檢，昔日之事宛在目前。

先生不忘，今成吾永不忘之追思。九原可起，捧我此文以陳不忘之誠，先生定當不厭其詞之淺陋，而嘉其情之誠切矣。昔者，在崎賜書曰：

---

① 康侯：亦作"康叔"，周武王之弟姬封，初封於康，故稱。此處當代指德川光圀之弟。
② 貺：饋贈。《儀禮·燕禮》："君貺寡君多矣。"鄭玄注："貺，賜也。"
③ 筯：同"箸"。底本作"筋"，據柳川本改。
④ 冗劇燕間：冗劇，指繁重的工作；燕間，指公餘閑暇之時。
⑤ 旦：底本作"日一"，據柳川本改。
⑥ 中行穆子：荀吴，春秋時晋國人，荀偃之子。此處"目不可得瞑"所指實是荀吴之父荀偃。事見《左傳·襄公十九年》。
⑦ 范巨伯之柩：此處當指范式（字巨卿）與張劭（字元伯）之事。范式與張劭爲生死至交，張劭去世前托夢范式，希望下葬前再見一面。喪禮上，張劭的靈柩一直無法進入墓穴，直到范式如約而至，叩拜靈柩，方安然下葬。事見《後漢書·獨行列傳》。柩：底本作"樞"，據柳川本改。
⑧ 今既十八年：朱舜水於 1665 年到達江户，自此之後再未與安東省庵見面，及 1682 年朱舜水卒，計十八年。

"世人於'知己'兩字以爲尋常贈遺語,不佞絶不肯許人。兩老師,如少宰朱聞老[①]、太宗伯吴霞老[②],骨肉之愛最切,不佞亦未嘗用此。惟少司馬全節完勛王先生[③]足以當之,今得賢契而再矣。如武林張書紳,庶幾近之而未可必。敝友陳遵之者,有無相共、患難相恤、胤息相子,未嘗有形骸爾我之隔。不佞往時面謂之云:'若足下可稱相厚矣,不可言相知也。'他若威虜侯黄虎老[④],知之而未盡。其餘比比,皆知敬愛。或者稱許過當,總未能相知。不佞於二字之嚴如此。"從兹每賜書,賤名下必題用此二字。顧守約有何德得蒙許之?古人曰"士爲知己者死",只愧未能酬相知萬分之一。今也高山流水之調永絶矣,更恐守身不謹,徒知己之名於幽冥之中并忝所生也。

先生嘗曰:"萬曆以降,聚徒講學,各創書院,名爲道學,分門别户,各是其師。聖賢精一之旨未闡,而玄黄水火之戰日煩。高者求勝於德性良知,下者徒襲夫峨冠廣袖[⑤]。優孟抵掌,世以爲笑。"先生出於道術壞[⑥]爛、暴胡蹂躪之間,慨然以斯文爲己任。其來吾朝也,魯仲連蹈東海、文文山隨烟霧之意。而上公好賢之誠始終不渝,可謂千百年來未有之事也。如其行狀碑銘,上公鴻儒之任,而非非才所敢能也。今叙其情,謹舒哀誠云。

奉哭太老師朱先生詩(并序)

今秋太老師訃至,家父不堪慟哭,乃作悼文二千五百三十[⑦]餘言,字字是血,句句是淚。往年賜家父書曰:"令郎貴庚幾何?健壯否?聰俊否?中原有復然之勢,不佞歸途或得一見。不然不佞老,令郎小,恐無刮目之

① 朱聞老:即朱永佑,號聞玄,故稱"朱聞老"。
② 太宗伯吴霞老:即吴鐘巒,號霞舟,故稱"吴霞老"。太,柳川本作"大",二字義通。
③ 王先生:即王翊,明朝習稱兵部侍郎爲"少司馬"。
④ 黄虎老:即黄斌卿,一字虎癡,故稱"黄虎老"。
⑤ 袖:底本脱此字,據柳川本補録。
⑥ 壞:底本作"壤",於義不合,故據柳川本改。
⑦ 十:底本作"千",據柳川本改。

期矣。"無限懷思,均非筆端可繪,徒有付之浩嘆而已。愛屋烏之言及小子,豈可無作乎? 謹賦一律以舒追思之誠云。

避胡高蹈住東海,烈烈風標等魯連。
北斗泰山仰師表,文章節義冠群賢。
中原豺虎故人盡,千古功名汗簡[①]傳。
幾度追思讀遺集,悲風添雨淚漣漣。

門孫安東守直泣血稽顙百拜

祭朱先生文

維天和三年[②]歲次癸亥夏四月十有七日,門生安東守約謹以薄奠敬祭於大恩師大明故徵君魯璵朱夫子先生大人之靈。嗚呼! 先生秉仁仗義,特徵不就,高尚其事。及胡入寇,屏迹四邊,矯矯雲鴻,未染腥羶。其在安南,國王將殺,守禮不屈,凛凛樹節。吁! 我小生無德無才,以先生來爲程朱來,負笈趨拜,齒弟子列。誘掖[③]諄懇,教愛親切,稍解榘矱[④];許以知己,經史奥義,命面提耳。雨雪之晨,風月之夕,醉酒飽德,情意共適。嗚呼! 先生質性剛毅,以誠爲本,一生不僞;德貫天人,學極古今;洙泗伊洛,繼統惟深。其接人也,容貌粹温[⑤],於和樂中有恭敬存。其作文也,辭義典雅,頃刻成篇,足服班馬。猗嗟,若人邦家寶也。在崎多年,世無知者。水

① 汗簡:借指史册、典籍。《晋書·王湛列傳》:"雖崇勛懋績有闕於旗常,素德清規足傳於汗簡矣。"

② 天和三年:日本年號,當康熙二十二年(1683)。

③ 誘掖:引導扶植。《詩經·陳風·衡門序》:"誘僖公也。願而無立志,故作是詩以誘掖其君也。"鄭玄箋:"誘,進也。掖,扶持也。"孔穎達疏:"誘掖者,誘謂在前導之,掖謂在傍扶之,故以掖爲扶持也。"

④ 榘矱:亦作"矩彠",規矩法度。《淮南子·泛論訓》:"音有本主於中,而以知矩彠之所周者也。"高誘注:"矩,方也。彠,度法也。"

⑤ 容貌粹温:純真温良。顔延之《陶徵士誄》:"廉深簡絜,貞夷粹温。"

户上公間世[①]明君，道德文章出類拔群。先生赴召[②]，過我衡門[③]，豈圖此别，永爲終天。既至武陽[④]，禮待日隆，釋奠云行，周道興東，信道崇聖，百禄[⑤]是宜。人道之美，何事如之。嗚呼哀哉！天和二年四月乙未，天不憖遺[⑥]，溘乘雲氣。聞訃慟哭，絶而復蘇。哲人云萎，吾道復孤。不侍湯藥，不與窀穸[⑦]。泣血號天，徒爲毁瘠。奉别以往，忽十八紀。流光跳丸[⑧]，復易年矢[⑨]。追思昔游，不可再得。新樹鬱葱，聽鵑愴惻。我有書笥，盈先生簡，每一展開，哀慕無限。嗚呼！先生知我望我，今也既逝，學殖云墮，有疑誰問？有過誰督？有事誰計？有懷誰告？先生之靈，上爲列星，侑以蕪詞，鑒照我誠。嗚呼哀哉！尚饗！

又

胡本梟獍[⑩]也，其寇中國，振古而然。五胡亂晋，更迭而入爲主。然割

---

① 間世：亦作"閑世"，隔代之意，指年代相隔久遠。劉長卿《奉和杜相公新移長興宅呈元相公》："間世生賢宰，同心奉至尊。"

② 召：底本作"名"，據柳川本改。

③ 衡門：横木爲門，指簡陋的房屋。《詩經・陳風・衡門》："衡門之下，可以栖遲。"朱熹集傳："衡門，横木爲門也。門之深者，有阿塾堂宇，此惟横木爲之。"《漢書・韋賢傳》："聖王貴以禮讓爲國，宜優養玄成，勿枉其志，使得自安衡門之下。"顔師古注："衡門，謂横一木於門上，貧者之所居也。"

④ 武陽：指江户，舊稱武藏國，亦稱東武、武陽。

⑤ 百禄：猶多福。《詩經・小雅・天保》："罄無不宜，受天百禄。"《隋書・音樂志中》："降斯百禄，惟饗惟應。"

⑥ 憖遺：上天不願意留下這個老人，常用作對老人的哀悼之詞。《詩經・小雅・十月之交》："不憖遺一老俾守我王。"《左傳・哀公十六年》："昊天不吊，不憖遺一老。"

⑦ 窀穸：埋葬。《左傳・襄公十三年》："若以大夫之靈，獲保首領以歿於地，惟是春秋窀穸之事，所以從先君於禰廟者，請爲'靈'若'厲'，大夫擇焉。"杜預注："窀，厚也；穸，夜也。厚夜猶長夜。春秋謂祭祀，長夜謂葬埋。"

⑧ 跳丸：日月運行，謂時間過得很快。韓愈《秋懷詩》之九："憂愁費晷景，日月如跳丸。"

⑨ 年矢：謂時光易逝，其速如流矢。周興嗣《千字文》："年矢每催，曦暉朗曜。"

⑩ 梟獍：亦作"梟鏡"。舊説梟爲惡鳥，生而食母；獍爲惡獸，生而食父。比喻忘恩負義之徒或狠毒之人。楊衒之《洛陽伽藍記・永寧寺》："若兆者蜂目豺聲，行窮梟獍，阻兵安忍，賊害君親。"范祥雍校釋："《漢書》二十五《郊祀志》：'祠黄帝用一梟破鏡。'孟康注：'梟，鳥名，食母；破鏡，獸名，食父。'破鏡即是獍。"

中國十之六七耳,脱其巢穴,并吞四海者,元與今之清焉爾。所謂二百二十六萬八千七百餘年間所未睹者,固天地翻覆,非常之變也。其間,文武大臣傲倖苟免,賣國受僞官、屈膝拜犬羊者,不可勝計。吾朱先生崇禎年中辟[①]命不就,大官不拜。洎腥羶風興,飄然遠去,不食清粟,往安南,往吾國,其始末詳於悼文,不贅於此。嗚呼!我愚憨無狀,不足比數於士君子之林也尚矣,但勵志斯學,患無大儒君子與游。自聞胡亂,以爲必有忠臣義士蹈東海來長崎者,果以先生之來爲愜。鄙願負笈航海,謹以文章爲贄,就弟子之列。先生以爲可教,期待特深,以英材奬我,知己許我。蓋非有取於我,欲以斯道之不振,得其有志者而明之也。敝鄉距崎可三十里,每年兩次省先生,其衣衣我,其食食我。我與先生共不嗜酒,烹茗譚論,辨惑發蒙,雖扞格[②]無成,學中國之音,燈下動輒咏周詩及杜詩,盡歡盡娱。登時以爲相見可常,相别亦暫時而已。水户上公以公侯之尊,虚己典學,秉德好賢,乃召先生以爲席上之珍,自是遂爲永訣矣。如瞽之無目,擿埴索途[③],終日而莫知所適。山川脩敻,書且不通,况於受教哉?我學無成,以此也已。

先生在崎,論著甚多。以其隔里閈[④],不及紀之。又思不預凶事,故因循遺失,噬臍[⑤]無及。謹聞上公濟濟儒士集其文章語録,豈勝赧顔乎?韓文公曰:"古所謂知己者,身在貧賤,爲天下所不知,獨見遇於大賢乃可貴耳。若自有名聲,又托形勢,此乃市道之事,又何足貴乎?士之脩身[⑥]立節

---

① 辟:底本作"群",據柳川本改。

② 扞格:相互抵觸,難以深入。此處係安東省庵自謙之詞。《禮記·學記》:"發然後禁,則扞格而不勝。"鄭玄注:"扞,堅不可入之貌。"

③ 擿埴索途:亦作"擿植索塗""擿埴索塗",謂盲人以杖點地摸索行路,常喻暗中求索。揚雄《法言·修身》:"擿埴索塗,冥行而已矣。"李軌注:"埴,土也。盲人以杖擿地而求道,雖用白日,無異夜行。夜行之義,面墻之諭也。"

④ 里閈:指里門。《後漢書·宗室四王三侯列傳·成武孝侯順傳》:"順與光武同里閈,少相厚。"李賢注:"閈,里門也。"

⑤ 噬臍:亦作"噬齊",自嚙腹臍,比喻後悔不及。《左傳·莊公六年》:"亡鄧國者,必此人也。若不早圖,後君噬齊。"杜預注:"若嚙腹齊,喻不可及也。"

⑥ 身:底本脱此字,據柳川本補録。

而竟不遇知己，前古已來不可勝數。或日接膝而不相知，或異世而相慕，以其遭逢之難，故曰‘士爲知己者死’。”古人之重知己如此，誠有以也。夫蟲魚蛇雀，猶知報恩，我淹沐化雨之恩，涓埃[①]無報。日月遄邁，老境日侵，德不加懋，兼乏文采，不能紀善言懿行以傳後世，孤負期待，損知人之明，可耻孰大焉！雖然，先生之靈充貫宇宙，與天壤同敝，豈荒言蕪詞能所論述哉？猗與上公之待先生，豈齊梁之君待孟子[②]之比乎？猶湯王於伊尹，高宗於傅説，文王於太公，先主[③]於孔明。因想伊尹若不遇湯王，則有莘田夫也耳矣；傅説若不遇高宗，則傅岩役夫也耳矣；太公若不遇文王，則渭濱漁夫也耳矣；孔明若不遇先主[④]，則南陽耕夫也耳矣；先生若不遇上公，則長崎唐人也耳矣。尊德好賢之至爲如何哉！嗚呼哀哉！每念昔游，輒慨嘆形於夢寐，夢寐中未嘗不侍經席，聆誨語也。閑居獨處，追惟其儀狀，言笑瞭瞭乎心目，何嘗斯須弭忘乎？嗚呼！先生亡而不亡，其神在天，敬庀[⑤]微物，告以誠意。嗚呼哀哉！尚享。

又

或曰：“鬼神非其族類，不歆其祀。朱氏中國之人，子日國之人，隔閡之異，豈止胡越[⑥]？况器不具，奠不腆，其不歆也必矣。”[⑦]曰：“神即理，理

---

① 涓埃：細流與微塵，比喻微不足道。《周書・蕭撝傳》：“臣披款歸朝，十有六載，恩深海岳，報淺涓埃。”

② 豈齊梁之君待孟子：孟子長期受困齊國、梁國而不獲重用。語見《史記・孟子荀卿列傳》：“其游諸侯見尊禮如此，豈與仲尼菜色陳蔡、孟軻困於齊梁同乎哉？”

③ 主：底本作“生”，據柳川本改。

④ 主：底本作“生”，據柳川本改。

⑤ 庀：具備，備辦。

⑥ 胡越：胡在北，越在南，比喻疏遠隔絶。《淮南子・俶真訓》：“六合之内，一舉而千萬里。是故自其異者視之，肝膽胡越；自其同者視之，萬物一圈也。”高誘注：“肝膽喻近也，胡越喻遠也。”

⑦ 此段話意爲鬼神非其族類，則不祭祀。語出《左傳・僖公三十一年》：“衛成公夢康叔曰：‘相奪予享。’公命祀相。寧武子不可，曰：‘鬼神非其族類，不歆其祀。杞、鄫何事？相之不享於此。久矣，非衛之罪也，不可以間成王、周公之命祀。請改祀命。’”此處意指朱舜水和安東省庵分别來自中日兩國，非爲同族，安東省庵不應祭祀朱舜水。

即誠,苟有誠,則神莫不格矣。”今也生中土者,舉腥羶之毛,其令嗣令孫縱潔粢盛[①],亦清粟也。虔想上公宏才英偉之士,有德與黍稷之馨[②],不然朱氏之鬼不其餒而[③]。我始奉微禄,寧無終乎!非我族類,其心必異,故不歆其祀。心同,則胡越亦親族也。我得其知遇,天也,亦神助也,千載一相遇者也。恩如父子,豈非族之云乎?我家有亡神所鑒也,儻飾過分則僞也。矧二簋用享[④],太易所取,曷在多儀?且事師猶事親,但供菽水之歡[⑤]耳,所憾不在此焉。奉别之後,述作尤多,如《初學心法》《耻齋漫録》《春秋前編》《通鑑提綱》《扶桑史略》《啓蒙通解》《皇極經世私圖》《三忠傳續古文後集》《新增歷代帝王圖》《性理提要》,洎文集若干卷。雖[⑥]或未脱藁,或未爲全書而不及經改竄,此爲可憾焉耳。嗚呼!歲華日加,德業無加,生别十八年,死别周年,惴[⑦]惴焉,最懼瑣瑣碌碌。大限忽至,與草木禽獸同朽腐也。只是立言一事,願假神助,九原聞[⑧]之,亦當閔我志。嗚呼哀哉!尚享。

感舊賦并序

昔向子期[⑨]思嵇、吕賦《思舊》,潘安仁[⑩]懷楊氏父子賦《懷舊》。余沐

---

① 粢盛:古代盛在祭器内以供祭祀的穀物。《孟子·滕文公章句下》:“諸侯耕助,以供粢盛;夫人蠶繅,以爲衣服。犧牲不成,粢盛不潔,衣服不備,不敢以祭。惟士無田,則亦不祭。”此處是指清治下的中國即使準備了祭祀用的穀物,也是清朝的穀物,是不配用來祭祀的。

② 有德與黍稷之馨:此處是説黍稷等祭品與品德一起祭獻朱舜水。語出《尚書·君陳》:“至治馨香,感於神明。黍稷非馨,明德惟馨。”

③ 朱氏之鬼不其餒而:即不得血食,成爲餓鬼。語出《左傳·宣公四年》:“鬼猶求食,若敖氏之鬼,不其餒而?”《正義》曰:“而,語助,言必餒……餒,奴罪反,餓也。”

④ 二簋用享:謂祭祀尊者和神靈,二簋食物供奉即可。語出《周易·損》:“有孚,元吉,無咎可貞,利有攸往。曷之用?二簋可用享。”王弼注:“二簋,質薄之器也。行損以信,雖二簋而可用享。”孔穎達疏:“行損之禮,貴夫誠信,不在於豐。既行損以信,何用豐爲?二簋至約,可用享祭矣。”

⑤ 菽水之歡:豆與水。《禮記·檀弓下》:“子路曰:‘傷哉!貧也!生無以爲養,死無以爲禮也。’孔子曰:‘啜菽飲水盡其歡,斯之謂孝。’”後常以“菽水”指晚輩對長輩的供養。

⑥ 雖:底本批校:“雖恐唯。”

⑦ 此處柳川本脱“日加”至“惴”十六字。

⑧ 柳川本脱“朽腐”至“九原聞”十六字。

⑨ 向子期:向秀(約227—272),字子期,西晉河内懷(今河南武陟)人,“竹林七賢”之一。他爲緬懷故友嵇康、吕安而作《思舊賦》。

⑩ 潘安仁:即潘岳(247—300),字安仁,滎陽中牟(今屬河南)人,西晉文學家,曾作《懷舊賦》哀悼岳父楊肇及内兄弟楊潭(字道元)、楊韶(字公嗣)。

朱先生之教愛也久矣，生别十八年，死别三[①]年，懷思之深，過於二子。嵇、吕俱見法，楊氏父[②]子俱短命，先生忝承上公之禮待，與周道於東方，以壽終於家矣。雖世殊事異，而感舊一也。奈何歷年二九之淹而不得一相見，追慕之餘，謹[③]於感舊之辭，非敢擬二子，聊寫永訣之情焉耳。辭曰：

昔[④]東游以勉學兮，食舊禄而西歸。復尋師以航海兮，遻[⑤]先生於長崎。羌先生之忠誠兮，嘆中原之無復。緊孤節之信脩兮，雖餓死而不食胡穀。蹈東海而無怨兮，云台何幸得分微禄。樂衡門之棲遲兮，慕碩人之薖軸[⑥]。辮經史以爲鞶[⑦]兮，織誠敬以爲被。御道德之珍駕[⑧]兮，游仁義之閭里。撫我以英材兮，許我以知己。誘我[⑨]以不僞兮，教我以知止[⑩]。猗上公之好賢兮，玉帛以招夫子。喜斯道之興隆兮，嘆吾學之廢毁。俟宗廟[⑪]之穆穆兮，肇釋奠而盡虔。奏樂以歌兮[⑫]，壽考而萬年。自河梁[⑬]一分袂兮，每驚星霜之屢移。昔親炙而肄業兮，誦葩經[⑭]及杜詩。曜靈匿而繼以燈兮，質夏音之多疑。今有時而吟咏兮，思其聲之唔咿。豈特聞鄰人之吹

---

① 三：柳川本脱此字。
② 父：柳川本脱此字。
③ 謹：底本批注："謹恐托。"
④ 昔：底本作"背"，據柳川本改。
⑤ 遻：同"遌"，遇到。
⑥ 薖軸：語出《詩經・衛風・考槃》："考槃在阿，碩人之薖。……考槃在陸，碩人之軸。"古人薖軸連用，指代賢者、隱士、高士的隱逸生活。
⑦ 辮經史以爲鞶：辮，編織；鞶，腰帶。化用張衡《思玄賦》："辮貞亮以爲鞶兮，雜伎藝以爲珩。"謂朱舜水編織經史作爲腰帶，比喻博通經史。底本"辮"作"辨"，此據柳川本改。
⑧ 御道德之珍駕：謂朱舜水將道德做爲自己的車駕，比喻品德高潔。化用張衡《思玄賦》："御六藝之珍駕兮，游道德之平林。"
⑨ 我：底本脱此字，據柳川本補録。
⑩ 知止：謂志在達到至善的境地。《禮記・大學》："大學之道……在止於至善。知止而後有定，定而後能静。"朱熹《大學章句集注》："止者，所當止之地，即至善之所在也。知之，則志有定向。"
⑪ 宗廟：柳川本損"宗"字。
⑫ 歌兮：兮，柳川本作"咢"；歌咢，指唱歌與擊鼓，如《詩經・大雅・行葦》："嘉肴脾臄，或歌或咢。"然全文二句成一聯，前句均以"兮"結尾，故以底本爲是。
⑬ 梁：底本作"粱"，據柳川本改。
⑭ 葩經：語本韓愈《進學解》："《詩》正而葩。"後因稱《詩經》爲"葩經"。

笛兮，痛切怛以增悲。吁吾生之怐愗[①]兮，如擿埴而冥行。往事悠其如夢兮，尚守教以立誠。

《心喪集語》卷之下終

丁丑[②]之夏，《心喪集語》上下二卷，予就省庵孫筑後安東守徑[③]多記懇望所令貢季寫也。原本即是省庵之手書，蟲蝕不少云。寶曆丁丑七年七月三日柳灣校訂。

① 怐愗：愚昧。《楚辭·九辯》："然潢洋而不遇兮，直怐愗而自苦。"安東守約自謙之辭。

② 丁丑：日本寶曆七年，當乾隆二十二年(1757)。

③ 安東守徑：多作"安東守經"，號仕學齋，安東守約之孫，安東守直之子。守徑繼承家業，出任藩儒，致力於整理、編輯、刊刻祖父及父親的詩文。

下編　文獻編

附錄
西遊手錄

與朱魯璵筆談

小宅生順

宅曰、小生在東武、仰盛名久矣、不意今接清容、先生是朱之瑜哉、

朱曰、僕避中國之難、去冬棲息貴邦、本無實學、何有虛名、叨承光顧、羞慚極矣、

宅曰、莫痛退托、先生文章、已達東武、如小生者、拜誦有日、況聞人人所傳、先生不失節於北方、巍巍乎豈不景仰、小生東海道常陸州水戸府後生、姓宅名順者也、願欲懷惠以有所質問、賜許免否、

朱曰、虜變以來、廿年荒廢、台臺詩書禮樂之府、何足以當清問、

宅曰、貴諭何敢得當之、恐恐懼懼、他日雖無先容、欲操几杖、如何如何、

朱曰、何敢當此鄭重之辭、

宅曰、始拜尊嚴千歲一遇、日及黃昏、懇告別、他日憑久左衛門、事事欲有所受、必請莫退辭、

宅曰、辱光臨、深感深感、遠來泥澤、不勝謝荷荷、

朱曰、昨日即應答拜、因泥濘遲遲、罪甚罪甚、

宅曰、順在東武、志學有年、雖然未逢中國大方人、故所學者、皆俚俗文字而已、昨日叨獻蕪語、未知能似爲文字否、伏乞嚴誨、

朱曰、前日初識台顏、華氣甚爲迢異、未有貴國習套、但未見平日佳作、不敢輕議耳、

宅曰、習套之語、不能通、何之謂也、乞丁寧而已、

朱曰、習者習俗、套者套頭、不能自出手眼、倚傍他人舊語而已、

宅曰、本邦近代儒風日盛、教師門生、往往服深衣野服等、堂堂有洙泗之風、然所製者、皆以禮記及朱子家禮、羅氏鶴林玉露等考之、異域殊俗、雖以義興之、而廣狹長短、不便人體、想尺度之品、製法之義、別有所傳乎、願賜教示、

朱曰、貴國山川人物之秀美、幅幀之廣遠、物產之豐盛、自敝邑而外、誠未有與之匹休、惟是文教不足、實爲萬代之可惜、秉鈞當軸者、豈不爲此慮、至若分爲學修身爲二義、僕更爲不解、近代儒風日盛、敢問學行兼優者幾何人、文章冠代者幾何人、僕匏繫長崎、如坐井觀天、以蠡挹海、惟祈明教之、至若深衣之製、亦秖學聖之粗跡耳、玉藻文深義遠、誠爲難解、家禮徒成聚訟、未有定規、服深衣必冠緇布、上冒幅巾、腰束大帶、繫帶有絛、垂與裳齊、履順裳色、絇繶純綦、貴國衣服有制、恐未敢輕易改易也、」

宅曰、前日忝光駕、昨日欲入謝、暫從嚴諭、遲留及今日、

朱曰奉拜遲遲、何勞復謝、益增罪戾矣、

宅曰、向所諭媽祖關帝、順未知之、抑何神哉、

朱曰、媽祖者天妃也、專管海道之神、舟船東西洋往來、是其職司、關帝者蜀漢大將、雲長諱羽、封漢壽亭侯、以正直公忠爲神、尤顯於明朝、故薄海內外、無不尸祝、二神非如異教之荒唐也、

宅曰、承教關帝知是爲蜀漢名將關羽也、贈帝號在何時乎、蜀中有諸葛孔明、尊號不在武侯者如何、

朱曰、關帝著靈於明室、明神宗萬曆皇帝、錫武安王晉爵、崇隆至協天大帝、諸葛孔明初薨之後、後主郎諡爲忠武侯、至今未改、

宅曰、蜀漢自古有英傑出焉、揚雄司馬氏鳴漢家、眉山三蘇及陸游等鳴宋家、不知今亦有如此人哉、

朱曰、國朝有宰相之子楊升菴諱愼者、探花陳秋濤諱子壯者、或負奇才、如子雲、或顯忠節於勝國、亦自有人、

宅曰、信然也、楊升菴文集已得見之、陳秋濤之書、未得見之、想有文章著述而傳世、皇明之人物、高出漢唐者、雖我外國、而知之有素、如順之管見、雖不知所議、而竊聞之先輩、如薛文清蔡虛齋者、所謂君子儒、如王守仁、龍溪、林子中、袁了凡者、淫老佛、不免三脚猫、如王世貞、李夢陽、李于鱗者、文章與五誥三盤相類、而大不及、如徐中行、茅鹿門、鐘伯敬者、不過醉古人糟粕、今依先生欲質問之、果如何、

朱曰、陳秋濤亦有著述、有經濟錄、已刊行、未知國變後、其書刊行否、國朝人物、如薛文清、李夢陽、氣骨錚錚、足爲國家砥柱、所謂烈風勁草、板蕩忠臣也、無愧儒者、若王陽明先事之謀、使國家危而復安、至其先時擊劉瑾、堪爲直臣、惜其後多坐講學一節、使天下多無限饒舌、王龍溪雖其高弟門人、何足復道、袁了凡恬靜清和、亦其好處、全然是一老僧、何足稱爲人物、其他或以理學名家、或以詩辭擅聲、未足可以著稱貴國者、其中如王弇州、猶少長於數子耳、愚見如此、有當高明否、

宅曰、富哉高論、啓發如披雲仰日、所謂一夜話勝十年書者也、我國當今志學者、易用朱義、春秋用胡傳、書用蔡傳、詩用朱傳、間亦有好異者、捨宋儒之說、而用近世快活之說、故其所辨論、如長流之不可障、雖然步步不由實地、如順者困此弊久矣、如之何而可乎、

朱曰、爲學當有實功、有實用、不獨詩歌辭曲無益於學也、卽於字句之間、標新領異者、未知果足爲大儒否、果有關於國家政治否、果能變化於民風士俗否、台臺深知其弊、必不復蹈於此、果能以爲學修身、

合而爲一、則蔡傳朱註胡傳、儘足追蹤古聖前賢、若必欲求新、則禹稷契皐陶伯益所讀何書也、

宅曰、敬齋序及銘賜一閱、是先生文章乎、

朱曰、前日東武命長崎鎮巡黑川公、索僕敬齋箴、不要舊箴、必要拙作、此是前月廿三日所搆、有媿大方、

宅曰、不圖是地而得見此三代文章、珍珍、請得恩借、以圭復之、如何如何、順在東武、所漫筆文字一册、在旅裝中、願得先生大運斤、則華袞之賜也、

朱曰、拙作不襲古、不雕琢、粗陳大意而已、何足當此隆譽、佳製仰慕旣殷、若蒙見教、使一讀之、足豁心目、方知貴國有大才也、幸幸、

宅曰、頃日辱煩回章、荷甚、欲待燕居日夜切切、未知尊翁之暇時、故不敢而已、今日應嚴旨、得趨樞、幸幸、前日所寄敬齋文章謄錄已畢、謹還納焉、嗚呼如此盛德文字、得拜誦之、小生喜心、不可勝數、

朱曰、拙作質而無文、昨書直而多戇、或取其意、勿罪其言、則可、倘尋章摘句、爲戾多矣、乃復煩謄錄、恐辱大方、

宅曰、偶得造儒宗之門、可謂一代之面目也、唯恨言語不通、書不盡言、情緒多端、不能伸之、余願奉尊翁於東武、欲日夜得親炙、渴望渴望、

朱曰、幼年稍嘗學問、近者荒廢廿年、謬謂儒宗、甚羞聖道、台臺有情緒、欲教諭之、而言語不相通、前翰教中、問善辭命者、未知其指、不敢遽爾煩人、若僕至東武、東武才士之林、卽往恐無益也、

宅曰、退托誠爲過也、東武雖多才子、或文人或遊說、間亦志君子之學者惟多矣、雖然如尊翁身生仁義之國、學究聖賢之奧、何爲無益乎、小生所不解也、

朱曰、孔子歷聘七十二君、求一日王道之行、而不可得、以僕之荒陋、而得行其志、豈非人生之大願、誠恐貴國惑於邪教、未見有眞能爲聖人之學者、此事必君相極力主持之、豈一二儒生與下任微官所能挽回氣運也、僕故不敢承命、如有其機而故爲退托、得罪於孔子多多矣、況僕之視貴國同爲一體、未嘗有少異於中國也、貴國惑於邪教、深入骨髓、豈能一旦豁然、

宅曰、明教悉矣、聖教隆替、誠在時君與時相、方今東武、我學日行、國之牧伯、邑之宰主、多是有道之人也、有爲之時也、一方之流、雖深入骨髓、而得博雅君子相與唱我道之美、攻彼方之弊、則雖不在一朝一夕、而或十年、或七年五年、亦可以小異、況今東武有大成殿、春秋二祭不懈、彼一方之流雖饒舌、而士大夫輩、無敢聞之者、唯避南蠻吉利支丹之嫌、故其迹似尊信一方、實不及我道之行耳、

朱曰、僕在此廿年、所聞俱謬、玆承大教、積疑釋然、果爾世道人心之大慶也、吾道之切、如布帛菽粟、衣之即不寒、食之即不饑、非如彼邪道説玄説妙説得天花亂墜、千年萬年、總來無一人得見所云有悟者、亦是大家共入窠臼中、未有一句一字眞實、可惜無限聰明人、俱被他瞞却、誠可哀痛、吾道明明現前、人人皆具、家家皆有、正如大路、不論上下男婦智愚賢不肖、皆可行得、舉足即有其功、賢君能主之於上、宰相能嚴之於下、不至數年、風俗立改、若至十年、王化可行、何止變其風俗而已、且行之甚易、不必如禁南蠻如此之難也、

宅曰、尊翁所冠所服、是貴國儒服儒冠乎、

朱曰、僕之冠服、終身不改、大明國有其制、不獨農工商不敢混冒、雖官爲郡亟郡倅、非正途出身、亦不敢服、近者虜變已來、上下無等、清濁無分、工商敢服宰相之衣、吏卒得被王公之服、無敢禁之者、無論四

民、卽倡優隷卒、亦公然無忌、誠可歎傷、僕所服者、猶是便衣、至於禮衣、此間不便携來、亦力不能製、

宅曰、承領淸迴、況又賜淸饌乎、負荷有餘、謝謝、

朱曰、逆旅無佳品、寒儒無兼味、聊以遠方之褻物、充脫粟之飡而已、幸勿罪輶褻、

朱曰、言者心之聲也、文者言之英也、非言則聖人之心亦不宣、非文則聖人之言亦不傳、然文須通於天下、達於古今、方謂之文、若止一方之人自知之而已、則是方言調侃、非謂之文也、今貴國事事盛美、而無文以達於中華、則亦何能知其美且大、萬一後來之治、不能如今日、則貴國之名、永永不傳矣、此君相士君子之憂也、亦君相士君子之恥也、高明以爲然否、

宅曰、文之爲用、不可勝計、貴國之文章、直寫平日言語而已、我邦文字不然、平日言語、與貴國大異、故作文字亦不自由、是故文才迢逸者良希、雖然朝有掌文字官、務學貴國之文、其所傳者、日本紀、續日本紀、日本後紀、續日本後紀、三代實錄、文德實錄、新國史、舊事記、古事記等、皆是我邦典籍也、方今東武亦有日次記錄、備來世而已、君相士君子輩、大概祖先出武隊中、昇高位、子孫世官世祿、無暇學文字、故多不滿人意、亦無如之何、

朱曰、中國言語自言語、文字自文字、我朝以制義取士、士子祗以功名爲心、不務實學、故高貴之文、舉世亦無幾人、多者十餘人而已、非讀書者皆能作文也、然代不乏人耳、若云君相起於武職、漢高祖亦起於卒伍、而今日聖教之不墜地者、皆漢武帝表章之功、所以文章之盛、亦惟西漢爲最、僕之爲此言者、謂貴國今處極盛之時、若曰惜乎其獨少此爾、

宅曰、我邦文人世不少、儒者亦不少、懷風藻、文華秀麗、秘府略、凌雲集、本朝文粹、續文粹、經國集、菅家文

藻等書、可略見耳、及近日、有惺齋文集而已、

朱曰、僕處海濱、未得讀貴國之文、所見者本朝文粹而已、

宅曰、本朝文粹入高覽、其文章如何、文粹有三善清行者、我邦儒者也、意見封事十篇、載在此書、

朱曰大槩一見耳、至三善清行者、亦失記其名、僕以台臺眞懇、故亦抒誠言之、倘務爲虛美之詞、不如此唐突矣、僕素以西蜀秦宓、晋朝桓溫才彛事爲非、豈肯身自爲之乎、直視貴國爲一體、故披瀝心膽、無少忌諱、非以氣槩爲事也、

宅曰、順亦知尊翁不務外、是故所復無不忠信、何及忌諱、時及晚景、懇告別、

宅曰、未知尊翁雅號及玉字、

朱曰、賤字魯璵、初來貴國、船主寫冊、誤書楚璵、因誤而不爲釐定、號則未嘗稱也、

宅曰、沒來由國、在暹邏國西、所謂身毒國歟、

朱曰、交趾人謂白頭回回之類、謂之沒來繇、未知其字果是何如、亦未知其國果在何處、如是身毒之國、則今古之流毒者、皆其國人之所爲也、

宅曰、阿蘭陀國通中國否、

朱曰、和蘭在中國之西北、南蠻紅毛三國、鼎足而居、繇海道、不繇中國、

宅曰、貴國西北有大宛匈奴等國、和蘭應在西南方、

朱曰、和蘭三國、古之六詔也、匈奴在西北近邊、大宛則過樓蘭車師、䟽勒龜玆烏孫、繇陸路、涉廣漠、固與此有別也、

宅曰、前約額字、仰待而已、
朱曰、少閑當書奉、
宅曰煙在本草爲何草、
朱曰、不知也、近方有此、古來未有、
宅曰、栢我邦今作桶葺屋者歟、
朱曰、栢中國樹於墳墓寺觀其材堅而美、可爲器具及爲棺、天子黃腸卽此也、所謂東園秘器、
朱曰坐久當告別、
宅曰、今日中秋、實一年明月、騷人墨客、愛賞不辨夏夷、我邦古來、愛九月十三夜月如中秋、未知貴國亦有之否、
朱曰、中國惟中秋、無九月十三事、菊月惟重九登高、十三之月則不賞、僕自知友以中秋被虜極刑、此生遂無賞月之樂矣、
宅曰、王翊死節一事、始得承諭、板蕩知忠臣、蓋此人謂也、唐張巡宋文天祥而已、尊嚴以知己之故廢賞月、吁嗟切切偲偲、在尊嚴始得見焉、感感感感、
朱曰、張睢陽其儔也、文丞相依徊濡忍作事乖、張不足以方之、
朱曰、張世傑好漢子、
宅曰、陸秀夫亦然也、
朱曰、亦可未如張也、

宅曰、謝枋得亦此類、

朱曰、是也、

朱曰、張世傑之弟張弘範、爲虜大將、戰必勝攻必取、日夕遣間諜遊說、而張世傑一誠不回、眞人傑也、

宅曰、兄弟同胞、志氣如此相楚越、希有希有、皇明執事人、如王君輩、則何使虜塵氛於燕京哉、可惜可惜、

朱曰、先帝求治太速、而未得其要領、臣下畏威、習爲欺飾、若有如王公者十數人、使虜隻輪不返、何敢陵轢兩京、蹂躪中華、至此極哉、

宅曰、然也、承諭兩京、所謂長安洛陽否、

朱曰、長安洛陽、漢之東西京也、明朝之兩京、爲右北平與金陵耳、

宅曰、右北平屬燕否、

朱曰、然也、

宅曰、金陵屬蜀否、

朱曰、金陵者古楚地、今爲吳、

宅曰、右北平去沙漠幾千里、金陵去北京幾千里、

朱曰、右北平之外、卽爲蘇州昌平、去虜地六七十里、故有黃裏太逼胡沙之語、其去大同亦止二百餘里其出喜峯口、墻子嶺、古北口、永平府俱不遠、金陵至北京、有二千六七百里、

宅曰、交趾去南京幾千里、所謂臺灣、東京、安南、皆交趾之種否、交趾古五溪蠻否、

朱曰、交趾先爲布政司、以其數反覆、宣宗皇帝棄之、貢道繇廣西南寧、幾及萬里、至京、東京安南卽交趾

也、臺灣爲海中一島、近福州、五溪蠻則湖廣沅辰之峒蠻也、非交趾、

宅曰、越裳氏貢、雖其國今存否、白頭回回、紅毛和蘭、其種類否、

朱曰、越裳氏重九譯行三年、則非今之回回諸國矣、其種類遠不可攷、今中國未有聖人、亦未有來貢者、

宅曰、古來貴國稱我邦曰倭奴、是非我邦之通號、近世入寇貴國、皆筑紫九州之人、乘亂逃逸、鈔掠沿海、遂視爲盜賊、是不可不辨也、

朱曰、中國與貴國不通之故、皆邊吏之罪、天子遠在萬里、竟不能知其情、僕久有此志、又平心夷氣、絕無客氣爲梗於中、倘有中興之日、僕得仗節歸朝、特當奏陳其巔末、若先朝露填溝壑、則貴國之汚名、永永不白、而中國之邊疆、未得無事也、入寇之時、淫亂慘毒備至、加之惡名不亦宜乎、

宅曰、貴國去我邦幾千里、交趾去日本幾千里、來日本向何方、人人曰、交趾在日本西南、其間有幾島有幾山否、

朱曰、中國去貴國水道一千六七百里、交趾去貴國八九千里、來則向東北方行、交趾故宜在西南也、其間幾島幾山、僕見之尚不能識、況能知其數標其名乎、

宅曰、今日欲奉清容、暫出戶門、不意倏忽荷嚴訪、多謝多謝、

宅曰、日漸暮、懇告別、

朱曰、久違台教、以賤痾不得時相過從、又承令親小石公乘顧、今日答拜、遲慢爲罪、

宅曰、前日所約額字、容易煩下台筆、謹拜領、小子以謂衰老不堪運動、是以不敢强請耳、

朱曰、鄙意似尚未衰老、只是字拙耳、

宅曰、小生在東武、製一小文、欲備電矚、而以繁冗故不敢耳、辱不顧煩勞、則今欲呈目下、如何如何、不拒運斤、則多幸也、

朱曰、久願請教、未蒙見示、若得捧誦、爲榮多矣、何敢言運斤也、

朱曰、請與國學書道理極好、從古以來之體、書自書、表自表、疏自疏、不能混也、若表須有實、至於書疏則直入貴國之學、大都自巳意會、故規模稱謂體裁多不合耳、卽文辭極佳、尙恐有礙也、

宅曰、此書宜爲疏否、表疏有所不敢、故從書耳、

朱曰、書亦不妨、只是要簡、大蘇亦有上神宗皇帝書、

宅曰、蕪陋文字辱一覽、謝謝、未知似爲文理否、願無皮裏陽秋、而直論其非、則素望足矣、

朱曰、僕好直言、故多唐突、台臺不患無學、要在淸理氣脈、若使氣脈未淸、未爲爲文之絕義也、幸勿爲罪、

宅曰、氣脈之淸、有何術而可得之、

朱曰、別無他術、只是多讀書有來歷耳、試看從古大方之文、佳與不佳、則時有之、其氣脈則無有不淸者、又貴國之文字、多自造以塡入之、行之遠方、能通解否、

宅曰、文章氣脈、蓋從時代風氣而已、唐宋元文字、大概氣脈相同、讀過不滯、就中韓柳歐蘇周程邵朱之文爲然、唯迄明家諸公文章、全不相類、終日讀之徒覺聱牙、我邦文章、多學唐宋、故與明家文章殊不同、未知尊翁意謂如何、

朱曰、聱牙者、此借艱深以文其淺陋者也、或一時僥取功名、則有之、不可掩天下萬世之目也、至於氣脈神理、自古及今、未之有異、何有時代之不同、

宅曰、卑劣文字、何敢從命奉借之、但得賜點竄、則素望足矣、敢不奉命、

朱曰、點竄則不敢、只是讀畢送還、

宅曰、點竄誠所願也、不然則何以得奉大方、

朱曰、僕至貴國、今二十年矣、並未見貴國之大、竊怪如此大國、人物之秀美、地里之廣饒、物產之豐盈、山川之靈毓、如何不產文人、及詢之本地之老唐、又曾至東武之人、皆云無有、即見一二故文、甚不滿意、前有略曉文義者至東武而歸、亦云無人、僕應之曰、如此之大、豈得竟無一人、特未之見耳、終不信其言、前得兩書、頗不愜意、昨在尊寓讀佳製、亦未見其妙、纔見兩篇耳、歸來又復以別事應酬、漏下二鼓而客散、燃燈讀佳作、終卷、喜而不寐、方知貴國有人、而人文之興也必矣、且意在於尊經翼聖、何等光大、讀致林弘文學士書、又知貴國主之志之學、益爲之喜、晤來兩月有餘矣、何不以早示、而珍藏至今、方以付閱、何吝教如此、驚喜之深、不能無憾矣、

宅曰、僕久願先生之運斤、今幸賜指南、多謝多謝、然猶有褒無貶、大非僕之意、景仰先生爲久、何以初會爲辭退、憾憾、

朱曰、初會未知台臺之深、若使任情批駁、恐非相與之誼、然其中語意非有褒無貶者、惟台臺加意勉旃、自可以造大成、僕至貴國以來、惟見台臺及敝門人安東省菴、文氣渾厚、不及台臺英發也、千祈勉旃、僕竊有厚望焉、

宅曰、貴門人省菴、雖未知其爲人、而聞人人說天性啓明、且親炙先生有日、其極致不可易言、僕何敢望省菴、拙作擬與國學書、先生已見之、若幸其書有稱寡君之旨、而國學之制施行、則施教之師、想之其

人、僕得便宜、則欲薦先生、當今教授之師、其祿足養七八口、萬一有招、則可東遊否、

朱曰、省菴之爲人、如其文、其立志更有人不可及者、今者欲來長崎、未奉其主命、未敢見黑川公、是以不得來、然今年四十餘矣、台臺若能虛心極力、日夜精進、且可過之、何遂不可及、與國學事、是國家大典、而在貴國爲更重、僕深有望於貴國、但以僕之才德非薄、何遽足爲貴國庠序之師、至若招僕、不論祿而論禮、恐今日未易輕言也、惟看貴國主尊意何如耳、貴國主讀書好禮、雅意欲興聖人之學、必有非常之識、亦非今日可遙度也、

宅曰、誠如示教、

朱曰、祭王侍郎章有八首、因東西流移、亡去其五、今存者三章耳、已覽畢、願乞擲還、

宅曰、謄寫未畢、今日謄寫畢、明日速奉之、

朱曰、拙作述意而已、不足流傳、何煩謄錄、

宅曰、何必然

朱曰、貴國讀書、甚非其道、不獨作詩歌者、不可言讀書、卽治道學者、亦不可言讀書、但僕此言一出、怒者多矣、

宅曰、日本上世文學大行、中世以來荒敗、神祖初受命、五六十年、略雖事文字、未有傑出之才、故學者之病、皆如先生之言、

朱曰、漢武帝內多慾、而外施仁義、其表章六經、實爲萬代之功、若非漢武、則聖人之學久已滅絕矣、豈宋儒所能開闢也、今貴國但患不能好聖人之學耳、果能好之、且可爲堯爲舜、何患文章之不及中國也、

此爲之數年、便可見效、十年便可有成、何不試之、而徒作臨淵羨魚之歎、此言非如釋氏之捉風捕影也、

宅曰、古人不欲封萬戶侯、而欲一識韓荊州者何也、曰聞其所未聞、月見其所未見也、順非敢以古人自處者、然亦聞古人之道、喜之有日、先生以古人之道教我、則爲幸、來千里之遠、而逢所未逢之人、而聞所未聞之論、所謂虛往實歸者也、不亦悅乎、今當遠行、再聞至論、亦未可知、願得拜昌言、以沒身誦之、幸勿辭焉、

朱曰、相晤兩月、中間間濶日多、今當遠行、可勝依依、臨別贈言、君子之道、魏公子牟之言可念也、應侯英雄猶然心醉、若在聖門、顏子之若無若虛、不可及矣、賈太傅非不有才、惟不善藏其用耳、能使少有含蓄漢家事業、光於文帝之時、必不至漢武令平津武安開其端也、文章雖一句兩句以至長江大河、皆當從經史古文中來、必不可用土語湊泊、及自杜撰字語填塞、有此雖集千狐之腋、猶貽續貂之譏矣、

宅曰、辱荷大教、雖有華袞之賜而不過之、豈敢不銘肝、順有小齋、命曰處齋、願勞尊翁以其銘如何、

朱曰、誠願奉命、但目下數日事煩心冗、且鄙意見於昨柬、台臺尚未之深察、俟台駕行後數月間寄至東武則可、台臺使事有職、

宅曰、何妨使事、

朱曰、不然不然、此禮也、

宅曰、然則東歸以後拜高銘耳、荷荷、

朱、曰謹領台諭、

予今年承君命西遊紫陽長崎棲遲三月公務之暇汎交蕃客以欲得異聞往々拈筆代譯所交雖及數十輩而有學者獨有朱魯璵而已於是采錄與朱魯璵應酬者以爲冊子名曰西遊手錄雖不足慰眼下而備他日之證云

寛文甲辰十一月十七日　宅順坤德父書之

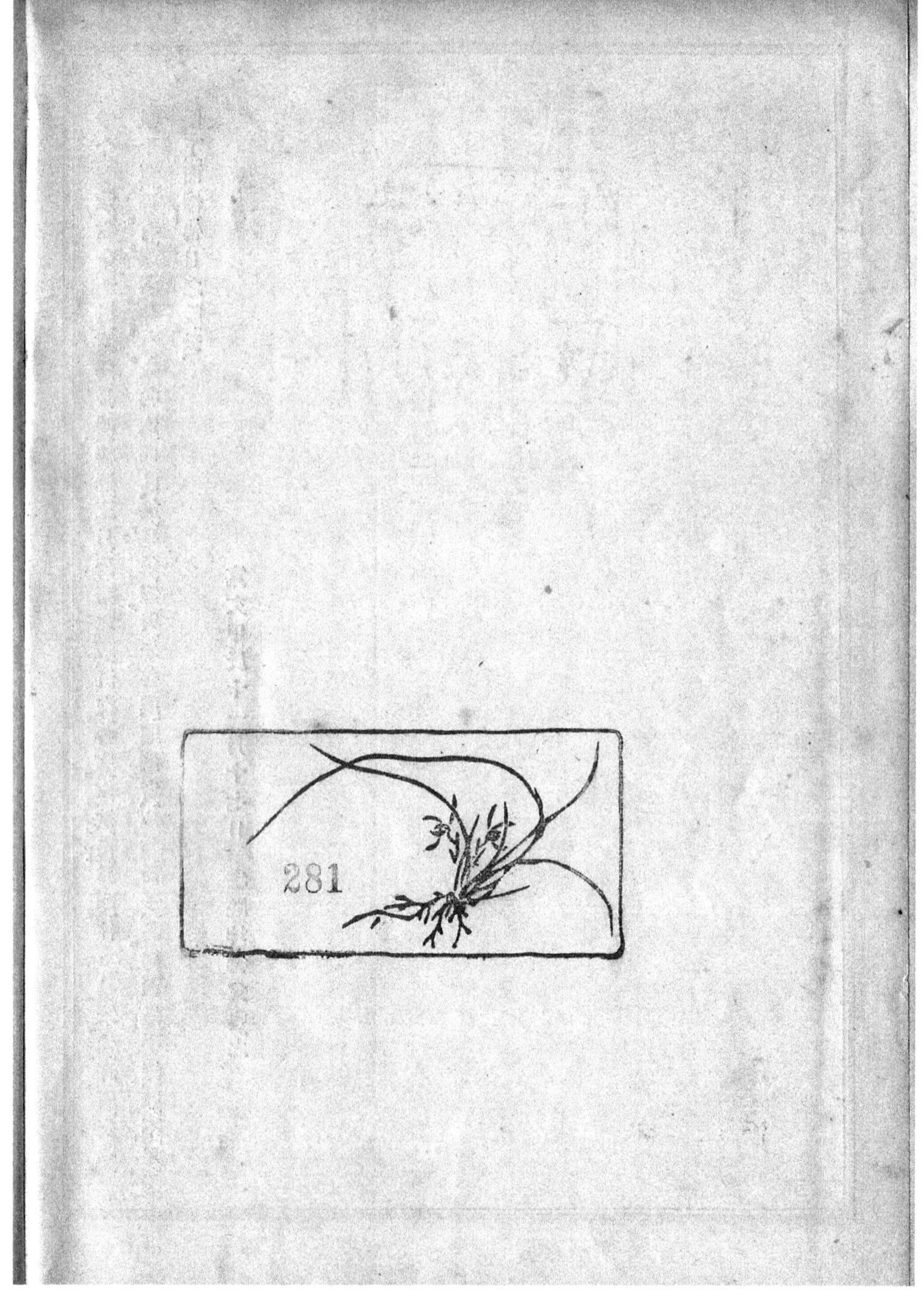
281

大正三年六月十五日印刷
大正三年六月廿五日發行

朱舜水記事纂錄
定價金壹圓

著作者　彰考館
東京市京橋區新榮町五丁目三番地

發行者　吉川半七
合資會社吉川弘文館代表者

印刷者　新井由藏
東京市京橋區木挽町二丁目十三番地

發行所　吉川弘文館
東京市京橋區新榮町五丁目
振替貯金口座東京二四四番

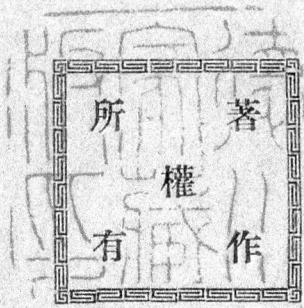

《心喪集語》

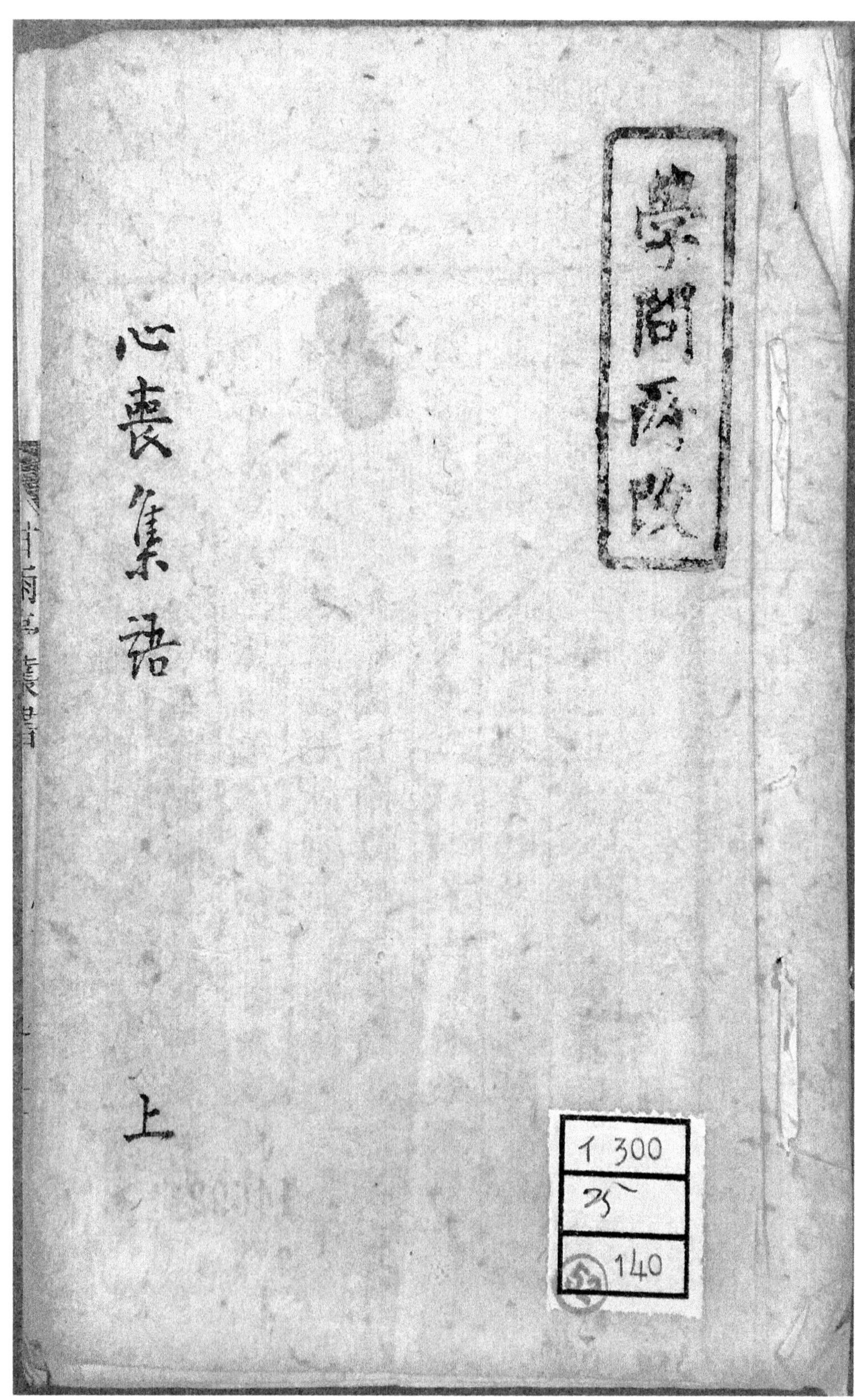

心喪集語序

傳曰民生於三事之如一父生之師教之君養之非父不生非食不長非教不知生之族也故壹事之唯其所有致死焉師道之重如此守約沭朱先生化雨之恩也久矣今秋計至捧誦遺文感舊摧心古今師愛弟子未聞若是之至情而親切也猗嗟夫子在崇禎之末被徵二次不就即授副使兼兵部郎職方司郎中監荊國公方國安軍復不拜及胡虜有天下恥食其粟牢落外國其節不羞夷齊其在安南也國王

甘雨亭叢書　心喪集語序　一

欲拜長揖而退王怒將殺守禮不屈其來吾　國也
吕長崎爲首陽水户宰相上公聞其賢吕幣聘之
幡然出而陳吕堯舜之道猶陽於伊尹然釋奠惟行
儒風大振是誠千載之奇遇而千載之摸範也最悲
生不侍役没不執紼徒爲終身之慘焉昔后山先生
哭其師曰有聲當徹天有淚當徹泉守約昧道慒學
雖非倫類而哀慕之情則同今在心喪之中不能顯
其文章行誼吕報於知我望我之高德惟集其筆語
語錄附吕所賜之書名爲心喪集語猶吕聲淚徹天

泉不能作序勉强操觚云

天和二年歲次壬戌十月下院

門生安東守約泣血稽顙百拜序

心喪集語卷之上

門生安東守約泣血稽顙百拜輯

先生。（姓朱。名之瑜。字魯璵。號舜水先生。）初賜鴻文二篇。其一所示交趾將相諸大臣節文也。曰中國之儒。大要有二。其一曰。學士多識。前言往行而行誼。或有未至。漢詔所謂淹通墳典。博學宏辭。是也。其一曰。賢士專務修身行己。而二者罕能兼之。有能兼之者。斯誠國家之至寶。而聖帝明王之上珍也。其君用之。則安富尊榮。其子弟從之。則孝悌忠信。是故食祿萬鐘不爲豐。後車十乘不爲侈。衮衣黼黻章。己不爲華。尚父仲父尊。己不爲過。何也。道高德盛。當之而無媿色。丁酉春。執役交趾。其文武大臣。或有問非所問者。故揭榜目示之。其二所賜此其畧節耳。錄呈省菴詞宗。守約曰。儒者之道。振古鑠今。極天際地。仲尼日月。無得而踰。然而亦有不行不明之時。則浮雲風霾。薄蝕之也。終不能奪其炤臨之體。若使天有二日。則天下亦應有二道。若使今古有一踰於天日。則天下之爲道。亦應有踰於仲尼。仲尼之道。如布帛菽粟。誠無詭怪離奇。如他途之使人炫耀而羨慕。然天下可無雲綃霞縠。必不可無布帛。可無交梨火棗。必不可無菽粟。雖有下愚。亦應明白而易曉矣。奈之何。舉世如鶩。狂瀾白波。雖然。明而行之者。其常也。自非上智。必有感而動。闕

守約未見夫子。奉書問諸註解作文之法及履歴。復書有答。載之。左

一問註解。

書理只在本文。涵泳深思。自然有會。註脚離他不得。靠他不得。如魚之筌。兎之蹄。筌與蹄却不便是魚兎。然欲得魚得兎。亦須稍籍筌蹄。太繁太多。到究竟處。止在至約之地。所謂博學而詳

說之將以反說約也若義理融會貫通眞有活潑潑地之妙此時六經皆我註脚又何註脚之有

程子云學者於論語孟子熟讀精思則六經不待讀而自明矣六經豈有不讀自明之理此等議論極好甚須尋味蓋天下文字千頭萬緒道理只是一箇若能明得此理引而申之觸類而長之無往非是若執何書以爲鵠（正字爲不佞家諱故易之）的猶非絕頂議論

一作文

作文以氣骨格局爲主當以先秦兩漢爲宗不然則氣格不高不貴不古不雅參以陸宣公韓

佐潤

柳歐蘇則文章自然有骨氣有見解有波瀾有跌宕有神釆取其精華去其糟粕文之最上者也雖然此爲寒儉者言耳若夫淵富宏邁其所取更進乎此矣一讀書作文以四書六經爲根本作之以左國子史而瀾色之以古文然本更有本如酈食其所云知天之天者王是也本之本何在則在乎心若夫心不端靈作文固是浮華讀書亦成理障如王莽王安石周禮周官禍世不小王莽不足惜安石固絕世之資也先賢謂戰國策不可讀讀之壞人心術不佞謂此爲

初學及下愚言之耳。若眞能學者。如明鏡在懸。凡物之來。妍媸立辨。豈爲彼物所移。何能壞我心術。不見夫海乎。河漢江淮。無一不內。潢汙行潦。并無去取。所已能爲百谷王也。

一學問之道。貴在實行。顏子聞一知十。而列德行之首。可見矣。余謂君義臣忠。父慈子孝。夫和婦順。兄友弟恭。而朋友敬信。此天下之至文也。闕。而孝又爲百行之源。孝則未有不忠。未有不恭敬信誠者也。古人又曰。孝衰於妻子。此世俗閱歷之言。而非上哲之所慮也。程子又曰：未讀論語時，是這般人；讀了後，依舊是這般人，如未讀論語一般。孔子曰：有顏回者好學，不遷怒，不二過。豈非聖賢之學俱在踐履？若文字語言，則游夏賜予遠過顏子。一履歷：不佞十齡喪父，學行無本，較諸祖父相傳者，功力不啻十倍。初爲松江府儒學諸生，原籍浙江餘姚人。弱冠目世道日壞，國是日非，便有高蹈之致。每對妻子云：我若第一進士，作一縣令，初年必逮係，次年三年百姓誦德，上官稱譽，必得科道，繇此建書。

必獲大罪身家不保自揣淺喪激烈不能隱忍含弘故絶志於上進繼妻陳氏志意相合事姑極孝甚能自安貧賤有短裳挽鹿之風但總角之初宗族及鄉先生多㠯公輔相期不能一旦遺落年至四十欲棄舉子業退安耕鑿諸父兄弟猶不許也故前此每逢大比徒作遊戲了事而已督學察院开 㠯文武才薦於禮部後幕府辟爲監紀同知不受次年蒙恩得貢崇禎十七年弘光元年二次詔徵不就第三次卽拜副使兼兵部職方司郎中監荊國公方 諱國安軍

不拜。并不開讀勅輔科道一時并糾。不使遁逃海濱。遂過日本。復還舟山。徵聘重典。舉世共聞。此吃天下大亂。外官不知朝政。不使因得諱之。止稱生員。威虜侯黃。辟為贊畫通判。不受。改昌國知縣。不受。題為屯田監察御史。補武原軍門缺。不受。後監國魯王至舟山。雖不肯明言詔徵。亦不敢仍前自晦。恐涉於欺君也。因稱恩貢生。安洋軍門劉■疏薦贊畫推官。不受。吏部左侍郎朱■先擬兵科。改擬吏科給事中。不就。禮部尚書吳■■擬為翰林院■■。官御未定。不就。最後巡按直浙監察御史王薦舉孝廉即今之不受有辭表九年蒙特勅崇召不倿自稱當爲徵上他人稱之則曰徵君聘君九徵聘國朝不多見遠過科甲因世亂自晦故混稱恩貢其去生員未遠也他若行實則不便自擧恐涉自譽也二子長大成孫幾人近未知次男大成女高字柔端忠孝性成聰明絕世兒時三歲便如成人一言一動俱有短矱其長者皆愛之憚之六歲喪母哭泣之慘乎条者哀不能起事事先意承志不倿藉以忘憂暮年歡心惟寄此女虜變以來年十二三嚴備利刃晝夜不去身其姈駭焉問之曰佩此作何事曰今夷虜犬羊

豈知禮義。兒若脫有不幸。即已此自刎。寧肯辱身。其
妗與同卧起。竊之四年。而不能得。幼字同邑何氏。因
其舅為虜官。舅者。夫之父。日夜思父。又愧憤其舅臣虜。忿
懣遘疾。未嫁而亡。但聞之。今不知幾年矣。大約在壬辰癸巳年
聞。繼妻胡氏為大冢宰恭介陳公諱有年者之外孫。
翰林志皐胡公之子。許允之。吃不俟三次堅辭不許。
直至作書若辭。備陳不可之意。又不許。不得已聘之。
適有家憂暮功之慘。遂丁母艱。未娶。後值虜難奔逃。
己曾屢次作書。另行擇壻許配。再三懇求。妻父堅執

不允今已日久惟以更嫁爲幸小兒大成隱居教授
館穀足以餬口子若孫今日之前均未有就夷虜有
司考試者大成前年已物故無子胞兄諱啓明号蒼
暉乙丑進士因忤閹官妄爲所刻雖兩奉明旨昭雪
家貧如洗無以賂權要十年不得復最後漕運缺屢
推皆不點先帝御筆親除因流寇破北京未得到任
回南京另補新設洋務軍門缺理應家兄推補姦輔
馬士英惟賂是圖又起姦兇阮大鋮爲兵部侍郎以
爲羽翼突推巡撫劉安行爲之家兄依前擯落但奉

朝請而已。遂虜强之作官。不就部院。陳錦欲殺之。曰

操江唐際盛力救得免。後錮於南京。屏居灌園。今不

知存亡。三年前猶在此。不傍一家。骨肉飄零。喪亡之

槩。書此泫然。賢契聞之。亦應爲之酸鼻。

一舉孝廉始末。　王按君曰不傍被虜群賊露刃環

向迫脅。不傍談笑而道。期於必死。不肯剃頭。後劉文

高等七人忘身駕船。送回舟山。按君知不傍極天下

美官。一槩不受。不得已舉爲孝廉。是日黎明。延不傍

過署。曰薦疏示之。余云。極承盛情。然此事不可做。老

奏　所

先生深相愛。幸勿發此疏。王亦不知余先有徵聘事。
第云。昨日已啓過主上。主上面允。但令補本。不然近
於內批所旨今日進呈無可辭也。不佞因曰。老先生
自上之。瑜自辭斷乎不受。因相對據案立就疏稿。今
亦偶有遺忘者。一時倉卒不能記。巡按薦應稱老師
門生。不佞因不受。故止稱老先生。疏入閣部張肯堂。
遣其私人教官曾𦾔轉托鄭儆日今其人嘗來日本向余索
賂。余嚴詞拒之。因票本云。朱之瑜果否的係貢生。該
部確察具奏。張與余居相去咫尺。其弟張玉堂。又與

貧恐貪

余同案遊庠。豈不知我。且余貢劄特爲優異。從來未有。有德懋遼東之管。才並南陽之葛等語。貪夫弄權之態如此。禮部堂其同年也。爲余憤憤不平。余仍不爲理。不得已復票旨云。朱之瑜果係貢生。准擇日廷試。余仍不理。不謝恩。不廷試。然亦不自知爲貢生爲舉人也。辭表伏㠯鹿鳴有詠。承筐用錫於周行。鷄味不濡。稱服貽譏於之子。所重旁求之典。崇隆光復之勲。臣之瑜誠惶誠恐。稽首頓首。上言。竊惟處士戒乎懷寶。誼主職在興賢。臣靡奏略於灌龠。旅成匡夏。胥説涉川而舟楫奮伐勝商孝友侯在中樞武夫爲憲萬國鄭侯位居第一汗馬非功忠武績在分三運牛多術房杜洵開國之彥宣鄭亦興復之才（宋朝無中興故不用宋人）自非其人何取輕界茲蓋伏遇主上知勇天錫文武學成挺生孔子之鄉（魯府在兗州）駐蹕宋高之上（宋高宗嘗駐舟山改爲昌國縣）捐髀頗妝熊羆未覩如雲側席賢豪邁軸猶艱就日是豈印氾而莫予抑緣竿濫而多觴臣之瑜才慚拆線志慕請纓祖父兄恩叨一品必無臣虜之子士農商業已三遷豈猶康濟之英臥揚掀戈矛

知人之哲見矣。抑赦決生死。制勝之奇罔焉。止夢渡河而呼。捐糜應爾。未痛黃龍之飲。視息徒然。即使膚髮自全。寧遂土人奇節。此猶國典。更切臣私。喪三載而未葬。日痛終堂之老母。聘七年而不娶。疑有去惟之生妻。潔己不廉。移忠非孝。缺。在按臣思深風厲。非私桃李於公門。在主上念切匡時。當彙茅茹於上國。顧小臣尚無辭恩之例。何況書生。然一介猶嚴取與之文。敢希巨典。伏願收回成命。別簡賢能。仕籍拜草莽云云缺。顧俊尊上帝。用中與等事似信賞必罰云云今遺忘缺。行將展敬園陵。庶

甘雨亭叢書　乙

揚眉於故國。俠宏志氣。毋灑泣於新亭。臣之瑜。無任瞻天仰聖。激切屏營之至。謹封原旨。隨表繳進以聞。

一勅書。欲將原勅奉覽。恐一時舟行倉卒。又煩來人往返。故錄上監國魯王勅諭貢生朱之瑜。昔宋相陳宜中託諭占城。去而不返。背君苟免。史氏譏之。蓋時雖不可為。明聖賢大道者。當盡回天銜命之志。若恝然遠去。天下事伊誰任乎。況國家運丁陽九。綫脉猶存。重光可待。況祖宗功德。不泯人心。中興局面。應遠過於晉宋。且今陝蜀黔楚。悉入版圖。西粵久尊正朔。即閩粤江浙。亦正在紛紜舉動間。非若景炎之代。勢處其窮。故宜中不復。亦不聞有命往召其還也。爾矯矯不折。遠避忘家。陽武之椎。尚堪再試。終軍之請。豈竟忘情。予夢寐求賢。延佇目俟。茲特耑勅名爾。可即言旋前來佐予。恢興事業。當資爾節義文章。毋安幸免。濡滯他邦。欽哉特勅。

監國

監國魯玖年叁月　　日

之　　寶

此召德望宰相制勑也。若部院卿貳。則無此體。矧嘗宰相起復。亦不如此。之瑜庸劣。何以堪此。一前來舟中事。惟相知纔可面言。若形之筆札。疑涉恠誕。并論亦不敢及。謹將庚寅年告天文錄上。帝載亦有何奇。祗此赫赫明明。炤臨下土。鬼神無所

欣下恐脫一欣字

爲德。要使愚夫愚婦惕息嚴威。善惡之報反。則中人不勸。彰殫之權失。則天地不靈。南直隸松江府恩貢生朱之瑜。原籍浙江餘姚人。生無欺僞。念切恫瘝。自耻炎劉之多士。欣有新寧。爲周室之頑民。皇皇洛邑。雖媿非才非藝。實亦無罪辜。昨者身陷大澤。進退皆觸綱羅。今日蕩洪波。前後都無畔岸。吐吞鯨穴。玩弄虎牙之瑜。一身不足惜。深明於生寄死歸。劉文高等七人。其何辜。乃使之爲善。蒙禍。保殘賊而棄善良。殲信義。且長姦宄。竊恐報應爽而兩儀敝。人心死而三綱絕矣。李靖有言曰。倘三問而不對。亦何神之有靈。誠哉是言也。三月初七日。焚香盥手書付龍王水府諸神直日功曹符敕使者。上達天聽。倘之瑜得罪於天。伏乞立敕風雷。傾舟破揖。船中無舵師之篙工。毋作此夢夢。罔有視聽也。

一樣書三紙。一焚之爐。一投之於水。不俟拜畢自讀。讀畢焚之。因三面皆虜地。惟一路通舟山。南北東西。茫然不辨。天色晴朗。不見一山。舟人危懼。故爲此。不俟拜訖讀訖。因謂七人并家僮徐周曰。爾

們也來拜八人叩首未起而余山已見於艫後矣舟人大詫目爲奇事此即被虜劫剃頭脫歸時文也

不佞書文強半無稿即有之亦爲或東或西什九散失來書幸留之尚有叅馬伏波將軍文有暇錄上當呈賢契齋頭爲石室也明德下學之意甚好此意宜存而勿失

某之崗人留　先生寓館一宿累幅之書與此八條一晝夜所就可見其文章如涌泉也及相見從容筆語俄頃數紙颯颯而成後之所錄除書柬及家禮圖批棺圖皆面時之筆語也文思敏速雖中國亦不多

東坡曰。吾文如萬斛泉源。不擇地皆可出。在平地滔滔汩汩。雖一日千里。無難。及其於先生亦云。

守約初見時筆語。守約問。先生答。

大明全盛之時。老師必端銓揆之位。居寅亮之司。

門生守約。謭劣無似。何能陪侍光儀。幸得叨承教誨。秖有肝鬲銘之耳。

不佞亦功名之士。緣時事多艱。是㠯退伏草莽。不圖賴賢契之厚情。得遂留住之願。又願覔數畝之地。抱甕灌園。科頭敝衣。有間間十畝之樂。賢契來則相與尚論古人。考究疑義。飯脫粟摘園蔬。酌酒談心。更無

師下恐脱無抱二字

餘事。未知天意如何已。

師於弟子。猶君父於臣子。守約雖不知中國之禮。豈不知本國之禮乎。初見以來。過於優待。然敎愛勤惓。頗忘轍㢤。且以言語不通。屢講不許。若强之則恐勞老師。故每事從尊命耳。

師道誠尊重。禮曰。父生之。師敎之。君成之。三者並尊於天地之間。故事父。有隱無犯。服勤至死。致喪三年。其事君。有犯無隱。服勤至死。方喪三年。方喪者。與父同致其喪也。其於師。無隱無犯。服勤至死。心喪三年。此受業之師也。此古道也。行之於今，如龜毛兔角矣。今賢契爲兩國之人，崇儒重道，再三諄諄，不傍方曰師生爲稱。亦何可遽尊卑比之位，使足下僕僕拜於牀下哉！非矯飾也，非虛僞也。他日相與有成，或者酌量古今之道，而處其中可耳。大明近日，以制義取士，鮮言行誼。弟子之視師，如途之人；師之視弟子，如賓客；未能如古之道也。賢契言之切切，豈有忘分不自簡處。不必過爲簡點，即成禮之後，師徒相與之際，亦宜以和氣涵育，薰陶循循，善誘非能如嚴父之於子也。

願聞師教弟子之法。及弟子事師之禮。

答宜揭書師之教人。必因其材而篤焉。無所爲法也。弟子事師。惟目傳習敬信爲禮。其他皆未務也。

問先師姓朱文公先生之裔否。

寒族多爲此言。丙子丁丑年間。得家譜。言文公子爲敝邑令。家於餘姚。惟一世不清楚。像贊誥勅國璽班班可考也。闔族俱欲附會。獨不佞云。只此一世。便不足憑。且近不能惇睦九族。何用妄認遠祖。狄青武人。尚不認狄梁公。何用如此。文公新安人。不佞餘姚人。

若能自樹立。何必不自我作祖。若棄其先德。則四凶非賢聖之裔乎。實墮其家聲。更不聞欒郤之胄降爲皂隸乎。

謹聞老師徵辟不就。大官不受。未知尊意如何。

不佞事與吳徵君極相類。薦吳徵君者。忠國公石亨權將也。薦不佞者。荊國公方國安。方權重兵。有寵於上也。吳至。授六品官而辭之。不佞兩次不開讀。而卽授四品官不拜。其間稍異耳。卽就也。非命之於廷。吳卽其家而授之也。徵君時當國者。李相公賢。諡文達。賢相也。英宗復辟之後賢主也尚有可就之理徵不佞時當國者爲馬士英姦相也彼時馬士英遣其私人周[illegible]同不佞之親家何不波進士名東平河南解元卽小女之舅到寓再三勸勉深致慇懃若不佞一受其官必膺異數既膺異數自當感恩圖報若與相首尾是姦臣同黨也若直行無私是背義忘恩也是舉君自伐也均不免於君子之譏天下萬世之罪故不顧身家性命而力辭之不然不佞亦功名之士釋褐卽爲四品道官兼京職監軍四十八萬與國公大將軍迭爲賓主豈不烜赫而乃力辭之

乎要知不佞見得天下事不可爲而後辭之非洗耳飲牛羊裘釣魚者比也亦非漢季諸儒閉門養高邑邀朝譽也

監國魯王永曆皇上出於何帝

魯王太祖高皇帝之孫永曆萬曆皇帝之孫親則永曆族屬之尊則魯王監國於越而不稱帝非不可稱帝也大明之制親王太子不得外交士大夫惟監國乃得與士大夫相接太子親王不敢用制勑誥詔止稱令旨太子令旨得頒天下親王止行國中不得出

敬此脫字

國門。太子令旨。止稱敬遵令魯王監國行天子事故
稱敕稱欽此欽遵欽哉故敕王上加一字謂之親王
王上加二字謂之郡王郡王郡王一槩不得行監國
亦如親王行事其年天下大亂人情沸然故魯國主
未知我三詔特徵之事不佞又弘藏謹密止稱恩貢
生設使彼時知其詳敕書當更鄭重不止於如此矣
然彼時知其詳我必與舟山同死不得來此有今日
之矣可見萬事皆有倚伏也詔書特徵古今重典此
中進士萬分隆重溥天之下莫不聞知祇緣彼時大

亂道塗梗塞故有不知耳

奉

詔

特徵

二面一同硃紅金字牌

魯王行在何地老師得見否

答可揭寫前在南灣故至廈門而不得朝見舊年己

在金門去廈門一潮之隔

答可十四字批錄誤入可刪

俗有言誠意伯讖書之應者，未審眞僞如何。

誠有之。不佞以人事爲主，其恍惚渺茫之事，不入言論。即以讖言之，亦甚佳。金明見水有奇緣會合，燕中非偶然。戡亂武功，誠己異，克襄文治，又中天。何等親切，何等光大。此四句在草頭雞下一人耳之下。草頭下加酉字，又一人字右著一卩，合爲鄭字，是國姓人南京之驗也。

比年老師在何地，中國猶無所住乎。

兩年在廈門、舟山，人人款留，留意非不堅也。但不佞心不安。兵部左侍郎張玄著諱煌言者留之。不佞不肯留云。尚要過日本張云。我們在此。年翁一人留不往。我們在此。作何事。日本人聞之。亦笑我等。然不佞不能留也。何故。彼地無由可耕。不能自食其力。此外惟漁亦可。然捕魚舵稍與劫盜無二。一不可爲也。若坐而日糜其餉。彼之來者。皆百姓之肉與血。甚者打糧。打糧者打家。劫舍掠人質子而求物者也。焉有仁人日膳人之肉。膏人之血。食禦人之食。齩人之子之骨。而可爲者。故決意來此。彼衆人大爲怫然。因曰年翁一人。留不住。我等尚想做甚事。但如此剝民而曰救民吾弗信也。如此殘民而圖恢復吾不知也。

朱陸是非。衆論紛紛。無知適從。竊惟尊德性道問學。陸說似親切奈何。

尊德性道問學。不足爲病。便不必論其同異。生知學知。安行利行。到究竟總是一般。是朱者非陸。是陸者非朱。所以玄黃水火。其戰不休。譬如人在長嵜往京。或從陸。或從水。從陸者須一步步走去。緣水程者。一得順風。迅速可到。豈得曰從水非。從陸非乎。只以到京爲期。然陸自不能及朱。非在德性問學上異也。此種素有文望之人。不可言其短。只自知可也。然亦君子之道。毀人以自益。非禮也。

陽明之學近異端。不免有陽儒陰佛之議也。奈何。

王文成亦有病處。然好處極多。講良知創書院。天下翕然有道學之名。高視闊步。優孟衣冠。是其病也。出撫江西。早知寧王必反。彼時宸濠勢欲篡天。滿朝皆其黨羽。王獨能與兵部尚書黃瓊先事綢繆。一發即擒之。其剿橫水桶岡浰頭之方畧。與安岑之書。折衝

否正写

樽俎。亦英雄也。其徒王龍溪有語錄。與今和尚一般。且其書時雜佛書語。所以當時亦爲異端。

方正學先生幼吃。人謂之小韓子。玩其集格言確論。滾滾無窮。眞可比於以黎先生否。

韓昌黎大而有用。方先生執而不化。大不如韓。韓以黎惟撰淮西碑。譽宰相裴晉公度。而抑李愬不足以服人耳。餘事俱可。後人又右其上宰相書。爲干進未亮也。靖難之激。方先生得君之專。彷彿齊黃。而不能運籌決勝。似非通才。

宋大史稱一代之文宗。然其學雜矣。方先生出其門。以正學爲己任。所謂青於藍者耶。各有其妙。宋景濂之博洽。方先生之端肅。皆未易才也。其人品則宋不如方。故其後宋坐孫慎而貶死。

及第之事。考諸書未詳。謹請詳悉教之。

答前者有日本人來問射策。余答以試場中策題雜舉他事甚多盈篇累牘。其要只在二字四字。譬如射箭。以侯爲主而中者稀。故曰射策。彼曰不然。用小弓架矢對書籍射之。取其書閱之。因曰射策。余曰彼認

射爲弓矢策爲書籍故强解之耳大明人至此强不
知爲知强解目誤人誠亦有之昔時廉頗有項之三
遺矢矣解作一次射箭三次落架又左傳漆知伯之
頭目爲飲器彼不知是溲溺之器解作飲酒之器如
此强解誤人儘多不特此也即刻本音註亦時有錯
誤前見湯霍林通鑑註釋此名公之書也其地名遠
近不考事跡錯誤不究甚有可笑者何况小儒學究
依樣畫葫蘆訛目傳訛彼亦誦習之而已何處知其
錯誤惟獨立高岡之上炤徹遠近方能知此此處是此

甘雨亭叢書 二十

處不是耳射策即是對策㠯其東西炫惑人故命之爲射

大明試士

八月初九日。第一場文七篇。四書義三篇。經義四篇。謂之制義。亦謂之舉子業。有破題承題起講提股二。小股二。中股二。後股二。謂之八股。結題大結。制藝甚多。舉子三年精力。不足讀文所㠯於古學荒疎

十二日。第二場論一篇。詔誥表。內科一道。判五道。

十五日。第三場策五道。所謂第一問第二問者策也。

因不寫題。故曰一問二問。

第一場。七夫七蓋七甚矣。不寫音註。塗抹俱貼出。

不完貼。無束題貼。

第二場。表中擡頭差一字便貼。犯諱貼。貼出惟二

場極多。

第三場。策五道其貼出者。貼於至公堂謂之堂貼。

外人不得見。

取中者。爲鄉試中式舉人。

子午卯酉四年。爲鄉試四科。

辰戌丑未四年。為會試四科。

鄉試鄉薦

試士於鄉。謂之鄉試。巡按監察御史代天巡狩。同提調薦之天子。已謂之鄉薦。即一事也。

提調。謂之知貢舉官。

秀才。今謂之生員。即所謂諸生。即所謂博士弟子員。異名而同實也。其中有廩膳。有增廣生。有附學生。有青衣。有社生。五者得科舉。已外更有鄉賢守祠工遼寄學等生。不與科舉之數。

秀才考中一二三各補糧謂之廩膳曰學生廩膳年
滿無過試中得貢此逐名挨貢更有高者曰選貢生
恩貢生此合通學廩膳考中者也二者一同更高者
曰拔貢此合通學之廩增附而超拔之者也三者與
計廩歲貢不同至於貢士卽鄉試中式之舉人也故
曰某科貢士
鄉試
縣試士送府府送督學取科舉送省會鄉試謂之舉
子

貢舉官二員。即提調官。

順天。應天。府尹。府丞。浙江。江西等省。

布政。右布政。布政者。即古之方伯也。

監臨官。即知貢舉官。巡按監察御史。

順天。應天。各二員。外監臨二員。不在數內。浙江已下。各省各一員。

考試官。即總裁。即主考。

順天。應天。用大翰林院官二員。如庚子論德之類。

浙江。江西。福建。用翰林一員。修撰編修檢
簡之類。科官一員。
湖廣。翰林編簡一員。部屬官一員。四川。
河南。山東。山西。陝西。廣東。廣西。雲
南。貴州或通用部屬。或用中行評博一員。或用
別寺降官。
同考試官。卽分考。卽經房。此五經房也。推官知縣教
諭教授爲之。
會試

貢舉官爲禮部尚書侍郎二員。知貢舉官。爲御史

考試官。即總裁官。或大學士。即宰相。或侍郎二員。

同考試官。即分考官。爲翰林科中書博士評士。少者

十八房。多時二十房。

大槩與鄉試同。但場期在二十初九十二十五日。中

式者。爲會試中式舉人。

三月十五日。廷試。又謂之殿試。廷試策一道。宰輔讀

卷。天子御筆標題。十八日傳臚。第一甲第一名爲狀

元。第二名爲榜眼。三名爲探花。第二甲爲賜進士出

身。三甲爲賜同進士出身。狀元入翰林爲修撰。榜眼探花入翰林爲編修。二甲第一名及會元。不中鼎甲者。考舘入翰林。爲庶吉士。此鄉試殿試之大略也。

老師之服。禮服否。

巾。道袍。大明謂之褻衣。不敢施於公庭之上。下者非上命。不敢服。此見上人。上人亦不敢衣。此見秀才。惟燕居爲可耳。今來日來。乃以此爲禮衣。實非也。大明宰相極尊。不敢坐受秀才一揖。不敢以便服

見秀才。中上

大明衣冠之制。　以文官言之有朝冠冠有簪冠中有梁有金線分別官職高下武官以纓纓有曲○有朝衣不論大小黻鞸珮玉俱全有圭有笏拜則搢之笏有牙有板五品以上用牙謂之象簡圭有五等公侯伯子男有桓圭躬圭信圭蒲璧穀璧之別○有幞頭　著公服用之有紗帽著圓領用之公服有紅有青五品以上紅公服五品以下青公服有軟帶文武有別○圓領有紅有青有油緣

有綠有藍有白有蟒衣有麒麟有斗牛有緋魚有
坐龍吕上五種惟一品二品得賜吕下官不敢服
不賜不敢服
補服。圓領中一品仙鶴。二品錦鷄。三品孔雀。四品
雲雁。五品白鷴。六品鷺鷥。七品鸂鶒。八品鵪鶉。九
品練雀。雜職官黃鸝。
武官不同 帶有五有犀三品花金四品光金五
品雕花影金六品花銀七品光銀八九品拜雜職
用黑角帶武官稍異有朝履 鞾有皂鞾有忠

甘雨亭叢書　廿五

靖冠有忠靖衣有截褶有巾不同隨品職服之帽有直裰道袍長衣海青（一種異名高下皆得服）有裳有行縢其他弁冕黈纊之類更煩尚不在此數明朝制度極備極精極雅比前代製不同所㠯不用即書中見宋朝制度如前覆後覆披腳之類亦不甚解須得文獻通考詳察而後明

爲學初時貴博。後來漸漸貴約。初時五經。後來有專經。一經之中。得力止在數語。譬之水。海極浩瀚矣。觀乎海者。難爲水。遊於聖人之門者。難爲言。若不窮極河源。未爲知水之本也。賢契當取數種書。熟讀精思。後來漸到至一至約上去爲妙。若生吞活剝。雖窮万卷。與不讀所爭不遠。又重在踐履。所謂身體而力行之。不然浮文無用也。然不極海之量。不可便溯河之源。

目下語錄。

爲學之道。外修其名者。無益也。必須身體力行。方爲有得。故子貢天資穎悟。不得與聖道之傳。無他華而不實也。豈得目執一卷古書。口爲咿唔。即謂之好學乎。既不知古先哲王之可好。又何有於安定先生耶。

廿六

雖有五事孔子只說得一仁字孟子入一義字又因仁義說出禮智字後又添出一信字總來只得一箇仁字此文作法亦是此意不是五件平重也

古人說書惟在深奧處不佞說書惟在淺近處說所謂深入而淺出也

不佞見典籍竊自傷心每每淚下不幸幼齡喪父不知爲學之道遂昧昧至此劉元海異國人猶曰一物之不知君子之羞也不佞竊自耻其言若老者一日不放鬆少者更力加精進自然足以揚名必不若不佞

之老大無成也。〇不佞往來播遷。文字一槩遺失。如
条王侍郎文有八篇。今止存三四首。前有一二篇稍
佳。遍覔不可得。甚爲可惜。今欲將所有筆札。盡藏之
賢契家。〇廿年荒廢。兼之國亂家亡。憂憤勞瘁。胸中
竟無一字。即少有記憶。又多遺此失彼。不足㠯中大
觀。若得安間一年半年。稍加溫習。或者稍有可觀耳。
天下典籍。除佛經外道之書。書皆有益。只是讀不完。若
一覽成誦。博涉亦自不妨。然又懼於淆雜。何如精研
數部。待融貫而後游藝爲得。漢儒於五經不兼治。治

一經而已。故得專門名家。是目有大載禮小戴禮毛詩等名。即毛詩之中。尚有爲雅爲頌。不兼治也。明興取士。一家止治一經。每科舉試士。必書曰。習某經。不兼也。後有兼五經者。場屋中不貴也。既入翰林。則兼一經。

四書大全。五經大全。當備參考。若眞能得書理。精明。并訓詁。俱用不著。若執大全來看書。雖皓首窮經。終歸混沌。此不佞平素所謂理障者是也。

左傳者。漢時目爲大經。漢史稱公車貼大經十道。即此也。用杜林合註極得。合胡傳更妙。杜襄陽一生精力。獨在左傳。或者遠勝孔氏疏耳。

前漢書。後漢書。熟讀極佳。文章要典雅。不讀先秦兩漢覺無古奧之致。文章自視之句。爲杜撰。有半句。沒半句。爲駢湊。用近世之語。爲軟弱。俱是病。

班史矩矱整齊。子長出奇無窮。若不能有兩漢。有史記前漢亦可。倘有力能爲之者。終不若得兩漢爲妙。若不倿力能爲之。陳張鍾王部俱當備。可參看各人手段。見人優劣。鍾本無他妙。乃凌稚隆集名家之許爲妙耳。前漢書係監本。殊不佳。閱之使人昏睦。○聞某看綱鑑曰。經學多迂而不合於事情。質美者多野而不中於道理。此書可折其中。經史合一。其爲至乎

讀書如酒量。有能飲一石者。有不勝一勺者。各當自量其力。若騖多而不精熟。與不讀一般。不如簡約爲妙。倘過日成誦。自當博極群書。書讀得多。讀得熟。自然筆機純熟。不見大鑿乎。功候既足。絲緒抽之不窮。自然之理也。

蘇子瞻聰明絕世。讀書每百過。或數百過。今人聰明不

及子瞻十分之一。乃欲以涉獵遊戲讀書。如何得工夫純熟。工夫純熟。則古人精意皆在心口中筆頭上。揮灑立就。

張睢陽忠節震世。其才一覽成誦。終身不忘。人有問之者。某事在某卷第幾板。展卷即是。然其文亦不多見。一繙足矣。

韓文公雖有可議。然其功甚大。則其小者可原。文公處六朝之後。摘章繪句。獨能起八代之衰。使後人知有聖學。其小疵不足推也。

明道先生甚渾厚寬恕。伊川先生及晦菴先生但欲自明己志。未免有吹毛求疵之病。

大凡作文。須根本六經。佐以子史。而潤澤之以古文。内旣充溢。則下筆自然湊泊。不期文而自文。若有意爲文。便非文章之至也。譬如貧兒開筵。不少器具。便少醞釀。如何稱意。而性靈尤是作文之主。○凡作文宜相題立意。先使規模大定。中間起伏布置。要有法有情。一篇脉絡。要使一氣。若斷續不貫。先後倒置。雖文詞秀麗。亦不入格。○題目中。字字俱要安頓。有大力

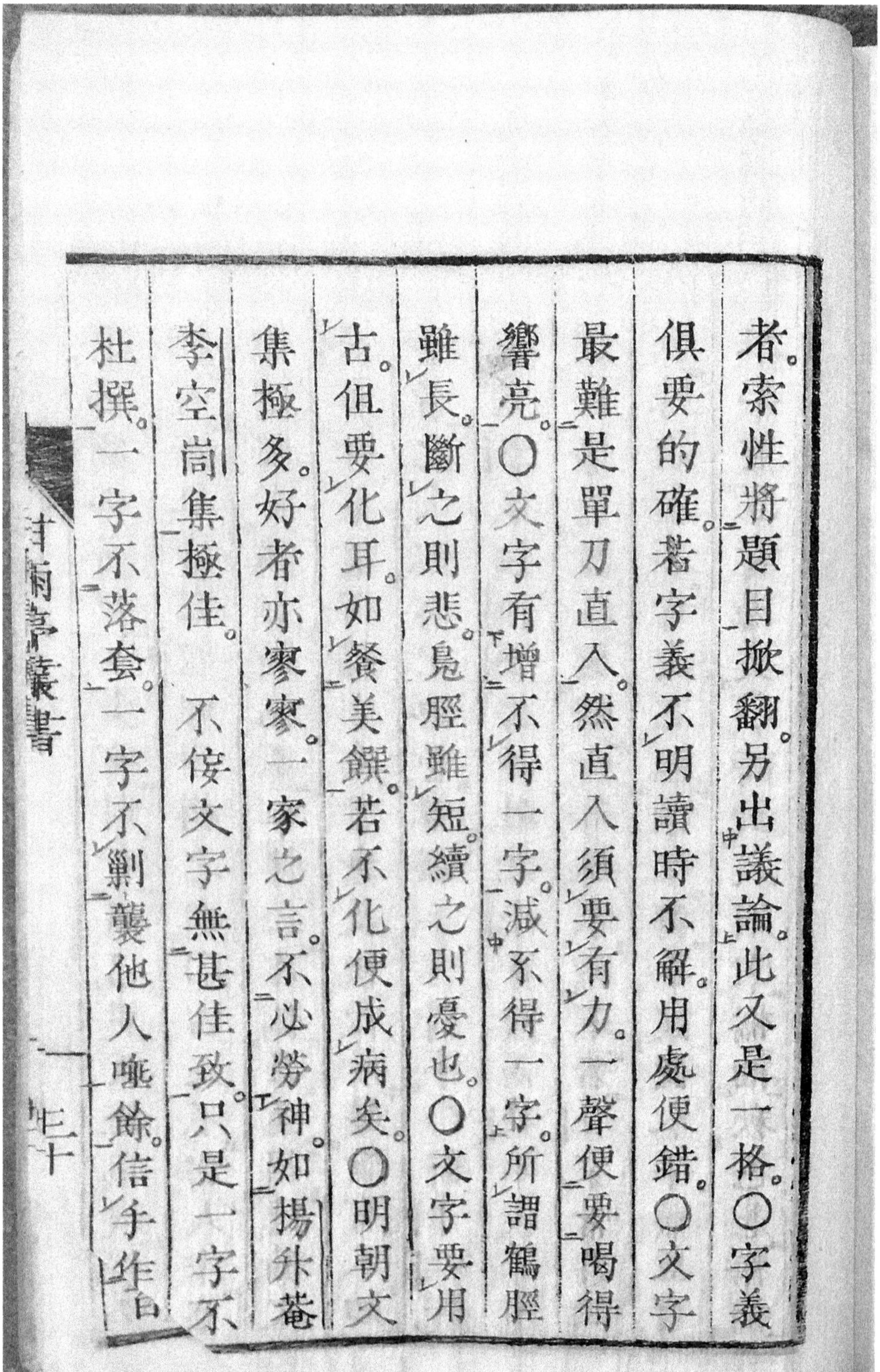

者。索性將題目撇翻。另出議論。此又是一格。○字義
俱要的確。着字義不明。讀時不解。用處便錯。○文字
最難是單刀直入。然直入須要有力。一聲便要喝得
響亮。○文字有增不得一字。減不得一字。所謂鶴脛
雖長。斷之則悲。鳧脛雖短。續之則憂也。○文字要用
古。但要化耳。如餐美饌。若不化便成病矣。○明朝文
集極多。好者亦寥寥。一家之言。不必勞神如揚升菴
李空峝集極佳。不佞文字無甚佳致。只是一字不
杜撰。一字不落套。一字不剿襲他人唾餘。信手作

篇。其間格局句語。少有同者而已。更長短俱成格局。無有潦草塗塞勉强湊搭之病。○古人不爲人作墓誌碑銘者。誠慮聞見不實。涉於虛僞。且至損德。翰文公多作墓誌碑銘。亦爲當世及後代所譏。豈有不知平素之人。輒爲紀傳者。傳信乎。傳疑乎。○詩李杜齊。究竟李不知杜。李秀而杜老。李奇險而杜平淡。李用成仙等語。更不經。煉丹等殊不雅。不若杜家常茶飯有味也。然不奇奥之極。造不得平談。有意學平談便水平煎豆腐湯矣。○詩云。人烟寒橘柚。秋色老梧桐。

後人改之云。人家寒橘柚。秋色到梧桐。所改止一字耳。便不成文。王元美曰。此公眞有點金作鐵手段。○詩貴秀貴逸。著理學語。須要脫得頭巾氣。不然便老學究可厭可唾矣。前日佳作。多有用此等。然不十分犯手。

先生看令義解曰。前人文字自佳。序表皆妙。翕然一國之製。貴國文字。但中衰耳。後之有志者。自當振興之也。

日本人氣質極美。性地極靈。可惜上與下。俱不知學。自爲暴棄。而文習尚闇昧。但患無賢哲生於其間耳。今有之。移風易俗。駸駸乎造乎聖賢大學之道無難也。賢契好學。有倡而和之者乎。守約曰。亦不多。先生曰。非不佞諄諄問此。今賢契志復聖學。亦利有和之者。易貴得朋。詩詠求友。所謂德不孤必有隣也。賈大傅天下奇才。但只絳灌爲伍。所以終身抑鬱。而不得志於時。獨不聞王陽在位貢禹彈冠乎。

不佞無他長。只一誠耳。又曰。不佞無他過人者。惟是瑕瑜畢現。毫無撩飾妝點耳。

用

昔有良工。能於棘端。刻沐猴。耳目口鼻。宛然毛髮咸具。此天下古今之巧匠也。若使不傍目炫玄黃。忽然得此。則必抵之爲砂礫矣。卽使不傍明見其耳目口鼻。宛然毛髮咸具。不傍亦必抵之。爲砂礫何也。工雖巧。無益於世周也

七二

心喪集語卷之上終

心喪集語
下
イ 300
26
140

146922
昭和

心喪集語卷之下　　門生安東守約泣血稽顙百拜輯

問大明講書及註否先生曰大明講書後來競出新奇㠯苟功名即傳註久已高閣舉業家久已不知集註爲何物雖先輩宗主傳註亦不㠯入講但讀本文可也惟取集註爲依傍耳舊時主意惟蒙引及江陵直解王觀濤翼註爲不背傳註惟詳之

問易繫辭曰範圍天地之化而不過註曰圍匡郭也匡郭二字無解如何先生曰兩耳之外稜亦曰輪郭耳

無稜曰聃所吕老子名聃可見輪郭者外周之義註錢者吕孔方爲郭亦非也彼吕輪爲圓轉之物故吕郭爲孔方耳總之輪郭二字連讀爲是郭必不可言在內也內好二字亦然言卍與文皆好也註者之多訛如此匡郭二字不連或曰匡或曰郭總是外周也

天地如物而我之道爲匡天地如人民而我之道爲郭範者天地不能改於其度圍者天地不能越乎其域　匡正也此却不作正字解成人之歌曰蠶則績而蟹有匡則蟹之大殼爲匡所謂介也器曰筐目

之四圍曰匡均是周圍之義郭者錢之外周也曰輪郭肉好輪者外面圓稜郭者内中方稜肉者錢之背好者錢之字然城外之城爲郭似非内中方稜總之匡與郭俱是外圍但匡有外圍端整之義耳一匡天下只作匡字解亦未是桓公稱霸則天下諸侯俱束於霸圖中而整肅之則亦是外圍之義

問子南之事先生曰子南之惡未甚其子當諫之於初上既能得君則當調停於君父之際何乃誒其父惡已稔其君三歎而泣而後爭於父耶不已晚乎爭於

父必賊於君何可易言也竊威福攬事權馴致滅族之禍矣諫之而能出奔乎然此時但以漏君命於私人亦非必誅之罪何遂至於不可回乎

問雍姬之事先生曰祭仲以封人賤職躐躋卿貳立忽立突專擅國威其罪已不容誅矣祭仲之女謀及於母而曰父與夫孰親答曰人盡夫也父一而已遂以其事告之而殺其夫雍姬之罪豈得以聖賢之道律之且此但以不燕於其宮而燕於他室致疑亦不可以己爭總來二人者不圖之於早臨事而爲之無一

善者也邵二泉論亦未能盡其道也

問管仲王魏之事先生曰朱子借絲粟之説㠯爲委曲出脱此道學先生之病若子糾母貴當立則諸兒之不當立明矣何㠯立公子諸兒而議不及子糾蓋僖公諸子均非嫡夫人之子且鮑叔不肯傳小白閉門辭疾管仲明言小白無母而國人憐之事未可知非謂小白不當立也王魏之事太宗事無可議但唐之有天下始終皆太宗之功建成義不當立也若王魏果有大臣之風則初立太子之旣便當告之㠯世治

先嫡長世亂先有功秦王英武功多必不能處殿下
之下而安守臣節建成亦宜少知利害建成能聽則
事之不能聽則去之何至結納死士賂諂宮婢與元
吉日夕圖謀必欲構殺秦王𫝊致六月四日蹀血於
禁門之事尚謂之有人心哉何得𫝊臣各事其主盡
忠所事爲解也

問書策式先生曰副啓貳扳爲一扣二扣三扣四扣六
扣可用惟五扣不用乃殘紙耳寸楮舊無其制兵興
𫝊來方有之亦倣副啓之例稍闊則爲帖二扣者爲

古柬六扣者爲全柬三扣四扣五扣皆不可用俱爲殘紙副啓盡而書不能盡則復用一啓續之其二其三以至六七俱可粘連不粘連隨意粘連者用鈐縫印記均不割去面葉割去面葉則爲殘紙所以謂之殘紙總之慮其不敬也寒舍子往來則不在此例

書面用拜帖回帖非也上達者用手奏奏記手啓副啓之類平行者用副啓如晤談如晤言代面等項下交者用札諭劄諭帖等項

奉書求著喪祭禮書復書曰喪祭之事承諭自當著

一書但著書之事前目賀之古人後目誒之後賢其中有一毫不妥目前雖人人識賞而百世之後有一人議者便非完璧故須遲遲耳又曰國史終是賢契事不須急急且此事關係重大名之所歸身家所係何可苟且愼之又愼終是賢契事昔日機雲兄弟草三都賦聞左思爲之直須目覆醬瓿及今惟左氏獨傳可見不爭遲速也況國書不足目傳遠此中不須汲汲也

又奉書言闢異端事復書曰讀來翰知蘊結憤發之

概表章羽翼之誠敬羨賢契其將以身率末俗乎抑將以口舌爭之乎中國大亂至道晦蝕已久即貴國亦在勾萌初動之時兄下但當與二三賢智嘘息而滋培之自然發生榮茂慎勿以斧斤剝椓之也前者稂莠長畝嘉種間生之説已殷殷危之豈尚忽視之與譬如人膏肓之疾尫羸不支近幸少有生意且當實嗇精神調和糜粥明知二竪之爲烈然不敢攻之也俟其元氣大復則百邪俱退養之以粱肉治之以藥石宜無所不可賢契何憒憒於一擊之力急欲以

甘雨亭叢書　五

將絶之息與二豎爭衡乎且此不可㠯口舌爭也爭之而不勝助彼江河日下之勢足下任蓄武之譏爭之而勝遂成狂瀾橫決之憂足下罹卓紹之咎千古㠯來惟玄圭之功爲不磨也㠯鯀功伴神禹當時亦不肯口舌相爭萬希高明留意

予嘗作古今解先生之評可玩解曰人皆㠯今爲衰世而憐其勤予特不㠯爲然也蓋庖犧氏㠯降謂之上古三代謂之中古秦漢㠯下謂之近古乃天下之通論也若㠯年數之遠近分上中下則何上古之遠中

古之近下古之無窮乎自百世後視之所謂下古爲中古中古亦爲上古何拘拘乎限以定名乎古之聖人作萬世之法莫孔子若也其猶當衰周之時刪述六經以明古之道常對群弟子嘆今不若古也孔子所謂今者今之所謂古也厥後異端雜出蠹乎斯道者極矣程朱諸大儒興於近古續將墜之緒聖賢之大道粲然復明乎世今也距其時財六百有餘年學者當有爲之時也焉可以生于後者爲衰而懈其勤乎且不聞元會運世之說乎以元統十二會一會是

一萬八百年也堯舜之盛正當午會之中今雖漸衰未滿一會之半倘以身爲後人則望我者固多矣況時有盛衰理無古今縱雖也衰而志豈衰乎學者有見于斯則於所謂古之道猶有跂及先生批曰今何以爲衰世只是少却盛人耳若有一人振奮其間便是上古便是三代若說運會使然此言猶爲可恨豈今日以後盡魑魅魍魎乎快哉桓宣武之怒袁宏甚欲殺而享士也題亦奇解亦奇其自任以天下之重也如此　又批說今人不如古人者自暴自棄者也

說世間無好人者賊世誣民者也豪傑之生於斯世要使自我作古何論邃古何論輓近何論中華何論四夷若古今不能撐持世界彼時不過莽莽蕩蕩一虛廓乾坤何㠯有古安論今也 又批豪傑之生倚不得牆靠不得壁若使隨人步趨拾人牙瀋便不是天民先覺如何限得也數限得也數便不是特立奇男子 又批自古聖人之興强半起於衰世惟舜禹聖聖相承其他若成湯起於夏衰文王於殷衰孔子起於周衰人特患不成湯不文王孔子耳何必在世

運盛衰上較量若衰也便可歇却天生此人何用

予嘗曰耻名齋先生卽書二大字題其下云人顏可曰

有耻乎有耻則必其不若人也人顏可曰無耻乎無

耻則必其不若人而不爲耻也狂夫之耻自無而至

於有聖人之耻自有而至於無省菴之曰耻名齋有

志哉

性理大全家禮圖批

家禮圖批　此廟制也，而顔曰家禮圖，圖不足以該冠昏喪

祠堂圖批　圖或自東而西，或自西而東，或自上而下，或自下而上，錯亂紛雜，不可曉。凡於起處用點以標之，後倣此

著深衣前兩襟相掩圖批　裁處未曾明著，衿式此圖則有兩襟，且下裳每三幅綴衣一幅，衣四幅則十二幅之裳盡矣，又將何物綴於衿上？且衣前兩幅綴裳

三幅如何可著

裁衣前後法圖批　此是兩幅各半

深衣冠圖批　大凡爲圖俱極好看依式制之便自不同　其制與圖甚不相似　廣袤處俱說不清楚當廣之上未有其旁半寸之上於何處襃之

行冠禮圖批　凡圖本自難看而爲圖者又復煩雜錯亂觀習者愈難通曉何如各爲一圖使易明白　國君牽牲繫於碑此處碑何用

昏禮親迎圖批　此圖不可解

小斂圖批　縱橫布絞小斂下註云析其兩端爲三而圖則或七或八都無定式總來圖不足憑

大斂圖批　大斂縱絞三而圖云縱絞一

冠絰絞帶圖式批　至成服乃絞此豈未成服之前之服

本宗五服圖批　孫不杖下少一期字　圖者所㠯曉比閭族黨之人不必專在學士大夫故不須用字奧　爲圖當使顯而易見何必㠯原文爲美而必仍禮經舊貫

三父八母服制圖批　祖者父之父也何以爲祖後則於父之母無服　爲君之長子則齊衰三年而爲女君則嫡子之母也乃服不杖朞何與君相去甚縣絕

通禮篇祠堂註批　祠堂三棟圖已自難解祠堂一間以至五間七間俱易解惟三棟者不易解蓋三棟者三間也不論五架七架東偏西偏各立五柱七柱中棟之下東西各立四柱七架者間與廂俱在第六桁之下第三柱嵌於墻與中門之中中門之外有廊即杜詩所謂步檐倚杖看牛斗者是也五架者第三柱

二條直立於堂中至第二柱不論五架七架俱直立於祠堂之中若曰近北一架爲四龕室則龕之前適在兩柱之間與兩柱之東西耳目三間而四分之則曾祖考面隔西柱祖妣面隔東柱卽如申相公之圖高祖考面對東柱曾祖妣面對西柱有此制度乎設使居中一間爲高曾二龕室則祖考與考反獨擅東西各一室理亦未安而圖下又未曾註明故曰爲此書者但言之耳未嘗身自行之故其制作多有隔閡不通之處舉此小事人所最易忽略者拈出目示知

甘雨亭叢書 一

者　予家祠堂有七間者有三間者與此制不同亦未嘗身爲之但臆見知此與知者商之耳　凡予所標出者俱須按圖布置方知其非不然非最上之資不能別也何也讀書者止是順文讀去不能實實知其義理所在耳

爲四龕條註批　此等議論却是兩截前之所言似乎宗法已行矣後又云要如宗法祭祀須是在上之家先就宗室及世族家行之做箇樣子方可使士大夫行之明乎宗法未之行也豈不是兩截總來宗法之

行須是世爵之家宗子主祭而支庶助祭截然不爽子孫世世觀法無有他意今若欲於無祿之家實行宗法必使宗子主事而羣宗聽之已自不能行若次嫡庶子顯達誰忍不祭其祖宗而一聽於宗子也況後世帝王未嘗有支子不祭之禁乎倘若宗子不肖無賴而欲使羣宗之賢者貴者一一聽其約束吾知其如龜毛兔角也既曰支子不得祭其父就河南程夫子一世而論則明道先生其嫡長也伊川程子則支子也已自不得祭其父矣如何又云吾家却祭高

祖何所言與所行不一乎蓋宗法之行須是先有封建而後宗法行之矣若後世封建必不可行則宗法與井田徒然膾炙人口總屬必不能行之勢　宗法祭祀不必庶民之家不能奉行其議不便者必始於士大夫如何行得通徒曰尊祖故敬宗此亦就其賢者貴者而言耳

旁親之無後者條註批　三段註作三樣話說如何主意　曾祖兄弟爲大伯叔父母却祔何處自應不祭

補註批　不然說得祭統甚當此却舉旁親無後

者一籠統滚在一處祭可笑可笑祔祭之説云何此
斷斷不可行
正至朔望則參條下補註批　此條及前條須各設虚
牌依次排列方知其謬若徒托之空言未免驚世駭
俗況日本未知就裏驟聞之必大駭聽矣　如此則
正位與祔位何别且孫祔於祖及昭祔昭穆祔穆之
義何居
裳交解十二幅條補註批　裳交解下註上多三寸下
多一尺九寸即截去之此語作何解若截干未合之

甘雨亭叢書　十三

先卽不應有七寸三分一尺四寸六分之裁法矣若截於旣合縫之後上截三寸止餘三寸三分矣猶存强半若下截去一尺九寸除截完本幅之外又將次幅截去五寸四分有此理否卽云合處二幅各截之亦非應十二月之義矣數不明白熠下註前後各去一寸尚有八尺六寸兩腋之縫在袂何得於此算數是每縫止除半寸　卽截去之卽截去之亦截去之甚可笑　衣長二尺二寸裳長四尺四寸又云其長及踝何不於人身量之卽將其布三分一分爲衣二

分爲裳豈不簡便乃必指尺周尺三司布帛尺爲此紛紛哉　卽目瑜身論之中指節得裁衣尺八分六尺二寸該得四尺九寸六分比瑜嘗所服已長一尺許矣　朱子曰去古益遠冠服制度僅存而可見者獨有此耳如此先生幸其制之尚存必親制之久爲祭服燕居之服制度毫無可疑及門之徒常所習見熟識亦是其所服也何煩猜疑聽虔家自爲説乎蔡氏淵曰司馬所載方領與續衽鉤邊之制引證雖詳而不得古意先生病之則是先生未嘗有定制也未

嘗得爲祭祀燕居之服也止此一衣之制耳先生常
所服習是門人日常所見亦是門人人人所得服數
年之後遂失其制此是彼非左塗右抹又曰先生易
簀之後其書始出至於道德精微之妙又安望其傳
而弗失又安望其發明先生之蘊奧耶吾深爲先生
之徒惜之
昏禮篇明日夙興條註此　主婦升降皆自西階未有
自東階者惟笄禮迎賓一暫爲之今新婦至乃授之
室而著之代及若過於主婦者何義若云授室則未

授之先新婦不應自阼階升拜矣

喪禮篇反哭條批　喪與其易也寧戚哀戚所至自不容已嘗歎吾女甫十齡其居喪也步步合於規矩而哀傷爲甚此自得之天性非繇書本中按腔捉板做來若在書本中按腔捉板做來此何異傀儡登場其哀戚之所存者幾希矣故曰禮與家禮爲中下之人設也故曰形而上者道也形而下者器也

叙立註批　集中左右槩多錯誤不止一端當目司馬氏居家雜儀中左右爲準此但同於曲禮主人入門

而右客入門而左耳一書中不得互有同異使習者難辨　古人三昭三穆三制只説得七廟初備之時至於第一昭廟始祧載籍中未見説得詳細若是昭穆遞遷有何難處旣云昭常爲昭穆常爲穆設使第一昭廟初祧當㠯第二昭廟之主躋於第一昭廟而新祔之昭居於第三昭廟直是子居父之右如何可通若旣祧之廟虛而不補而置新祔之昭於第三昭廟之下於理爲順而廟制參差不齊直待第一穆廟祧後方得齊整惜無明文可攷耳此就天子言朱子其下可推也

入此廟之漸之說差爲近之然亦未是孫無躋祖廟之理若祔註告新死者以當入此廟也甚爲不通宋制廟以西爲上新死者於遞遷之後但居禰廟耳何得居祖廟卽如昭穆之舊亦不得居祖廟也　且太廟之制又不可若是其拘也自漢以來多建四親廟以宋言之至眞宗而七廟已備始祖與始祖所自出之帝不與焉仁宋升祔之時將祧太宗乎必於四親之中祧其一也以明朝言之至仁宗而七廟已備始祖與自出之帝亦不與焉宣宗升祔之時成祖不

可祧無祧仁宗之理仁宗乃章皇帝之父也必於懿淳禧德四祖中祧其一也故昭常爲昭之說亦自難解萬一祧一穆廟則新祔者乃穆之子也又將何躋且如宋朝太祖太宗昭則二昭穆則二穆其位次又何如故不可㠯經生之見拘泥而論也要在明其大耳

祭禮篇前一日註批　按祔位孫祔於祖則高祖兄弟曾祖兄弟已無可祔蓋高祖㠯上祀典已窮也若曰高祖兄弟在高祖左右亦南向曾祖兄弟在曾祖上

下則是兄祔於弟弟祔於兄非孫祔於祖矣其謬一也祭及於旁親無後者繇吾祖宗之心推之也今支子不得祭其父支子之子不得祭其祖孝子慈孫之意爲法所屈而不得伸祭法何等森嚴父祖久不得饗有後之祀而無後之蒸嘗反四世而弗絕則本輕末重人心拂鬱濫觴顛倒其謬二也高曾祖禰四廟八位而祔位者但祔食於祖耳今旁親無後及長中下殤總曾祖已下三世而言少不下十條多或至於二十位及曾祖考祖考折中十五六位則三間五架

之廳堂能容之否總計正祭祔祭考妣父母姑兄弟姊妹不下四十五十位孝孫之意能專一否大夫特羔士特豚旦祭有先脾先肺先心先腎之獻則一特牲能給之否上下雜糅親疏無別其大謬三也愚謂古人特言之耳未嘗身行之也假令使身行之排列位置則立見其謬戾雖愚不肖亦知其不可行而賢知者乃爲之乎必不然也每位一桌每桌三尺又留獻酒獻茶進饌之地并高祖南向之位非十丈不可寢廟皆五架除一架作室南雖四架實參架也若曰

重行北上又與上下之文相戾即使重行亦不能列
也謬矣謬矣故曰未嘗身自排列之也

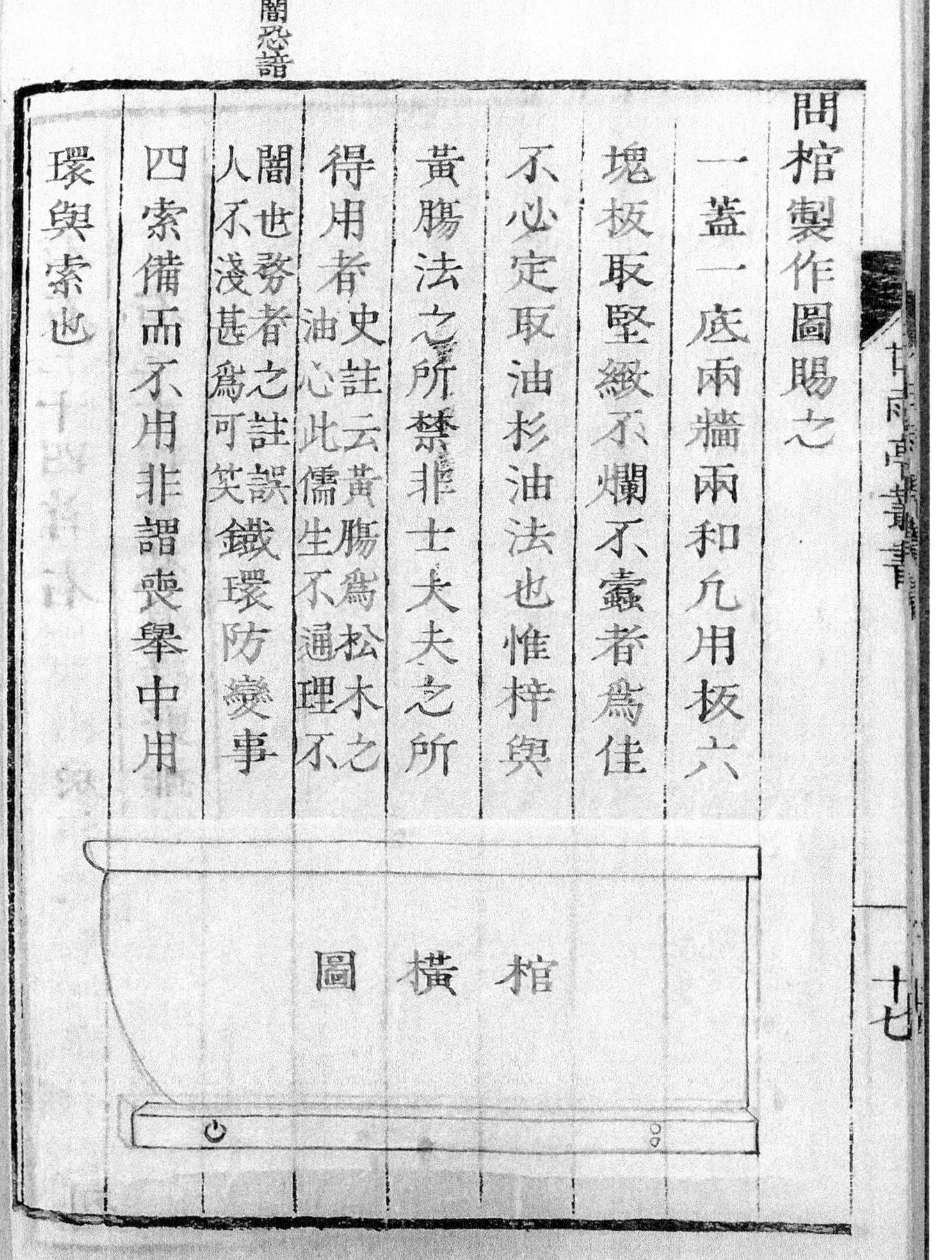

問棺製作圖賜之

一蓋一底兩牆兩和凡用板六塊板取堅緻不爛不蠹者爲佳不必定取油杉油法也惟梓與黃腸法之所禁非士大夫之所得用者史註云黃腸爲松木之油心此儒生不通理不閽世務者之註誤人不淺甚爲可笑鐵環防變事四索備而不用非謂喪舉中用環與索也

十七

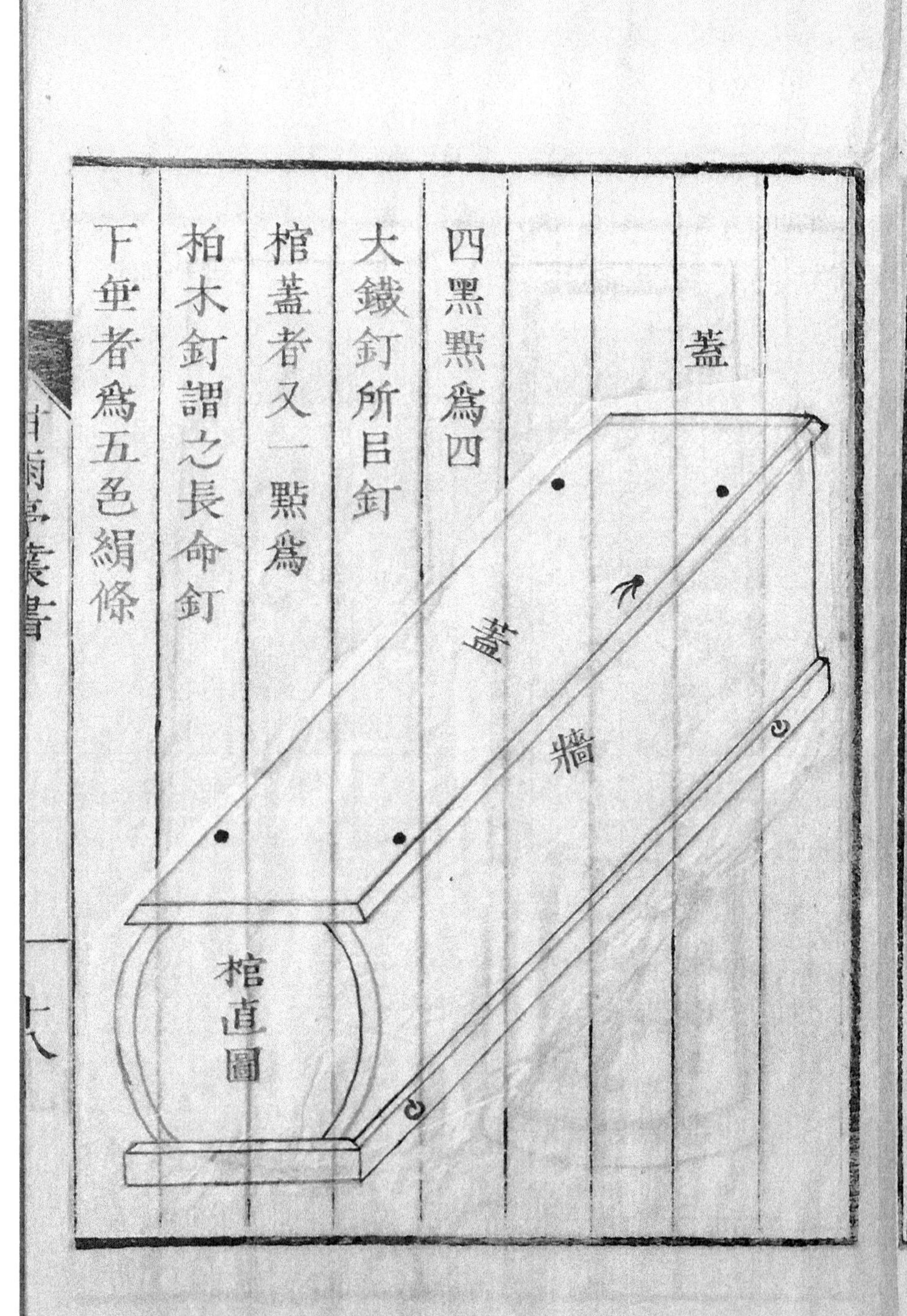
蓋
四黑點爲四
大鐵釘所㠯釘
棺蓋者又一點爲
柏木釘謂之長命釘
下垂者爲五色絹條
蓋
牆
棺直圖

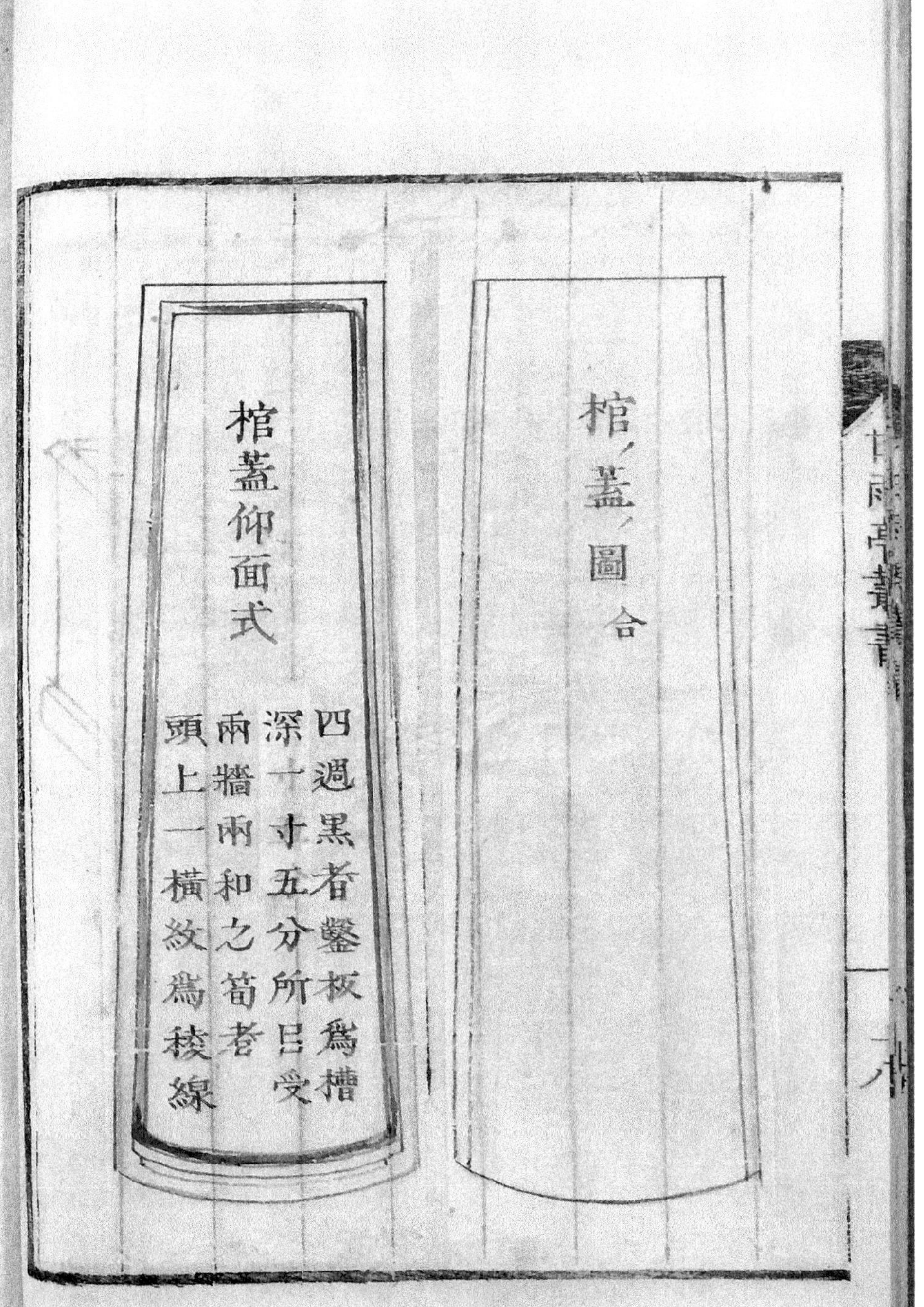
棺蓋圖 合
棺蓋仰面式
四週黑者鑿板爲槽深一寸五分所昌受兩牆兩和之筍者頭上一橫紋爲稜線

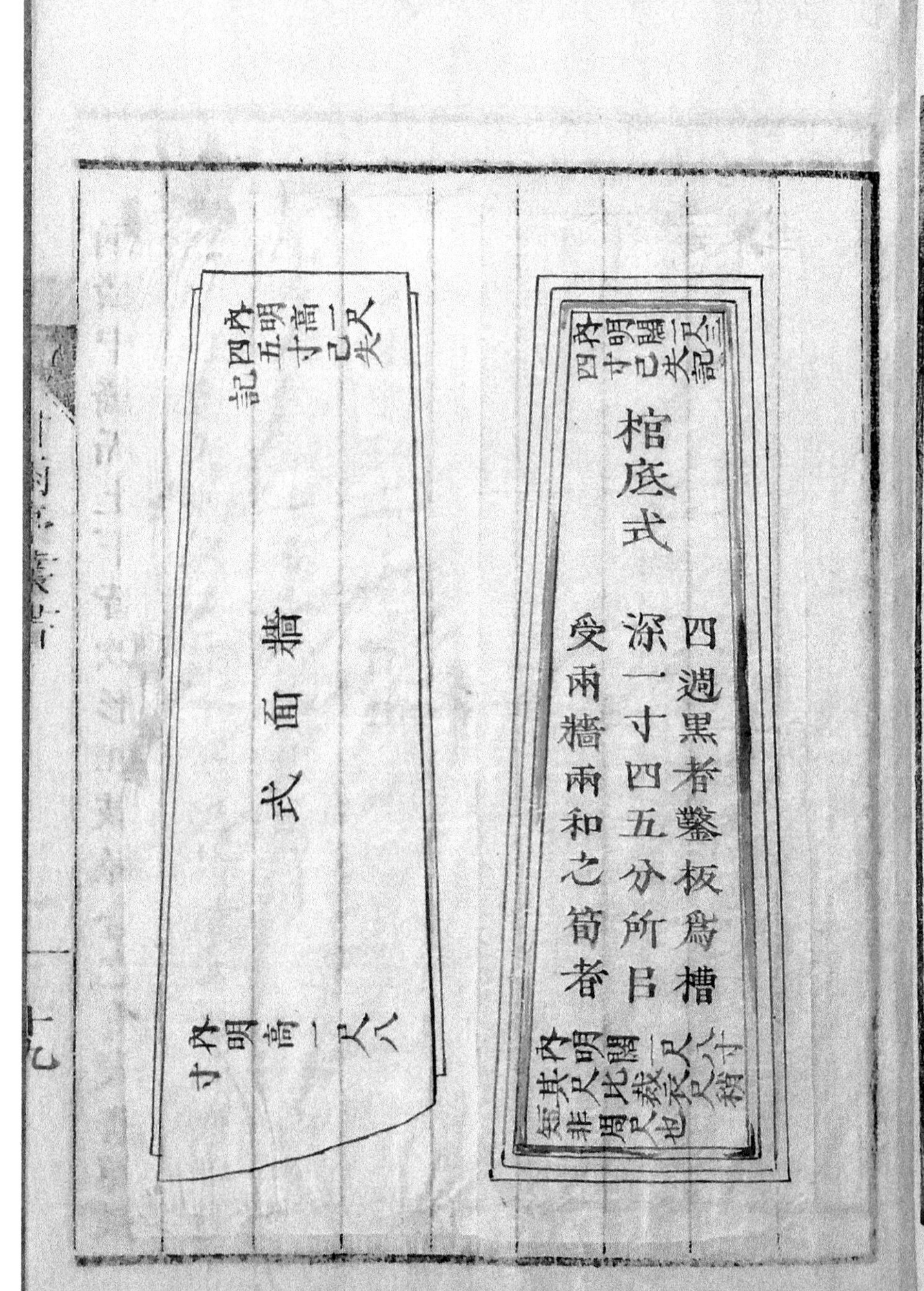
内明闊一尺三四寸已先記
棺底式
四週黒者鑿板爲槽深一寸四五分所以受兩牆兩和之筍者
内明闊一尺八分寸其尺比殺尺只稍短非周尺也
内明高一尺四五寸已先記
牆面式
内明高一尺八寸

兩牆中橋而上下皆斂形如鼓𥗒合之有式若熖板為之則直而無樣矣上下所出寸餘為子口卽筍也

上者入於蓋下者入於底

兩牆中窪而上下皆翹

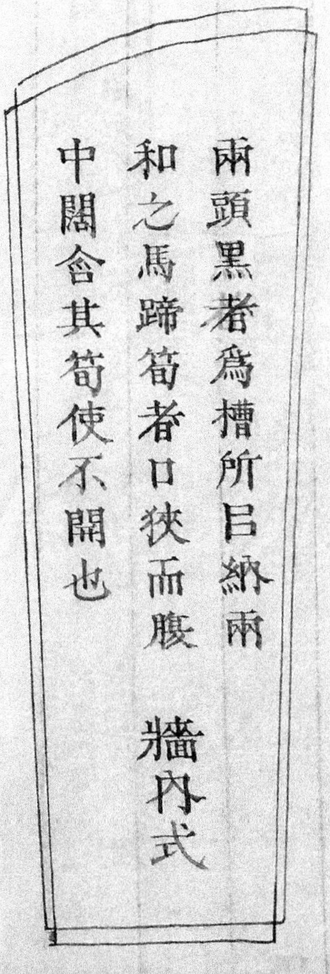

兩頭黑者為槽所㠯納兩和之馬蹄筍者口狹而腹中闊含其筍使不開也

牆內式

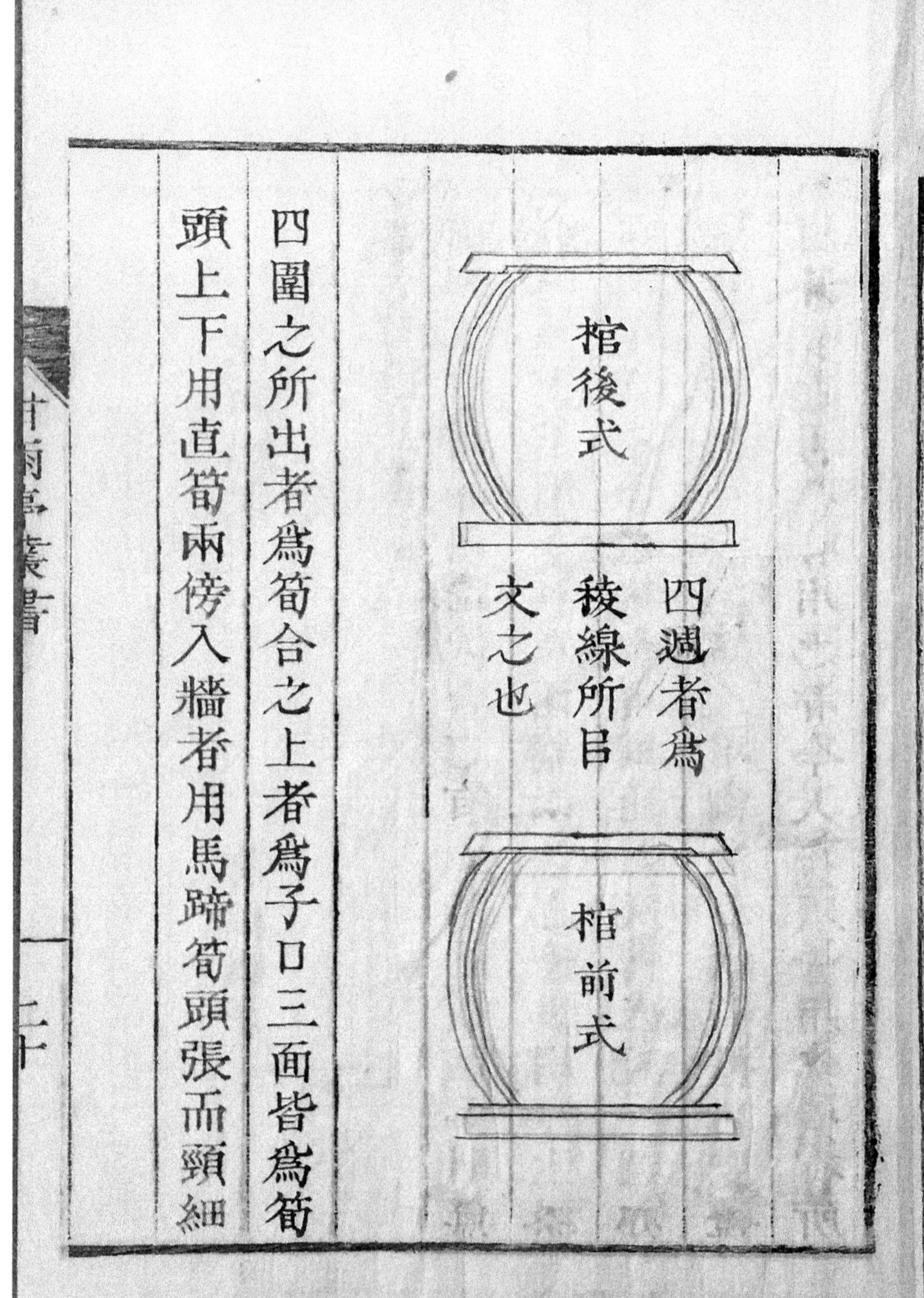

四圍之所出者爲筍合之上者爲子口三面皆爲筍
頭上下用直筍兩傍入牆者用馬蹄筍頭張而頸細

後和頭式

前和頭式

兩和俱中高而四邊低合之有式若炤板坦平則無様矣　上下兩子口及兩牆兩頭之槽俱用淨生漆加細瓦灰目合之其次用桐油石灰内底縫一遍亦生漆夏布目牵合之其次用桐油石灰　棺内家禮用瀝青近古亦有用之者今人多不肯用其必有所

試矣伊川先生謂久則堅及化琥珀之說不敢信一棺止用四釘一釘不敢多用蓋日久遇溼則一釘爛一大孔蟻螂循之而入故也近世并鐵環亦不用亦爲此耳

先生嘗作送玄菴序草書有法予題其後目爲遺墨轉
傳繕寫竟失其眞今只錄其序跋於左序曰梗楠杞
梓産於鄧林未爲材也明月夜光生於合浦寶則寶
己未爲奇也十尋之豫章喬喬呉越之麓如意珠熠
熠江漢之濱鮮不爲匠石之所顧而蛟龍之所摶矣
余於庚辛間至日本見福清林子玄菴　於東明
山房此時方在髫齔顧其視瞻翯翯步履犖犖固已
心異之如雞群一鶚矣壬辰秋復過日本適當作報
國藩及答定西侯張侯老兩書病困不能搦管而舟

行甚迫日夕促報書或有言林子能作小楷者延之卽至授之草卽濡毫疾書氣度冲融旁若無人如孔文舉當年兔起鶻落筆不可捉如小王令家法益知其爲國器矣其後潛心學業詩辭益清俊筆意益閎肆戊戌冬向予歎曰居此地而讀書奚雅樂於垂澤表能章於裸壤耳奈家貧不能作別業何余廣之曰孳孳力田必將逢年但患不讀書不患讀書無所用也子其勉之矣去年冬妻木鎮公來鎮兹土能遴才好士羅致幕下朝夕揣磨之豈患匹石之弗顧暗投

道路而爲人按劍哉今鎮公曰任滿當報命因欲携之往東武而問序於余夫東武固材賢之藪而問璣璧之淵也吾素聞日國有古燕趙之風燕趙古多悲歌慷慨之士今悲歌之聲形震吾耳溢吾目久矣其亦聞有慷慨之士乎有爲我告之無則子爲我博訪之也其有若黃金五百斤買駿馬之骨來千里馬者三乎其有若振垂絕之弱燕殄二萬乘之强齊返磨室之鼎植汶篁之竹者乎其有立義不侵然諾爲行不使人疑之田光先生乎其有風飄易水日實白虹

之荆卿乎坐客泣下沾襟筑擊秦皇帝如高漸離者
義烈也亦有完希也之璧於虎狼秦之窟而自屈於
廉頗者乎亦有屋尾盡震解圍鬬與之馬服乎穎脱
囊中不肯碌碌因人定一言於强敵之前左手奉盤
盂右手招同列能如是者亦國之光也東郤林胡北
逐匈奴大將若斯亦國之榦也其有邯鄲旦夕旦下
平原束手橋舌而義不帝秦欲蹈東海若魯連先生
者乎仲連非趙産客於趙而能使趙焜煌至今眞人
傑也古者屠狗之徒慨慷激烈使千秋萬世生載乘

之光豈今者鐘島鼎食之豪徒品題於龍團雀舌傳翫素饕而已哉其必有命世之英如古人之炳炳琅琅者又聞此地多博聞强識之士胸羅今古足以匡其君華其國者有則亦以告恨吾匏繫於此不能一觀其盛倘能身接之亦足以慰十七年之饑渴而自信其耳目聊於子之行致之意而已其亦益自懋勉至彼則無更患寡陋特養其于霄之姿而發其徑寸之光炤車前後十二乘以爲知己榮哉青歲次辛丑十一月長至此文祖韓子送董邵南序化成許多議

論無一語剽襲亦無一字痕瑕頓挫豪宕有激昂感
慨之氣乃設材與王召爲雙關逐句相貫首尾相照
應中間用其有若乎字者二次用其有乎字者二次
用亦有乎字者二有法度有變化有光燄有神采又
用其有乎字者一別占地步此是魯仲連之事而歸
著先生身上者故稱先生稱人傑其最致意於節義
可觀焉末謂其必有者蓋不止文章之小結偶然興
周道於東方之兆其天意亦可觀焉句有長短文有
抑揚愈轉愈佳一節緊於一節筆力有萬鈞之勢鏗

鏗鏘鏘當與韓文並奏也先生昔謂余曰我學與文者僅僅咿唔塗抹而已豈望見古人書法無師兼無功力又不足言矣然文如驚湍怒濤字如奔蛇走虺眞足㠯爲珍奇也獨恨不能摹寫其筆妙聊存其體己耳己未歲先生令孫名毓仁字天生爲省覲來長崎先生贈書曰日本禁唐人已四十年先年南京七船同住長崎十九富商連名具呈懇懇累次俱不準我故無意於此乃安東省菴苦苦懇留轉展央人故留住在此是特爲我一人開此厲禁也旣留之後乃分半俸

十一

供給我省菴薄俸二百石實米八十石去其半止四十石矣每年兩次到嵜省我一次費銀五十兩日本五百目二次共一百兩苜蓿先生之俸盡於此矣又土儀時物給繹差人送來其自奉敝衣糲飯菜羹而已或時豐腆則魚鰯數枚耳家止一廿唐鍋經時無物烹調塵封鐵銹其宗親朋友咸共非笑之諫沮之省菴恬然不省日夜讀書樂道已爾今來此十五年稍稍寄物表意前後皆不受過於矯激我甚不樂然不能改也此等人中原亦自少有汝不知名義亦當銘心刻

骨世世不忘也奈此間法度嚴不能出境奉候無可如何若能作書懇懇相謝甚好又恐汝不能也

此書計至後數日敝相知渡邊氏自江戸送來求國字旁訓既如點了灑涕題其後云

此書非爲守約看而作不意得千里落手蓋天使守約先生之眞情也往年賜書云賢契之於不佞不佞生於越貫三吳賢契生長日本地之相去遠也國俗不相同也言語衣服不相通也非有葭莩之親僑札之分豈獨處南海而已豈獨秦人越人而已哉但曰

不佞堅確一賦遂結相知萬里音容通於夢寐此賢契忠愛性生禮義天植也此言銘肝鬲也久矣今併此家書更成終天之慘也先生與守約國異俗殊固如此書所言一旦定師弟子之約愛情懇懇始終如一抑有何所取思慕至此哉自顧騃愚弗類只好讀書天憫其志使大儒得相知也所謂萬里音容永絕無通將如之何嗚呼痛哉九原不可作無繇諗我無限追憶之誠捧誦不已徒結幽冥之契於夢寐已爾

奉悼朱先生文

天和二年秋七月今井公書至曰（公名弘齋号知足軒）四月十七日朱先生易簀門生守約愁絶哭擗謹置靈坐設魂帛揮淚告之曰萬治二年守約自京歸鄉長崎友人來授㠯鴻文二篇其一所示交趾將相諸大臣節文其一所賜守約也友人曰此是中國大人年高德邵姓朱字魯璵崇禎十七年被徵二次不就卽授副使兼兵部郎中復不拜其不就不拜者非潔身亂倫㠯國事日非勢不可為故也及在安南國王欲拜長揖而退王怒將殺守禮不屈且有魯王勅書在子受

知是人榮踰於華衮守約不勝銘肝郎時奉謝書及
拙稿特恐稱呼失禮涉冐瀆乃用弟子奉師之禮且
聞歸期之迫獻俚言曰遠避胡塵來海東凜然節出
魯連雄勵忠伏義仁人事就利求安衆俗同昔日名
題九天上多年身落四夷中鵬程好去圖恢復舟楫
令乘萬里風此時送文籍書札於通事所公同封驗
不及裁答翌年自中國賜累幅之書書詞懇款至千
數百言不敢以師自居其畧曰讀來教踴躍健羨元
定眞吾老友而乃謙以自牧退就弟子之列然而不

敢辭者亦有故焉學術之不明師道之廢壞亦已久矣世不聞吕仁義禮樂爲宗况乎其言行而身化之且子牙之聖不過於周公常爲文武之師尚父賤卒之智不逮於安平君亦爲田單之神此其中未必無意矣英材敎育古人樂得至此之天倫無恙名德允孚又曰王天下不與存焉亦綦乎重且大矣不肖性行質直一無所長惟此與人爲善之誠迫于饑渴十四年惓惓望功而今一旦意外遇之其敢阻進修之志哉㦲冬㦲春俱非百全之擧國主國藩遠在南北

不肖一見之後即當告辭擬於明夏耑來貴國與足下横經往復互爲開發此外眞摯之情溢筆盈紙雖木石豈不感動乎明年果來崎賜書招我時寡君在東不得私踰境乃奉書曰守約嘗讀文丞相我亦東隨煙霧去扶桑影裏看金輪詩慨歎曰爲假令丞相來則雖爲之執鞭所忻慕焉然惜丞相不來又不得同時也今先生之來蓋丞相之意而幸得同時然不往見則向之所慕亦葉公之龍耳且引孟子原李任之事曰請宥罪自後天假良緣得往見遂定師弟子

之約彼時有欲留先生者連署呈鎮公鎮公許之守約喜而不寐歸家迺分祿之半㠯給日夕先生辭曰其多答曰先賢有㠯麥舟救朋友之急者焉守約初㠯師事之古人稱師並君父其所在致死況其餘哉然則義當悉獻年俸自取其三之一然愛情之深恐不受之故今取其中㠯分其半若非其義非其道則奉者受者猶之匪人先生之節雖窮死而不受不義之祿豈㠯守約之微忱爲不義之祿乎守約百事不如人惟於取與欲盡心㠯合理若拒之則是爲匪人

也豈相愛之理乎重諭㠯心不安答曰守約爲生豈於先生則豈於心安耶縱使壞家奉之志則在矣難㠯致久故酌其宜㠯中分之有餘則不在此限不足則亦不必如此敬丏不過爲慮也守約尊先生本非爲名先生愛守約亦豈有私惟欲斯學之明而已矣自是書翰往來慮其浮沈書面題㠯杜詩爲十字号互爲查考先生㠯瞿塘峽口之詩守約㠯白也詩無敵蓋取諸萬里風烟接素秋與春樹暮雲也兩詩已盡繼㠯它詩未嘗不出乎忠憤之詠其流離顛沛之

間不忘本可見焉嘗聞中原致亂之繇及逆虜之兵勢乃撰書一卷賜之名曰中原陽九述畧卷末引申包胥之事曰孤臣飲泣十七載鷄骨支離十年嘔血形容毁瘠面目枯黄而哭無其廷誠無所格言兮兮莫非中興之志也其於忠誠爲何如哉或每相思一葦航之沐敎愛有年于兹矣寬文三年長崎大災幾乎焦土存者僅百分之一耳人曰先生寄寓于皓臺寺簷楹之下風雨不蔽盜賊充斥饑在旦夕守約曰我養先生四方所俱知也使先生餓死則我何面

目立乎世哉將俱與先生即時赴之幸而茅舍既成書籍什器皆無恙數日談論盡歡而還居二年　水户宰相上公卑禮厚幣招先生當其發軔路出敝邑謹邀行駕於蝸廬雖惜千里之别喜斯道之興隆既到東武寵遇日隆

上公是不世出之明君道德文章卓超千古嘗命先生斟酌古今撰釋奠之書教諸士習其禮三代禮義悉備於斯時見者聞者無不稱賞歎服曰不圖禮儀之美至於此矣或曰一至此地不嚴而肅

三十

憍慢之氣不覺銷鎔頓盡其間老成人至有泣下者明德之馨使人薰陶興起者如此誰不尊崇焉奉别㠯往自想先生既已升進守約西鄙賤人不㠯寒暄無用之談叨煩左右且加㠯東關萬里乞便風從此通信亦不如在嵩至有經年不奉書者先生不罪㠯踈節動賜黃金及衣服等守約領其輕璧其重縷縷諭㠯踽踽涼涼匹夫之小諒乃換金㠯絹帛曰昔及相見遂中分微祿㠯其半贍不佞而一年之中再至省問所費不貲土宜時物餽遺無虛月是苜蓿先生

之俸盡於此已而賢契敝衣糲飯樂在其中家徒一釜徃徃生塵此情此德舉世之所無而中華之所未見也富家大室之所難能親知骨肉之所難能而賢契慨然而行之不惜其他是何如曠達也當其時親戚故舊豈無阻撓之者豈無嘲笑之者而賢契奮焉不顧是何如勇決也蓋以我爲能賢以爲道在是也豈有有道之人而忘人之德者乎賢契而忘之則可也不佞而忘之尚得謂之人乎大凡賢者處世既當量己又當量人賢契自居高潔則不佞處於不肖矣

不幾與初心相紕繆乎况非所謂高決乎其末曰往年　宰相上公親調鼎鼐賜曰美饌一康侯既曰珍會又一儒醫惠曰佳散一時三者並至乃他人之所喜不佞對之黯然神傷不能下筯門人再三詰問不佞但含糊應之晦明風雨無日不思冗劇燕間無時不思思之不得將如之何豈料地北天南遼闊遂如斯乎豈料匆匆一別終身不復相見乎書札常通徒虛語耳不佞非中原廓清必不得歸若得賢契千里相思袪從前鄙俗之小見慨然命駕一日一惠臨無

晝無夜聯床話舊則十三年之鬱積可吕頓舒不然則中行穆子之目必不可得瞑而含終不可入范巨伯之柩豈有及也讀之嗚咽五內如裂聞者亦爲流涕嗚呼痛哉光陰如流所謂十三年今既十八年其在嵜在東武寄來書札積累如山一一點檢昔日之事宛在目前先生不忘今成吾永不忘之追思九原可起捧我此文吕陳不忘之誠先生定當不厭其詞之淺陋而嘉其情之誠切矣昔者在嵜賜書曰世人於知己兩字吕爲尋常贈遺語不佞絕不肯許人兩

老師如少宰朱聞老太宗伯呉霞老骨肉之愛最切不佞亦未嘗用此惟少司馬全節完勲王先生足目當之今得賢契而再矣如武林張書紳庶幾近之而未可必敝友陳遵之者有無相共患難相恤亂息相子未嘗有形骸爾我之隔不佞往時面謂之云若足下可稱相厚矣不可言相知也他若威虜侯黃虎老知之而未盡其餘比比皆知敬愛或者稱許過當總未能相知不佞於二字之嚴如此從茲每賜書賤名下必題用此二字顔守約有何德得蒙許之古人曰

士爲知己者死只愧未能酬相知萬分之一今也高山流水之調永絕矣更恐守身不謹徒 知己之名於幽冥之中併忝所生也

先生嘗曰萬曆以降聚徒講學各創書院名爲道學分門別户各是其師聖賢精微之旨未闡而玄黃水火之戰日煩高者求勝於德性良知下者徒襲夫裘冠廣優孟抵掌世以爲笑先生於道術壞爛暴胡蹂躪之間慨然以斯文爲己任其來歸吾朝也魯仲連蹈東海文文山隨烟霧之意而[illegible] 上公好賢之誠始

終不渝可謂千百年來未有之事也如其行狀碑銘上公鴻儒之任而非非才所敢能也今叙其情謹舒哀誠云

奉哭太老師朱先生詩并序

今秋太老師訃至家父不堪慟哭乃作悼文二千五百三千餘言字字是血句句是淚往年賜家父書曰令郎貴庚幾何壯健否聰俊否中原有徯然之勢不佞歸途或得一見不然不佞老令郎小恐無刮目之期矣無限懷思均非筆端可繪徒付之浩歎而已愛

屋烏之言及小子豈可無作乎謹賦一律以舒追思之誠云

避胡高蹈住東海烈烈風標等魯連北斗泰山仰師表文章節義冠群賢中原豺虎故人盡千古功名汗簡傳幾度追思讀遺集悲風添雨淚漣漣

門孫安東守直泣血稽顙百拜

祭朱先生文

維天和三年歲次癸亥夏四月十有七日門生安東守約謹以薄奠敬祭于大恩師大明故徵君魯璵朱

夫子先生大人之靈嗚呼先生秉仁仗義特徵不就
高尚其事及胡入寇屏跡四邊嬌嬌雲鴻未染腥羶
其在安南國王將殺守禮不屈凜凜樹節吁我小生
無德無才㠯先生來爲程朱來負笈趨拜齒弟子列
誘掖諄懇教愛親切稍解榘矱許㠯知己經史奧義
命面提耳雨雪之晨風月之夕醉酒飽德情意共適
嗚呼先生質性剛毅㠯誠爲本一生不僞德貫天人
學極古今洙泗伊洛繼統惟深其接人也容貌粹温
於和樂中有恭敬存其作文也辭義典雅頃刻成篇

足服班馬猗嗟若人邦家實也在寄多年世無知者
水户上公聞世明君道德文章出類抜群先生赴
名過我衡門豈圖此别永爲終天既至武陽禮待日
隆釋奠云行周道興東信道崇聖百祿是宜人道之
美何事如之嗚呼哀哉天和二年四月乙未天不慭
遺遽乘雲氣聞訃慟哭絶而復蘇哲人云萎吾道復
孤不侍湯藥不與窀穸泣血号天徒爲毀瘠奉别已
往忽十八祀流光跳丸復易年矣追思昔遊不可再
得新樹鬱葱聽鵑愴惻我有書笥盈先生簡每一展

開哀慕無限嗚呼先生知我望我今也旣逝學殖云隳有疑誰問有過誰督有事誰計有懷誰告先生之靈上爲列星侑吕蕪詞鑒照我誠嗚呼哀哉尚饗

又

胡本梟獍也其寇中國振古而然五胡亂晋更迭而入爲主然割中國十之六七耳脱其巢穴併呑四海者元與今之清焉爾所謂二百二十六萬八千七百餘年間所未睹者固天地翻覆非常之變也其間文武大臣傲倖苟免賣國受僞官屈膝拜犬羊者不可

勝計吾朱先生崇禎年中群命不就大官不拜洎腥羶風與飄然遠去不食清粟往安南往吾　國其始未詳于悼文不贅於此嗚呼我愚慭無狀不足比數於士君子之林也尚矣但勵志斯學患無大儒君子與游自聞胡亂㠯爲必有忠臣義士蹈東海來長嵜者果㠯先生之來爲慽鄙願負笈航海謹㠯文章爲贄就弟子之列先生㠯爲可教期待特深㠯英材奬我知己許我蓋非有取於我欲㠯斯道之不振得其有志者而明之也敝鄉距嵜可三十里每年兩次省

先生其衣衣我其食食我我與先生共不嘗酒烹茗譚論辨惑發蒙雖扞格無成學中國之音燈下動輒詠周詩及杜詩盡歡盡娱登時㠯爲相見可常相別亦暫時而已 水户上公㠯公侯之尊虚己典學秉德好賢乃召先生㠯爲庠上之珍自是遂爲永訣矣如瞽之無目擿埴索途終日而莫知所適山川脩夐書且不通況於受教哉我學無成㠯此也已先生在寄論著甚多㠯其隔里閈不及紀之又思不預凶事故因循遺失噬臍無及謹聞 上公濟濟儒士集其

文章語録登勝赧顔乎韓文公曰古所謂知己者身在貧賤爲天下所不知獨見遇於大賢乃可貴耳若自有名聲又託形勢此乃市道之事又何足貴乎士之脩立節而竟不遇知己前古已來不可勝數或日接膝而不相知或異世而相慕以其遭逢之難故曰士爲知己者死古人之重知己如此誠有以也夫蟲魚蛇雀猶知報恩我淹沐化雨之恩涓埃無報日月逝邁老境日侵德不如懋兼乏文采不能紀善言懿行以傳後世孤負期待損知人之明可恥孰大焉雖

然先生之靈充貫宇宙與天壤同敝豈荒言蕪詞能所論述哉猗與　上公之待先生豈齊梁之君待孟子之比乎猶湯王於伊尹高宗於傅說文王於太公先生於孔明因想伊尹若不遇湯王則有莘田夫也耳矣傅說若不遇高宗則傅巖役夫也耳矣太公若不遇文王則渭濱漁夫也耳矣孔明若不遇先生則南陽耕夫也耳矣先生若不遇　上公則長嵜唐人也耳矣尊德好賢之至爲如何哉嗚呼哀哉每念昔遊輒慨歎形於夢寐寐寐中未嘗不待經席聆誨語

也間居獨處追惟其儀狀言笑瞭瞭乎心目何嘗斯須彌忘乎嗚呼先生亡而不亡其神在天敬厄微物告吕誠意嗚呼哀哉尚享

又

或曰鬼神非其族類不歆其祀朱子中國之人子日國之人隔關之異豈止胡越況器不具奠不腆其不歆也必矣曰神即理理即誠苟有誠則神莫不格矣今也生中土者舉腥羶之毛其令嗣令孫縱潔粢盛亦清栗也虔想　上公宏才英偉之士有德與黍稷

之馨不然朱氏之鬼不其餒而我始奉文条寧無終
乎非我族類其心必異故不歆其祀心同則胡越亦
親族也我得其知遇天也亦神助也千載而一相遇
者也恩如父子豈非族之云乎我家有亡神所鑒也
儻餙過分則僞也矧二篋用享太易所取曷在多儀
且事師猶事親俎供菽水之歡耳所憾不在此焉奉
別之後述作尤多如初學心法恥齋漫錄春秋前編
通鑑提綱扶桑史畧啓蒙通解皇極經世私圖三忠
傳續古文後集新增歷代帝王圖性理提要洎文集

雖恐唯

若于卷雖或未脫藁或未爲全書而不及經改竄此爲可憾焉耳嗚呼歲華日加德業無加生別十八年死別周年惴惴焉最懼瑣瑣碌碌大限忽至與艸木禽獸同朽腐也只是立言一事願假神助九原聞之亦當閔我志嗚呼哀哉尚享

感舊賦并序

昔向子期思嵇呂賦思舊潘安仁懷揚氏父子賦懷舊余沐朱先生之教愛也久矣生別十八年死別三年懷思之深過於二子嵇呂俱見法揚氏父子俱短

謹恐訖

命先生忝羕 上公之禮待與周道於東方㠯壽終于家矣雖世殊事異而感舊一也奈何歷年二九之淹而不得一相見追慕之餘謹于感舊之辭非敢擬二子聊寫永訣之情焉耳辭曰

背東遊㠯勉學兮食舊祿而西歸復尋師㠯航海兮還先生於長碕羌先生之忠誠兮嘆中原之無復緊孤節之信脩兮雖餓死而不食胡穀蹈東海而無怨兮云台何幸得分微祿樂衡門之捿遲兮慕碩人之薖軸辨經史㠯為鞶兮織誠敬㠯為被御道德之珍

駕兮遊仁義之閭里撫我以英材兮許我以知己誘
以不僞兮教我以知止猗　上公之好賢兮玉帛以
招夫子喜斯道之興隆兮歎吾學之廢毀侯宗廟之
穆穆兮肇釋奠而盡虔奏樂以歌兮壽考而萬年自
河梁一分袂兮每驚星霜之屢移昔親炙而肄業兮
誦葩經及杜詩曜靈匿而繼以燈兮質夏音之多疑
今有時而吟詠兮思其聲之唔咿豈特聞鄰人之吹
笛兮痛切怛以增悲吁吾生之怐愗兮如擿埴而冥
行遂事悠其如夢兮尚守教以立誠

心喪集語卷之下終

丁丑之夏心喪集語上下二卷予就省菴孫筑後安東守徑多記懇望所令貢季寫也原本卽是省菴之手書蟲蝕不少云寶曆丁丑七年七月三日柳灣校訂

十同年集詩

四二

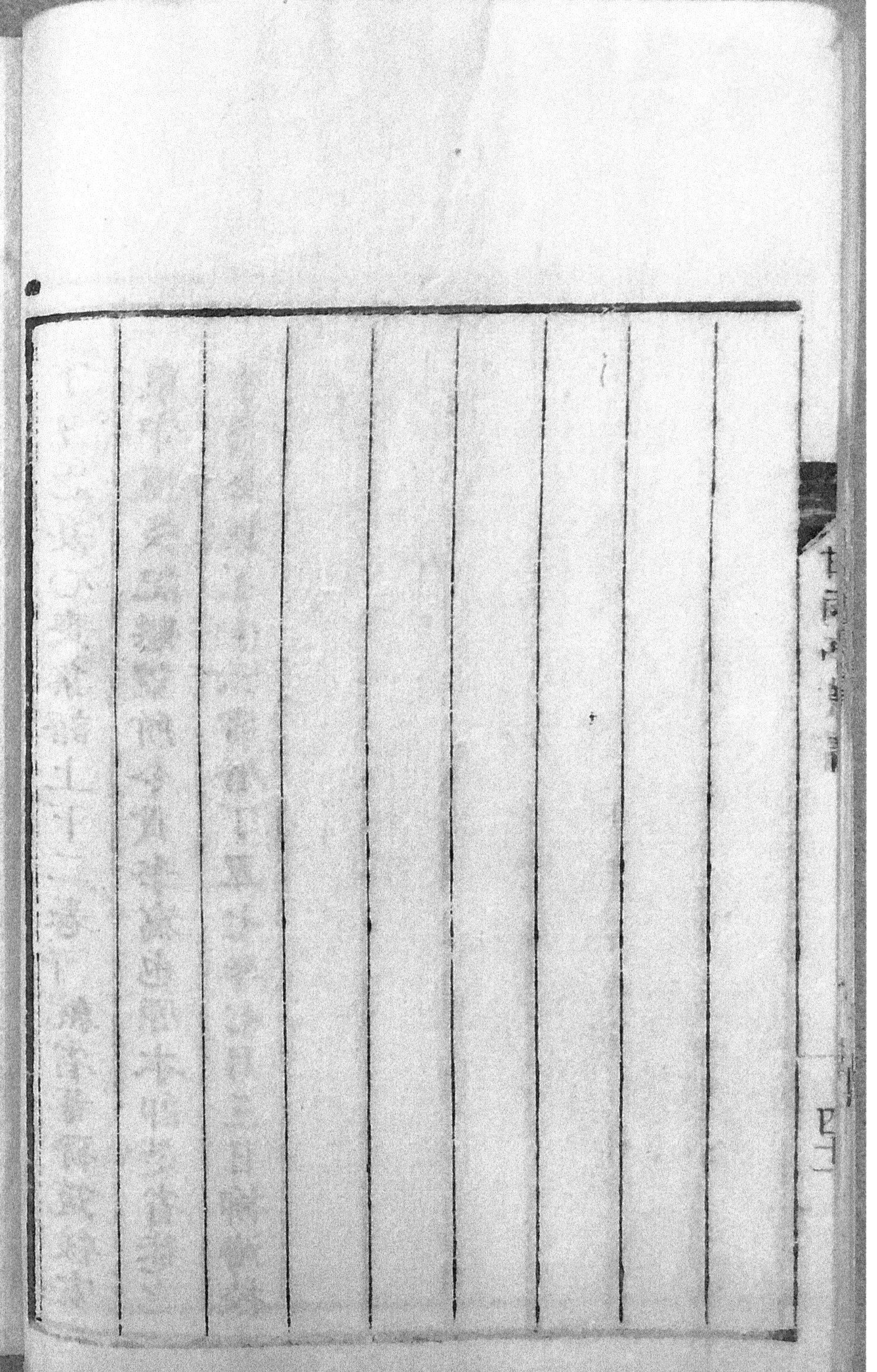

參考文獻

德川光圀輯、德川綱條校:《舜水先生文集》,正德五年(1715)刊本。

李大釗:《朱舜水之海天鴻爪》,《言治》月刊第1年第1期,1913年4月。

水户彰考館纂輯:《朱舜水記事纂録》,吉川弘文館,1914年。

梁啓超:《朱舜水先生年譜》(《飲冰室專集》之九十七),中華書局,1936年。

朱謙之編:《朱舜水集》,中華書局,1981年。

朱之瑜著:《朱舜水全集》,中國書店,1991年。

徐興慶編注:《朱舜水集補遺》,臺灣學生書局,1992年。

李甦平著:《朱舜水》,東大圖書公司,1993年。

吕玉新:《有關朱舜水研究文獻目録》,《漢學研究通訊》第23卷4期,2004年。

井上敏幸編:《安東省庵集　影印編Ⅱ》,《柳川文化資料集成》第二集,柳川市,2004年。

徐興慶編注:《新訂朱舜水集補遺》,臺灣大學出版中心,2004年。

徐興慶編:《朱舜水與東亞文化傳播的世界》,臺灣大學出版中心,2008年。

徐興慶編:《朱舜水與近世日本儒學的發展》,臺灣大學出版中心,

2012 年。

德川真木監修、徐興慶主編:《日本德川博物館藏品録Ⅰ　朱舜水文獻釋讀》,上海古籍出版社、日本德川博物館,2013 年。

李心純、林和生:《朱舜水研究的最新史料——〈西行手録〉的史料價值》,《山西師大學報》2013 年第 1 期。

田渕義樹:《心喪集語と舜水先生文集》,田渕義樹、疋田啓佑編《安東省庵集　書簡編・附朱舜水關係史料》,柳川市,2015 年。

田渕義樹:《安東省庵の學問における二、三の論點》,《柳川古文書館開館三十周年記念志》,柳川古文書館,2017 年。

後　記

如果以永曆十三年(1659)朱舜水移居日本爲界,那麽60歲之前他是個堂堂正正的明朝人,之後至83歲去世,他是位生活在異國的明遺民;很難説他是清朝人,但毫無疑問是中國人。

朱舜水與同時代的文化人相比,除了一般士人具備的尊師重道的儒學教養、忠君愛國的樸素情懷之外,還擁有淵博的世界知識、敏鋭的國際感覺、寬大的普世胸襟,這是同時代許多人望塵莫及的。

朱舜水在移居日本前一年(1658),寫信給日本弟子安東守約,發出一句看似離經叛道,實則驚天動地的豪言:"豈孔、顔之獨在於中華,而堯、舜之不生於絶域!"他已經站在超越國家民族、拋棄世俗名利的高峰,以一種文化包容、海納百川的氣度降臨日本,意欲在新天地中傳承聖教、成就理想。

從日本的角度來看,朱舜水猶如旋風席捲日本社會,從根本上改變了日本近世儒學的本質,他挾裹着中國傳統文化渾厚的底藴,不僅帶來了一場知識風暴,同時也帶來了一場思想風暴。無論從哪個角度講,朱舜水的後半生已經完全融入日本知識界,他的生命最後都刻印在日本的歷史年輪之中。

如果撇開民族、血統之類,朱舜水作爲一位文化人,可以説他既是中國人也是日本人。研究如此偉大的一位文化混血人,我們要拋開許多陳見,在多元文明的視域中加以立體觀照,如此纔能追蹤其生命的全部歷程,纔能發掘其縱横東亞的豐富閲歷,纔能窺視其胸懷天下的精神世界。

這幾年來,我們一直滿懷激情地從事這項研究,耗費相當多的時間研讀筆談文獻,在此期間得到國内外許多同行無私的襄助,作爲階段性的成果,終於完成了《心喪集語》與《西游手録》的録文、校注、研究工作。具體而言,朱子昊博士負責《心喪集語》的録文與初步校注,汪馨如碩士、張逸農博士、周妍博士後参加了録文與初校的核實,王連旺博士後逐字逐句比校了抄本與刻本的字詞異同,在此基礎上王勇再次核對録文、改寫注釋;《西游手録》的録文與注釋由王勇完成,加拿大英屬哥倫比亞大學進修生楊偉强做了部分貢獻;"論述編"主要由王勇執筆,朱子昊對《朱舜水的"筆語"資料概述》做出部分貢獻,《〈心喪集語〉成書經過》爲日本柳川古文書館田渕義樹館長在浙江大學的演講稿,由周妍博士後翻譯而成。在此謹向田渕義樹先生及參與各階段作業的所有學友,致以真誠的謝忱!

本書作爲浙江省哲學社會科學規劃重點項目"東亞筆談文獻研究(中日編)"(項目號: 14JDDY01Z)的結項成果,得到浙江省哲學社會科學重點研究基地浙江工商大學東亞研究院的大力支持;本書撰寫過程中,還得到了國家社科基金重大招標項目"東亞筆談文獻整理與研究""中日合作版《中日文化交流史叢書》"、浙江大學"雙一流"項目"經典文化傳承與引領——'東亞漢典'編纂與研究",以及浙江大學日本文化研究所與上海交通大學出版社合作項目"漢字魅力: 東亞筆談文獻資料的數字化多維度開發與跨媒體融合應用"等科研項目的支援,借此機會對相關單位及個人表示衷心感謝!

浙江大學

王　勇

於戊戌臘月